企业人力资源管理同步教程

主　编　贾俊花
副主编　张桂清　王舜华　刘立京　曹世燕
参　编　沈　丽　张国荣　李丽娟　王丽辉　李　萌

WUHAN UNIVERSITY PRESS
武汉大学出版社

图书在版编目(CIP)数据

企业人力资源管理同步教程/贾俊花主编．—武汉：武汉大学出版社，2015.3(2020.10重印)

ISBN 978-7-307-15150-5

Ⅰ.企…　Ⅱ.贾…　Ⅲ.企业管理—人力资源管理—教材　Ⅳ.F272.92

中国版本图书馆CIP数据核字(2015)第021645号

责任编辑:罗晓华　　责任校对:汪欣怡　　版式设计:马　佳

出版发行:**武汉大学出版社**　(430072　武昌　珞珈山)

(电子邮箱:cbs22@whu.edu.cn 网址:www.wdp.com.cn)

印刷:广东虎彩云印刷有限公司

开本:787×1092　1/16　印张:17.5　字数:413千字　插页:1

版次:2015年3月第1版　　2020年10月第2次印刷

ISBN 978-7-307-15150-5　　定价:39.00元

前　言

在以知识经济、信息时代为特征的21世纪，人力资源已成为企业的核心竞争力之一，人力资源在企业的地位正在飞速提升。由于中国使用廉价劳动力时代正在过去，劳动力成本在逐年提高，员工短缺已成为企业的普遍现象，大中型企业几乎每天都在招聘员工，招聘到的员工还要经过培训才能合理使用。目前90后正在步入劳动力市场，他们对职业期望更高、更复杂，不再单纯为了生活或生存而工作，更期望个人价值的实现，或个人的兴趣爱好的满足，员工流失率持续增高，因此人力资源管理问题已成为各企业急需解决的头等问题，企业急需一支拥有人力资源管理技能、动手操作能力强的专业人力资源管理队伍，来满足企业对人力资源管理的需要。为了适应市场需求，高职院校人力资源管理专业培养技能实干型学生已成为当务之急。

高职院校的人才培养模式特点是“能力本位”，教学理念是“以就业为导向”。目前人力资源管理教材数不胜数，大多数较偏重理论，注重动手实践能力方面的教材还较少。我们自2005年开设人力资源管理专业开始，在教学过程中一直坚持以工作任务为中心设计教学内容，教学过程做到“工学结合”。经过几年的探索实践，对人力资源管理教材的课程体系和教学内容进行了改革，逐步完善了任务教学，探索总结课程的实训经验。因此本教材的编写以实际教学讲义为蓝本，注重提高学生的专业技能，主要针对高职院校的学生，尽量做到与企业人力资源管理活动同步结合。本教材主要有以下主要特点：

1. 本教材最大创新之处在于重新序化了人力资源管理职能的体例。传统的体例是在介绍人力资源基本原理的基础上，对人力资源的六大职能进行介绍。本教材以国内企业中对“人”的管理为线索，即以“识人、选人、育人、用人、留人”为线索进行了编写，使各项活动与企业人力资源管理同步进行，学生能更好地认识到各职能在企业中的实际操作运用和作用。

2. 本教材与企业管理活动即工作任务紧密结合。在分析企业人力资源管理工作任务的基础上，以主要工作任务为目标，选定企业人力资源管理的主要职能作为主要教学内容。在知识要点的基础上，穿插了课堂讨论、知识链接和案例简析，三个方面与企业人力资源管理工作相结合，体现了工学结合的特点。

3. 以练为主，任务驱动，强化提高学生职业技能。根据企业人力资源管理工作的要求，将工作内容设计成不同的工作任务，通过“实训项目”和“学中做　做中学”，学生在任务驱动下进行学习，以练为主，提高动手操作能力，达到提高职业技能和能力的目的。

教材主要内容如下：全书共分六大篇，六大篇下分十四章。第一篇为基础篇，包括人力资源管理、工作分析、工作设计与组织设计、人力资源规划，共四章。第二篇为识人篇，包括识人方法、面试技巧两章。第三篇为选人篇，包括选拔录用、人员素质测评两章。第四篇为育人篇，包括员工培训和员工开发两章。第五篇为用人篇，包括绩效管理、薪酬管理两章。第六篇为留人篇，包括职业生涯管理和员工关系管理。

教材的编写分工如下：贾俊花编写第一章人力资源管理、第三章工作设计与组织设计、第五章识人方法、第六章面试技巧、第八章人员素质测评、第九章员工培训、第十章员工开发；张桂清编写第四章人力资源规划、第十二章薪酬管理；王舜华编写第七章选拔录用、第十一章绩效管理；贾俊花、刘立京编写第二章工作分析、第十四章员工关系管理；曹世燕编写第十三章职业生涯管理。全书由贾俊花负责统稿、定稿。同时本教材的编写受到了石家庄信息工程学院和河北青年管理干部学院的老师的大力帮助，在写作过程中，石家庄信息工程学院的沈丽、张国荣、李丽娟老师，河北青年管理干部学院的王丽辉、李萌老师参与了资料的收集与整理工作，为教材提供了详细的实训及案例材料。参与教材编写的老师不仅具有多年人力资源管理教学经验，对高职教育有深入研究和独到理解，而且在企业从事过具体的管理工作，具有丰富的实践管理经验，因此，教材内容的选取不仅比较全面，而且层次递进合理、结构序化、深浅有度。本书除适合高职高专院校学生学习外，也可供企业从事人力资源管理工作的人员和其他管理人员参考使用。

在编写过程中，编者参考了国内外大量有关企业人力资源管理理论和实务的文献、论著，在此谨表示我们诚挚的谢意。同时，因为编写时间仓促，对本书存在的问题和不足之处，也恳请业内专家、同行和读者予以指正，以便下次修订。在此，也一并表达谢忱。

贾俊花
2015 年 2 月于河北政法职业学院

目　录

第一篇　基 础 篇

第二篇　识 人 篇

第一篇 基 础 篇

企业的人力资源管理活动，从企业创建之初就已经开始。企业成立后，首先要根据将要开展的业务进行各类工作分析，确定岗位职责与工作规范，在此基础上进行工作设计与组织设计，搭建组织管理框架，再进行具体的人力资源规划。

第一章　人力资源管理

◎ 知识目标：

1. 人力资源的含义。
2. 人力资源管理的含义与职能。
3. 人力资源管理部门的职能。

◎ 能力目标：

1. 人力资源管理人员的素质与能力。
2. 部门协调与团队合作。

【导入案例】

美国不惜重金招聘人才

1945 年，盟军攻克柏林，在苏军把德国的机械设备运回国的同时，美国政府却派了一批飞机赴德国，把大批德国高级科学家和工程技术人员作为战俘运回美国，经考核后以高薪聘用。这些科学家对美国战后科学技术的发展起到了很大的作用。美国通过重金招聘使得美国人才济济，并发挥了巨大的作用。众所周知，基辛格是犹太人，布热津斯基是波兰人。美国的科学家移民就更多了，轰动一时的阿波罗登月计划，在参与其事的高级工程师当中，就有相当数量的外国人，其中 1/3 还是炎黄子孙。

第二次世界大战以后，美国引进了高级科学家、工程师、医生等共 24 万人。在美国，一个人从小学到大学毕业，政府要付 5 万美元的教育经费，24 万人就是 120 亿美元，再加上家长和社会对学生所付的其他费用，数字大得惊人，所以引进人才可以说是无本万利的事。

瑞士有位研究生研制成功一种电子笔和一套辅助设备，可以用来修正遥感卫星拍摄的红外照片，这项重大发明引起世界瞩目。美国闻讯后，马上以优惠的待遇为条件，动员这个研究生到美国工作。瑞士也千方百计地要留住他，于是两国展开人才争夺战。精明大胆的美国人说，无论瑞士是多少，我们都将是它的 5 倍。就这样，这位研究生连人带笔一起到了美国。千方百计“挖墙脚”，使得美国的经济快速增长，科技走在世界前列。

（资料来源：根据 http：//wenku. baidu. com/view/a97991cc58f5f61fb736669b. html 编写）

第一节 人力资源管理概述

【知识要点】 人力资源的概念；人力资源管理的概念；人力资源管理的作用。

在人类所拥有的一切资源中，人力资源是第一宝贵的资源，人力资源将成为21世纪的第一大资源，成为企业发展的核心要素。企业要保持可持续发展，就必须使人力资源得到最大价值的发挥，得到最有效的运用。

一、人力资源

（一）人力资源的含义

资源，《辞海》解释为“资财的来源”，指一国或一定地区内拥有的物力、财力和人力等各种物质要素的总称。包括自然资源和社会资源。自然资源是来自自然界的物质，如阳光、空气、水、土地、森林、矿藏等。社会资源是人类通过自身劳动在开发利用自然资源过程中所提供的物质和精神财富的统称，主要是指构成社会生产力要素的劳动力资源、教育资源、资本资源、科技资源等非实物形态的资源。劳动力资源就是我们所说的人力资源。

在借鉴董克用教授的观点的基础上，结合目前的各种观点，我们认为，人力资源就是指劳动力资源，指具有劳动能力并愿意为社会工作的人口。劳动能力指体力劳动能力和脑力劳动能力的总和，这些能力能利用其他资源创造出新的价值财富。

（二）人力资源的特点

1. 时限性。人力资源的形成与作用要受生命周期的限制。一般要经历幼年期、少年期、青年期、中年期和老年期。每人都有其才能发挥的最佳年龄段，如未能在这一时期充分利用开发，就会导致资源的浪费。因此，需做到适时开发、及时利用，最大限度发挥其作用。

2. 能动性。能动性指人力资源在被开发的过程中，能发挥主观能动性，有目的、有意识地利用其他资源进行生产，具有创造性思维的潜能，能够在人类活动中发挥创造性的作用。

3. 高增值性。人力资源在开发和使用过程中，脑力和体力在被组织利用后，非但不会减值和消失，还会通过知识经验的积累、更新而提升自身的价值，实现自身价值的增值。

4. 磨损性。人力资源在使用过程中会由于身体状况的变化，出现有形磨损和无形磨损。劳动者自身的疾病和衰老是有形磨损，劳动者知识和技能的老化是无形磨损。当今新技术的更新周期越来越短，人力资源的磨损速度越来越快，补偿难度也越来越大，费用也越来越高。

5. 两重性。人力资源既是生产者，又是消费者，具有角色的两重性。人力资源的投资来源于个人和社会两个方面，包括教育培训、卫生健康等。同时，人力资源投资是一种消费行为，是必需的先于人力资本的收益，远远大于对其他资源投资所产生的收益。

6. 社会性。由于人处在一定的社会之中，人力资源的形成、配置、利用和开发通过社会分工来完成，它以社会的存在为前提条件。表现为由于社会政治、经济和文化水平的不同，人力资源的质量也会不同，会明显受到社会因素的影响。

【课堂讨论】

（一）资料：积极挖掘自己身上的潜能

美国心理学家认为：一个普通人只运用了其能力的10%，还有90%的潜能可以挖掘。人唯一的限制就是你自己脑海中所设立的那个限制，你不成功是因为你不想成功。成功在于意念，更在于行动。大学生小李本来是学计算机的，毕业后在一家证券公司工作，隔行如隔山。公司规定必须一个月内考下证券从业资格证，小李整整宅了十多天，连吃泡面都觉得浪费时间，每天2点睡觉，7点起来，除了睡觉，眼睛没有离开过书。肩膀肿了，想捶又够不到，就拿雨伞狠狠敲……一个月后，他顺利考取了资格证。

（资料来源：http：//jingyan. baidu. com/article/a17d52852794968099c8f24d. html）

（二）讨论

1. 通过以上的描述，反映出人力资源的什么特点？

2. 你自己身上有哪些潜能没有被发现？请同学帮你找找。这些潜能你是否认同，对你以后从事的专业有何影响？在未来你想如何挖掘或发挥这些潜能？

（三）人力资源的构成

人力资源由数量和质量两个方面构成。

1. 人力资源的数量。人力资源数量是指一个国家或地区拥有劳动能力的人口的数量。人力资源的数量分为绝对数量和相对数量两种。

绝对数量，指一个国家或地区中具有劳动能力、从事社会劳动的人口总数，它是一个国家或地区劳动适龄人口减去其中丧失劳动能力的人口，即劳动适龄人口之中具有劳动能力的人口，它反映了一个国家或地区人力资源绝对量的水平。

对于企业，人力资源的数量就是员工的数量。对于国家，人力资源数量可以分为现实人力资源数量和潜在人力资源数量两个方面。潜在人力资源绝对数量的考察范围，可用一个国家或地区具有劳动能力的人口量加以计算。为此，各国都根据其国情对人口进行“劳动年龄”的划分。在劳动年龄上下限之间的人口称为劳动适龄人口。我国现行的劳动年龄规定为：男子16~60岁，女干部16~55岁，女职工16~50岁。

【知识链接】

人力资源数量的计算

人力资源数量具体包括以下几个方面：

1. 处于劳动年龄之内、正在从事社会劳动的人口，它占据人力资源的大部分，可称为“适龄就业人口”。

2. 尚未达到劳动年龄，已经从事社会劳动的人口，即“未成年就业人口”。

3. 已经超过劳动年龄，继续从事社会劳动的人口，即“老年劳动者”。

以上三部分构成就业人口的总和，被称为现实人力资源数量。

4. 处于劳动年龄之内，具有劳动能力并要求参加社会劳动的人口，这部分可以称为“待业人口”。

5. 处于劳动年龄之内，正在从事学习的人口，即“求学人口”。

6. 处于劳动年龄之内，正在从事家务劳动的人口。

7. 处于劳动年龄之内，正在军队服役的人口。

8. 处于劳动年龄之内的其他人口。

以上五部分被称为潜在人力资源。

（资料来源：根据 http：//baike. baidu. com/link？url 编写）

相对数量，指一个国家或地区总人口中人均人力资源的拥有量。可用来进行国家或地区之间人力资源拥有量比较，相对数量越高，表明该国家或地区的经济活动越具有某种优势。

2. 人力资源的质量。人力资源的质量是指人力资源所具有的体质和智力素质。体现在体质、智力、知识、技能水平以及劳动态度等方面。一般用健康指标、教育状况、技术等级和态度指标来衡量。

（1）体质因素：身体条件的先天遗传体质和后天营养锻炼体质。

（2）智力因素：能力、技能和知识。

（3）非智力因素：品德、修养、心理和精神状况等。

（四）与人力资源相关的概念

1. 人口资源：指一个国家或地区所拥有的人口的总量，它是一个最基本的底数，一切人力资源、人才资源皆产生于这个最基本的资源中，它主要表现为人口的数量。

2. 人才资源：指一个国家或地区中具有较多科学知识、较强劳动技能，在价值创造过程中起关键或重要作用的那部分人。人才资源是优质的人力资源。

人口资源、人才资源和人力资源三个概念的本质不同，人口资源和人才资源的本质是人，人力资源的本质是脑力和体力的开发利用，人口资源关注的是数量，人才资源关注的是质量。

从数量上看，人口资源中具备一定脑力和体力的那部分是人力资源；而人才资源又是人力资源的一部分，是人力资源中质量较高、数量最少的那部分。从比例上看，人才资源是最小的，它从人力资源中产生，而人力资源又从人口资源中产生。

3. 人力资本：指通过教育、培训、保健、劳动力迁移和就业信息等获得的凝结在劳动者身上的技能、学识、健康状况和水平的总和。

人力资本与人力资源的相同点是它们都以人为基础而产生，研究的对象都是人所具有的脑力和体力。不同点首先是与社会价值的关系不同。人力资本是由投资形成，强调以某种代价获得的能力或技能的价值，投资的代价可在提高生产力过程中以更大的收益收回。它与社会价值的关系是由因索果的关系。而人力资源作为一种资源，强调人力作为生产要素在生产过程中的生产、创造能力，它在生产过程中可以创造产品，与社会价值的关系是由果溯因的关系。其次是所关注的角度和重点不同。人力资本是通过投资形成的存在于人体中的资本形式，是形成人的脑力和体力的物质资本在人身上的价值凝结，是从成本收益的角度来研究人在经济增长中的作用，强调投资付出的代价及其收回，关注的是收益。人力资源是将人作为财富的来源来看待，关注的是产出，即对经济发展的贡献有多大，对经济发展的推动力有多强。

二、人力资源管理

（一）人力资源管理的含义

管理，管是约束，理是办理、处理，《现代汉语词典》中解释为“负责某项工作使其顺利进行”，从组织角度来考察，管理就是对所管辖的人、财、物等工作负责办理处理。

人力资源管理，顾名思义，就是对组织中“人”的管理，也就是对组织所拥有的人力资源这一特殊的资源，通过计划、组织、协调和控制等活动进行处理。从本质上讲，现代人力资源管理过程就是人力资源的获取、整合、激励、控制及开发的过程，也就是识人、选人、用人、育人、留人的过程。可从两个方面来理解：

1. 对人力资源数量的管理。即根据人力和物力及其变化，对人力资源进行恰当的培训、组织和协调，使人和物保持最佳的比例和有机结合，发挥出最佳效应。

2. 对人力资源质量的管理。即采用现代化的科学方法，对人的思想、心理和行为进行有效的管理，充分发挥其主观能动性，以实现组织目标。

（二）人力资源管理与人事管理的主要区别

从时间上看，从18世纪末开始一直到20世纪70年代，这一时期被称为传统的人事管理阶段。从20世纪70年代末以来，人事管理让位于人力资源管理。进入20世纪90年代，人力资源管理理论不断发展，也不断成熟。现代人力资源管理与传统人事管理是一种继承和发展的关系。二者的不同主要表现在以下几个方面：

1. 传统人事管理把人当作成本，将人视为一种“工具”，注重的是投入、使用和控制。而现代人力资源管理则把人作为一种“资源”，注重产出和开发，要保护、引导、开发。

2. 传统人事管理是以“事”为中心，只见“事”，不见“人”，强调“事”的单一的、静态的控制和管理，目的是“控制人”；而现代人力资源管理以“人”为核心，强调动态的心理、意识的调节和开发，出发点是“着眼于人”，其管理归结于人与事的系统优化，取得最佳的社会和经济效益。

3. 传统人事管理是职能部门单独使用的工具，而现代人力资源管理却成为决策部门，涉及企业的每一个管理者，管理人员既是部门的业务经理，也是部门的人力资源经理。企业的每一个管理者，不仅要完成企业的生产、销售目标，还要培养一支能够打硬仗的员工队伍。

人力资源管理与人事管理的区别

类型 项目	现代人力资源管理	传统人事管理
管理观念	视人为资源	视人为成本
管理模式	注重人与事的统一，以人为中心	以事为中心
管理活动	主动开发	被动反应
管理内容	丰富	简单
管理地位	管理决策层	工作执行层
管理方式	参与、民主	控制、命令
部门性质	生产与效益部门	非生产、非效益部门
管理目的	注重工作过程，关心员工利益	注重工作成果
管理深度	注重潜能开发	管好现有的人

（三）人力资源管理的目标

1. 基本目标。即最大限度地满足组织对人力资源数量和质量的需求；最大限度地开发组织的人力资源，保持组织的持续发展；有效地激励组织的人力资源，最大限度地发挥其潜能，使人力资本得到提升与扩充。

2. 宏观目标。即通过一系列对员工的管理活动实现组织的目标。

3. 微观目标。即发挥出每个组织成员的所有潜能，做到事得其人、人尽其才、才有其用。

三、人力资源管理的作用

现代人力资源管理的作用可从三个层面，即国家、组织和个人层面来加以理解。

1. 从国家层面看，关注的是一个国家、一个民族的人力资源开发管理。只有国家的人力资源得到了充分的开发和有效的管理，国家才能繁荣，民族才能振兴。

2. 从组织层面看，只有求得有用人才、合理使用人才、科学管理人才、有效开发人才等，才能促进组织目标的达成和个人价值的实现。

3. 从个人层面看，只有使每个人的潜能得到开发，技能得到提高，使其适应社会、融入组织，才能为组织创造价值。

【课堂讨论】

（一）资料：弗莱克斯纳三聘爱因斯坦

20世纪30年代初，美国著名教育家弗莱克斯纳立志改革教育。在风景秀美的普林斯顿兴办了一所高等研究院后，开始在世界范围内物色一流的专家和学者。

1932年，爱因斯坦到美国加州理工大学讲学，弗莱克斯纳马上前往拜访，并提出聘请爱因斯坦的请求，但爱因斯坦并没有答应。后来爱因斯坦到英国讲学，弗莱克斯纳又紧跟其来到英国，并再次提出请求，爱因斯坦仍没有答应。这年夏天，当爱因斯坦从英国回到柏林的寓所时，弗莱克斯纳又一直跟到那里，再三恳切地提出聘请爱因斯坦的请求。精诚所至，金石为开，爱因斯坦终于被他的诚心所感动，决定答应弗莱克斯纳的请求，前往美国普林斯顿大学任终身教授。从此美国成为世界的物理中心。

（资料来源：根据 http：//wenku. baidu. com/view 编写）

（二）讨论

1. 弗莱克斯纳为什么三聘爱因斯坦？

2. 爱因斯坦在普林斯顿大学作出哪些成就，为美国的物理发展起到哪些作用？

【案例简析】

案例一：某大型企业职能部门的员工年龄结构如下表所示。请分析相关数据并回答下列问题。

项　目	年　龄	人数（人）
职能部门年龄结构	25岁以下	35
	26～30岁	85
	31～35岁	253
	36～40岁	325
	41～45岁	95
	46～49岁	45
	50岁以上	13

（资料来源：根据 http：//www. 233. com/hr/gly/moniti/20070120/095347145-5. html 编写）

问题：

1. 该公司职能部门员工的年龄具有什么特点？请为该公司改善员工年龄结构提

出建议。

2. 从员工职业发展的角度看，该公司目前需要注意什么问题？

【实训项目】

实训内容：请学生调查学校周围一家大中型企业（公司、饭店、工厂、商场等），了解企业的基本状况，考察其人力资源的特点，包括人员的数量，人员的质量（身体素质、智力水平、非智力水平），并了解各种人力资源管理规章制度。

实训指导：

1. 从网上或根据自己的社会关系锁定一家有规模、有实力的企业，最好在当地具有一定的知名度，因为此类企业的人力资源管理比较规范系统，便于考察。

2. 深入企业进行调查。先从外围调查，从员工的特点开始，调查员工数量、质量，再调查人力资源部门的具体情况。可以根据企业的宣传资料、网站内容，以及采取询问法、观察法、应聘职员或兼职打工等手段进行调查。

3. 调查完毕，写出调查报告，调查报告包括三个方面的内容：

（1）企业概况：企业的名称、性质、规模、产品及业务范围等。

（2）企业人力资源的特点：人员数量；人员质量（身体素质，包括年龄、体质；智力水平，包括文凭、专业、经验、技能；非智力素质，包括心理素质、工作态度、职业道德等）。

（3）企业人力资源管理中有哪些规章制度。

【学中做 做中学】

全班以宿舍或同伴为单位，以6～8人为一小组，每个小组各成立一家虚拟公司。要求：

1. 作出公司的可行性调研报告。

（1）调研：此虚拟公司要结合本地区实际，进行详细的论证调研，最好能抓住市场空隙，有一定的市场空间，适合大学生独立创业。可利用各位同学的家庭资源、实习资源、打工资源等社会资源，进行深入详细的调研，目的是能为毕业后实际就业提供一定的借鉴作用。

（2）立项：在调研的基础上，共同决策你们小组经营的项目，请说出立项的依据、理由，并列出项目的优势与劣势、项目在市场上的潜力，并为你们的公司取名。

2. 成立公司的组织机构。

（1）公司的部门构成。

（2）公司的人力资源部构成。

（3）各自在人力资源部的分工。

3. 公司的战略规划或发展计划。

（1）公司的近期发展目标，主要指各项业务开展计划。

（2）公司的中期发展目标，主要指市场拓展计划。

（3）公司的远期发展目标，主要指公司在市场上的长期战略计划、公司远期发展的规模。

(4) 公司在学生毕业后能否实际启动运行，请说出理由。

4. 请到当地工商部门了解咨询，成立一个这样的公司需要什么样的条件，公司启动需要的注册资金，需要办理哪些手续才能领到营业执照。

第二节　人力资源管理的职能

【知识要点】 人力资源管理的职能；人力资源管理职能之间的关系；人力资源管理部门的组织机构；人力资源管理部门的职责。

按照中国人民大学董克用教授的观点，人力资源管理职能包括人力资源规划、工作分析、招聘录用、培训与开发、绩效管理、薪酬管理、员工关系管理七大职能。本书按照对员工的管理这一线索，划分为识人、选人、育人、用人和留人五大职能。

一、人力资源管理的职能

（一）基础职能

1. 工作分析。指对组织中某个工作岗位的目的、任务或职责、权力、隶属关系、工作条件、任职资格等相关信息进行收集与分析，以便对该岗位的工作作出明确的规定，并确定完成该工作所需要的行为、条件、人员的过程。

2. 组织设计。以企业组织结构为核心的组织系统的整体设计工作，指管理者将组织内各要素进行合理组合，建立和实施一种特定组织结构的过程。

3. 人力资源规划。从组织战略规划和发展目标出发，根据其内外部环境的变化，预测企业未来发展对人力资源的需求，以及为满足这种需要所提供人力资源的活动过程。

（二）识别人才职能

识别人才的能力。识人能力就是对一个人的特点、优势、特长以及成熟度有比较深入的了解，对蕴涵在员工身上的潜能具有一定的预测和判断能力。识别人才的方法主要是通过面试官与应聘者的交谈与观察，由表及里测评应聘者的知识、能力、经验等素质。

（三）选拔人才职能

1. 选拔录用。在招聘环节，根据人力资源规划和工作分析的数量与质量要求，采取科学的方法去寻找、吸引具备资格的个人到组织来任职，并从中选拔适宜人员予以录用。

2. 人员素质测评。测评者从特定的人力资源管理目的出发，运用各种测量技术，收集受测人在主要活动领域中的表征信息，对其进行全面系统的评价，从而为企业选拔合适人才。

（四）培育人才职能

员工培训与员工开发是指组织为开展业务及培育人才，通过多种方式对员工进行有目的、有计划的培养和训练，使员工在知识、技能、能力和态度等方面得到提高。

（五）使用人才职能

1. 绩效管理。即组织制定员工的绩效目标并收集与绩效有关的信息，定期对员工的绩效目标完成情况作出考核和反馈，以改善员工工作绩效并最终提高企业整体绩效的制度化过程。

2. 薪酬福利管理。即组织在经营战略和发展规划的指导下，综合考虑内外部各种因素的影响，确定自身的薪酬结构和薪酬形式，并进行薪酬调整和薪酬控制的整个过程。

（六）留用人才职能

1. 员工关系管理。是指组织中通过制定和实施各项人力资源政策和管理行为，来调节企业与员工、员工与员工之间的相互联系和影响，从而确保留住员工，使员工为企业持续服务。

2. 职业生涯管理。这是满足员工的职业发展自我期望与管理，协助员工规划其职业生涯，并提供必要的教育培训机会，竭力满足管理者、员工、企业三者需要的过程。

二、人力资源管理各职能活动之间的关系

人力资源管理各项职能之间相互联系、相互影响，共同组成一个有机的系统。

（一）工作分析与组织设计是前提

工作分析的结果是工作说明书和组织结构设计等，人力资源各职能活动开展的依据就是工作说明书和组织设计。人力资源规划依据工作说明书的工作职责、工作量和任职进行人力资源数量和质量预测；招聘信息的发布、录用选拔的标准依据工作说明书中的任职资格；培训开发的依据是工作说明书中的任职资格；绩效管理中考核指标的设计完全根据工作分析中的工作职责来确定；薪酬福利管理中的员工工资等级的确定，其依据是工作说明书；员工关系管理中，员工的工作任务、休息时间、劳动保护等，也来源于工作说明书；帮助员工制定职业生涯规划时，要考虑员工的工作基础，而工作基础与工作分析和工作设计密切相关。

（二）识人能力是基础

识人能力决定着招聘活动的成效，面试时识别人才的方法更是直接决定组织是否招聘到合适人才；员工培训和开发必须要对该员工的能力和知识经验进行识别，才能保证培训的效果；组织在使用人才时必须要将员工放在合适的岗位上，做到事得其人，人尽其才，才有其用，而这些必须借助于对人才的识别；组织能否留用或淘汰人才，其基础是要识别其能力能否为组织带来效益。

（三）以绩效管理为核心

绩效管理在整个系统中居于核心地位，其他职能或多或少都要与它发生联系。

1. 与人力资源规划的关系。对组织内部的人力资源供给进行预测时，需要对现有员工的工作业绩和能力等作出评价，而这些都属于绩效考核的内容。

2. 与员工招聘的关系。人力资源部门对来自不同渠道的员工的绩效进行比较，从中得出结论，以更好地选择招聘渠道。录用员工时，可依据绩效考核的结果来改进录用选拔的方式，以保证录用工作的有效性。同时有效的录用选拔结果将有助于员工实现良好的绩效。

3. 与员工培训开发的关系。员工的现实情况与职位说明书的要求进行比较，其中的差距就是培训的内容，而员工的现实情况表现必须借助绩效考核才能得到结果。

4. 与薪酬管理的关系。在设计薪酬体系时，一般企业都将员工的工资分为固定工资

和浮动工资两部分，固定工资主要依据工资等级来支付，浮动工资则与员工的绩效水平相联系，因此绩效考核的结果会对员工的工资产生重要的影响。

5. 与员工关系管理的关系。员工关系管理的目的就是为了提高员工的绩效。通过员工关系管理，建立起一种融洽的氛围，可以提高员工的工作积极性，使员工更加努力地工作，从而实现组织整体绩效的提升。

（四）其他管理职能相互联系

招聘计划的制定要在人力资源规划的基础上进行；录用要在招聘的基础上进行，没有应聘，就无法进行选拔；培训开发要受到选拔结果的影响，如果选拔的新员工素质高，培训任务就较轻松；培训开发是员工的报酬福利的一个组成部分；员工关系管理目标的实现要依靠培训开发和绩效薪酬管理，这是提高员工的组织承诺度的重要手段；职业生涯管理设计的基础要依据员工关系管理，如劳动合同签订期限的长短是职业生涯管理首先考虑的内容。

三、人力资源管理部门的组织结构

人力资源管理部门的组织结构，指人力资源管理部门在整个企业组织架构中的位置以及自身的组织形态。人力资源管理部门的组织结构在一定程度上反映了人力资源管理部门的地位，体现了人力资源管理的工作方式。人力资源管理部门传统的组织结构往往是按照直线职能制来设置的，也就是说按照人力资源管理的职能设置相应的部门和岗位。

小型企业由于工作量较小，一般不设独立的人力资源管理部门，而是将这部分职能合并在其他部门中，大部分放在行政管理部门，但是会设有专门的人力资源管理人员。

对于大中型和特大型的企业来说，人力资源管理部门往往是单独设立的，又分为两种情况，一种是人力资源管理部门的部门层次只有一到两层，即只有管理者和员工，大中型企业多是这样；另一种是人力资源管理部门的部门层次有多层，多为特大型企业。

四、人力资源管理部门的职责

（一）人力资源管理部门的人员构成

目前，大中型企业中人力资源管理部门一般由招聘专员、工作分析专员、薪资与福利管理专员、培训专员、人事专员、安全专员等构成，根据业务量增加或减少。

（二）人力资源管理部门的职责

在人力资源管理部门的职权职责上，由于人力资源管理部门所处的特殊位置，是整个企业人力资源管理系统的设计和实施的组织者和监控者，因此它的运行质量的高低直接关系到整个企业管理水平的高低。目前，我国大中型企业人力资源管理部门的主要职责为：

1. 人力资源规划：配合组织战略，制定组织的人力资源规划和方针政策，提出组织3～5年人力资源战略；建立和执行组织的人力资源管理政策和制度。

2. 组织结构设计和岗位设置：根据组织状况，对组织结构和岗位设置进行设计和调整。

3. 人员调配：根据组织结构及人员变动情况调配人员，优化人力资源配置。

4. 人员招聘：根据各部门用人需求，负责公司的人员招募，组织人员的甄选和录用。

5. 培训开发：制定员工培训开发计划，组织员工培训和开发，组织培训效果评估。

6. 绩效管理：制定、监控和管理公司的绩效管理体系。

7. 薪酬福利管理：建立、实施和管理公司薪酬与福利体系。

8. 员工关系管理：建立组织和员工间的沟通了解渠道和方法；管理员工的劳动合同。

9. 企业文化建设：组织对组织文化的提炼、传播，提高组织凝聚力。

10. 人力资源数据库建设与管理：建立相关行业专家数据库，为解决公司的人力资源问题提供信息。

【课堂讨论】

（一）资料：人力资源经理的多重责任

星期一上午7：30，高级纺织公司湖景工厂的人力资源经理山姆·雷诺克斯，驱车驶向工厂上班。他抓紧路上的时间思考工作，首先考虑今天的目标管理计划。接着他考虑主管培训、档案制度问题等。在停车场遇到仓库工头艾尔，答应帮他找替班人员。

来到办公室，女文员给他搬来一大堆信件。他告诉她准备办公用品然后处理信件。工厂经理来电话要求他找一个新秘书。在山姆听工厂经理唠叨秘书问题时，他便打电话帮艾尔解决人员问题。这时一个职员送来几份辞职报告。他试图找到辞职的症结，这时格兰打电话问申诉问题有哪些。山姆回答结束时，泰瑞站在桌前等他审批费用。

周末公司登了招聘广告，现在应聘者来到办公室。山姆开始帮忙，并开始面试。这时赛西尔进来，他要退休了，他想谈养老福利的事。他还描述了星期日打球的情况。

上午10：45，到了讨论质量问题的开会时间。山姆不感兴趣，但要求所有的部门领导都要参加。中午山姆和一位做生意的朋友去吃午饭。这位朋友想谈一项重要的医疗计划项目。下午2点回到办公室，办公室里仍在面试应聘者。他突然想起仓库还需要一个人，但已经太迟了，明天再说吧。他坐下开始整理与投诉有关的材料。

生产主管打电话来说需要几个人员。他需要有经验的人员，并且对山姆新近给他们招聘的员工不太满意。山姆到休息室喝饮料时，注意到一些机密员工的档案拿了出来但没有放回去。他边整理边想是谁的责任。回到办公桌前，想找一个销售广告的童子军。这是工厂经理给他的工作之一。下午的时间在一分一秒地过去，但山姆处理的申诉工作仍然没有进展，他变得着急起来。下午4：45，东部工厂的人事经理打电话过来，询问员工的问题。完了之后已经5：30了，山姆有些疲倦，穿上外套走向停车场。

回想一天所完成的工作，他几乎没有做什么创造性的工作。早晨满怀热情计划要做的那些项目仍然没有完成，而且不能保证明天是否能完成。他在考虑晚上是否加班。但因加班欠妻子和家庭太多了。他工作的真正目的是为了家庭。如果不能跟家人在一起，就违背了他的人生目标。他考虑是否取消到教堂做礼拜，但欠上帝的时间也不少。那么只能减少与兄弟姐妹相处的时间，那会挤出一点时间来。但又没有娱乐时间了。

（资料来源：http：//wenku. baidu. com/link？url，剑桥高级人力资源管理案例）

（二）讨论

人力资源管理包括许许多多的活动。山姆这一天的日程安排涉及人力资源管理的哪些活动领域？列出无效管理的领域和影响山姆工作时间的事件。

（三）人力资源管理部门承担的其他活动

人力资源管理部门所从事的其他活动主要有三类：战略性和变革性的活动、业务性的职能活动、行政性的事务活动。

战略性和变革性的活动，包括战略的制定和调整以及组织变革等内容，人力资源管理者和部门必须参与进来，要从人力资源管理的角度为这些活动的实施提供支持。

业务性的职能活动的主要内容就是前面所讲的人力资源管理的职能。

行政性的事务活动的内容指日常事务，如工作纪律的监督、员工档案的管理、各种手续的办理、人力资源信息的保存、员工福利的发放等。

【案例简析】

美国得克萨斯仪器公司（以下简称“得州仪器”）是一家全球性的半导体制造商。公司共有36 000名员工，分别在全球129个不同地区的设计中心、制造厂和销售代理处工作。

得州仪器一直把人力资源看成企业的一项巨大资产，被公认为人力资源管理领域的“带头人”。但人力资源管理副总裁认为，人力资源管理部门才刚刚实现战略转变，即由一个仅为企业经营提供重大支持的部门，转变为直线职能部门的“伙伴”。尤其是从对企业经营战略方面产生的影响来看，人力资源管理职能已经开始处于领导地位。公司人力资源管理部门所处的地位，从人力资源副总裁在公司领导中的位置（他与公司的首席运营官和首席执行官一起组成得州仪器战略领导小组）就能体现出来。人力资源副总裁帮助公司认识到：对员工技术能力的开发是确保企业长期战略成功的关键，同时，公司的各项经营活动都要接受三个维度的评价：经营成功与否、财务是否改善、人是否适应。

公司的三大主导目标之一就是加强员工开发。为确保人力资源能在企业战略中作出贡献，公司采取了一系列措施：为推进人才开发工作的实施，每一位员工都必须与其直接上级一起共同制定个人开发计划。为满足员工职业发展的需要，公司鼓励员工主动参加某些课程学习，鼓励员工在公司内部进行流动。这不仅提高了员工对公司的满意度，为公司发展储备了管理人才，而且满足了高绩效员工的晋升期望，为其提供了获得发展潜力职位的机会。

此外，公司十分重视通过对员工的招募来吸引合适的新员工。为此花费了大量资源，在互联网上创建了专门的招募网页。还提供需要求职者完成的“适应性测验”，以了解求职者的价值取向与企业文化的匹配情况。为了确保具有一支多元化的劳动力队伍，公司建立了多元化网络，并制定了相应的监督计划；鼓励决策的道德化，并保持与公司三大价值观的一致性。在与员工的信息沟通上，人力资源部门积极帮助员工理解公司对伦理道德的要求。

（资料来源：根据 http://www.hr.com.cn/中国人力资源网资料改编）

问题：得州仪器在人力资源管理方面采取了哪些举措？对我们管理企业有何借鉴意义？

【实训项目】

实训内容：请学生对自己调查的企业进行深入详细的人力资源管理方面的调查，了解其人力资源管理的基本状况，人力资源管理部门在企业中的地位，人力资源管理部门的管理层级、下设机构、人员构成与分工、人员的职权构成、工作职责以及来历背景等。

实训指导：

1. 人力资源管理的基本状况，可以向一般员工、中层管理者或高层管理者采取询问法、调查法或上网查找法进行。

2. 人力资源管理部门在企业中的地位，可以从调查人力资源部长的职权职责入手，调查其职位的高低、工作的职责和权限等，以此来确定部门的地位，并对其发展进行预测。还可调查其部门人员的来历，与企业高层有无家族关系或其他关系，以此来推断部门的地位。

3. 对人力资源部门的管理层级、下设机构、人员构成分工、管理人员的职务构成、工作职责等进行调查，画出组织结构图，并详细调查管理人员的工作职责，写出调查报告。

【学中做 做中学】

请为你的虚拟公司的人力资源部门确定必要的工作岗位，并配备相应的人员。要求：

1. 工作岗位的制定要依据人力资源部门的职能来进行。不要求多而全，要求精求简。

2. 人力资源管理部门每个岗位上的人员要根据虚拟公司的业务量来设置，做到事得其人，人尽其才，才有所用。最好能与每个成员的性格特点、爱好专长、人格特征结合起来。

3. 要充分发扬民主，广泛听取成员的意见，先让每位成员表达愿意从事的岗位，说出从事该岗位自己所拥有的优势，再说出不愿从事的某一岗位，也请说出原因。

4. 形成文字方案，以后每位成员要以此为依据开展工作。

第三节 人力资源管理人员的素质能力

【知识要点】人力资源管理人员的胜任力；人力资源管理人员应具备的素质：专业知识、业务知识、实施能力和道德素质；人力资源管理职业资格考试相关规定。

人力资源管理者的素质能力直接决定管理作用的发挥，甚至影响到人力资源管理在企业中的地位。因此人力资源管理人员必须有过硬的人格品质、合理的知识结构、先进的管理理念、较强的工作能力、健全的心理素质等。

一、人力资源管理人员的胜任力

胜任力是指个体成员与工作绩效直接有关的知识、技能、才干或个性特征，它对工作绩效具有直接的影响。据密歇根大学统计发现，人力资源管理职业人员必须具备五种关键素质：

（一）战略性贡献

人力资源管理工作最重要的意义在于它具有重要的战略性作用，要超越烦琐的日常管理工作，提高到一定的战略性层面，提出企业长期发展的战略性方略。

（二）个人品质

人力资源管理工作的特殊性，要求从业人员具备极高的个人素质，必须在完成工作、达到目标之外取得公司其他同事的认可与尊敬，或者说以自己的品质来改变周围的人际环境。

（三）提供服务

人力资源管理作为一种管理职能，具备给内部员工提供服务的职能。即在履行管理职能的基础上给员工提供满意的服务。

（四）业务知识

人力资源管理人员要为其他部门提供不同服务，需要与其他部门建立联系、进行交流，如必须会用财务数据来回答薪资问题，必须会用销售数据来判断业绩，并据此做培训计划等。

（五）专业技能

人力资源管理职业的特点是入门简单。但是人力资源管理人员如不掌握一定的技能，就很难顺利地开展工作，每个职能模块都是一门技术，需要熟练精通才能提供让员工满意的服务。

二、人力资源管理人员的素质能力

人力资源管理人员必备的素质和能力，应从人格品质、心理素质、管理观念、知识结构和能力结构上进行提高，以适应现代企业形势的需要。

（一）高尚的人格品质

人力资源管理者应具备高尚的人格品质，以高尚的人格魅力来感染员工，应注重人格修养与道德修养，只有具备高尚的人格特征，才能做到以人为本，为员工服好务。

（二）健全的心理素质

人力资源管理者应具有健全的心理素质，基本心理素质包括性格、积极性、心愿、才智、意识、直觉、虚心和有说服力等内容。

（三）先进的人力资源管理理念

人力资源管理者要具备先进的人力资源管理理念，具备战略思维和眼光，能参与企业战略层面的决策，具有一定的敏锐性，善于协调组织。

（四）“金字塔”式的知识结构

知识结构应是“金字塔”式，塔基是基础知识，塔身是相关知识，塔尖是专业知识。

1. 基础知识。指一个人在学校阶段学习所拥有的基础知识，在职业生涯中起基础作用。

2. 相关知识。指与人力资源管理者所属组织及行业相关的知识，一般是参加工作后的学习。相关知识主要有管理学、哲学、逻辑学、数学、心理学、社会学、人类学等。

3. 专业知识。指人力资源管理知识，即人力资源管理的专业知识和技能，精通专业业务。

（五）人力资源管理人员的能力结构

1. 基本能力。人力资源管理人员应具备的基本工作能力有：

（1）写作能力。人力资源管理人员的写作任务的范围较广，有规章制度、通告、方案、简报、信函等。

2）组织能力。指在从事人力资源管理活动中计划、组织、安排、协调等方面的能力。

（3）表达能力。即口头语言表达，要善于与人交流，学会用积极的、肯定的方式说话。

（4）观察能力。即对周围的人和事从人力资源管理的角度予以审视、分析、判断的能力。

（5）应变能力。即在遇到突发性的事件或问题时的协调和处理能力。如是否从容镇定等。

（6）交际能力。具备出色的人际沟通能力和人际亲和力，在组织内外取得他人，尤其是其服务对象的信赖，既坚持原则又能取得信任，是决定其工作绩效的关键因素。

（7）其他能力。包括综合分析能力、直觉能力和认识自己的能力等。

2. 专业工作能力。人力资源管理人员应具备的专业工作能力有：

（1）创造力。人力资源管理人员面对人力资源问题应积极思考，提出多种解决问题的方法、想法和方案。

（2）客户服务能力。人力资源管理人员要善于与部门建立密切关系，尽可能满足其要求，为其提供满意的服务。

（3）合作能力。人力资源管理人员要与业务部门建立互相信任的关系，及时沟通情况信息，充分运用各种支持性服务和团队技能，善于聆听和采纳各种不同的想法与建议，促进工作的顺利开展。

（4）实施能力。指人力资源管理人员要具备推行和实施各种人力资源制度及方案的能力，并落到实处。

(5) 自身影响力。人力资源管理人员应在各种利益相关者中维持平衡，运用影响力去推动实现组织目标。

(6) 时间管理能力。人力资源管理人员要将时间集中在关键性战略问题上，抓住主要矛盾，使各项工作开展得有条不紊，不至于为具体的工作细节耗费精力。

(7) 管理组织文化能力。指人力资源管理人员在组织中应注重组织规章的制定、宣传、引导和执行，善于营造文化气氛浓厚的组织，使员工对组织的价值理念、知识共享认同度高，工作绩效高。

三、人力资源管理人员未来面临的主要变化

人力资源管理人员面临着21世纪这个高度信息化、网络化的时代，在这个没有边界的时代，所有的工作都需要提到一个全球化的高度。人力资源管理人员未来面临的变化主要有以下几方面：

(一) 灵活的工作环境

由于网络的广泛使用，使得办公变得更加虚拟。人力资源管理人员要善于运用网络，创造共享合作的企业文化，将"以人为本"观念贯穿于每个工作细节，与员工真诚地合作与共享。

(二) 培养全球化的观念

在未来的工作和经营中，资金、产品、人员都将在全球化范围内流动。人力资源管理人员必须具有全球化的观念，培养起对国际人力资源实践、国际劳动法规等的全面感知和认识，能促进来自不同文化背景的人相互合作、相互帮助。

(三) 关注终身的学习

随着科技的飞速发展，知识更新越来越快。因此学习将成为人力资源管理者的终身需要。就培训而言，将开始重视战略思维、领导能力、解决问题能力、团队合作和知识管理等方面。

(四) 战略角色的转变

未来十年，人力资源管理人员的角色必须要从行政功能为主的传统角色转向企业经营者的良好的合作伙伴。人力资源经理不仅是公司战略的执行者，更应该成为制定公司战略的积极主要的力量，以发现未来发展趋向，引导变革。

(五) 成为员工的客户经理人

人力资源管理职位的特殊性要求必须为员工做好服务工作，因此必须成为员工的客户经理。一方面要具有专业的知识与技能，帮助员工进行个人的自我发展设计；另一方面要具有向管理者及员工推销人力资源产品与服务方案的技能，为企业提供人力资源系统解决方案。

【案例简析】

李某大学毕业后进入公司，由于单身急于交女朋友，但企业内部引入竞争机制，优胜劣汰，他从原来的技术部被挤到车间流水线岗位，报酬少、地位低。他多次到人

力资源部要求调换工种，均被拒绝。后来他直接找到人力资源部王经理，也被断然拒绝。

工作不好，女朋友又找不到。他气愤之际开始酗酒。某日在舞会上他借酒壮胆，对某女工动手动脚，女工上报公司后，人力资源部按规定扣发奖金。他一看罚单是王经理的签字，从此对王经理怀恨在心。此后李某不守工作规章，装卸物料乱扔，与人发生争执并大打出手。人力资源部按照规定，对李某扣除三个月奖金，并停职，每天到公司接受培训，期间只有生活费。他去找王经理，但王经理说培训后再谈，李某认为王经理故意敷衍，又书面请求调换岗位，但都被拒绝。李某认为是王经理从中作梗。

案发当天，李某与几个朋友喝酒，喝到几分醉，竟找正在开会的王经理等理论。几位到会的人员将李某赶出办公室。李某气愤不过，拿来一把刀硬闯进办公室威胁王经理，王经理报告派出所后将李某拘留。李某不服，提出申诉。于是派出所按法律规定，限他第二天把申诉书和保证金送来，李某被放回后伺机复仇，当场将王经理杀死。

（资料来源：根据 http://course.baidu.com 北大 MBA 课件《组织行为学》改编）

问题：

1. 人力资源部王经理在处理李某方面有哪些过失，应如何处理？

2. 根据这次血案，你认为作为一名人力资源部人员应具备哪些素质和能力？

【实训项目】

实训内容：请学生在自己调查的企业找一个普通的员工进行访谈，了解其工作的满意度、未来的目标。同时调查其对人力资源部人员的印象，有无个人成见，哪些方面属于员工个人原因，哪些方面属于人力资源部人员责任。

实训指导：

1. 寻找员工谈话，要寻找有一定代表性的普通员工。事先列出谈话提纲，记在心里，在谈话中有意识地引导员工，不要无目的地海聊。

2. 与员工谈话，一定要注意不要让员工产生戒备心理，要自然随意，时间、地点灵活掌握，以聊天的方式进行，以此培养自己与人沟通交谈的能力。

3. 一个谈不成，可以接着寻找下一个目标，直到顺利进行为止。谈话后写出谈话内容，整理成文字在课上与同学们分享讨论。

【学中做 做中学】

根据每位成员在虚拟公司中所担任的工作职务，列出本岗位人员应具备的素质和能力。根据列表召开小组成员会，共同探讨你现在具备哪些素质和能力，还有哪些差距？要求：

1. 你所在岗位的素质与能力要具体，不要泛泛而谈，要形成文字。

2. 小组成员会要真诚而坦率地谈论你对其他人的看法，不要藏头露尾。在其他成员谈论你时，请不要随意打断别人的谈话。

3. 针对小组成员会上的情况，正确客观地进行自我评价。

4. 你认为在未来的学习生涯中，该如何弥补你所欠缺的素质和能力，将采取哪些措施，达到何种程度，请作出你的弥补计划。

◎ **思考题：**

1. 什么是人力资源，什么是人力资源管理？传统的人事管理与人力资源管理有何不同？

2. 人力资源管理基本职能包括哪些？各职能之间有什么关系？

3. 人力资源管理人员未来应面对哪些变化？你认为从现在起应做好哪些准备？

第二章　工 作 分 析

◎ 知识目标：

1. 工作分析的含义与内容。
2. 工作分析的程序。

◎ 能力目标：

1. 工作分析的方法。
2. 工作说明书的撰写。

【导入案例】

应该由谁来清扫车间地板

一个机床操作工把大量的机油洒在机床周围的地面上。车间主任命令操作工把洒掉的机油清扫干净，操作工拒绝执行，理由是工作说明书里并没有包括清扫的条文。车间主任顾不上去查工作说明书上的原文，就找来一名服务工做清扫。但服务工同样拒绝，他的理由是工作说明书里也没有包括这一类工作。车间主任威胁说要把他解雇。服务工勉强同意，但是干完之后立即向公司投诉。

有关人员看了投诉后，审阅了两类人员的工作说明书。机床操作工的工作说明书规定：操作工有责任保持机床的清洁，使之处于可操作状态，但并未提及清扫地面。服务工的工作说明书规定：服务工有责任以各种方式协助操作工工作，如领取原材料和工具、随叫随到、即时服务，但也没有明确写明包括清扫地面工作。清杂工的工作说明书确实包括了各种形式的清扫工作，但他的工作时间是从工人正常下班以后开始的。那么，究竟应该由谁在工作时间内来清扫车间地板呢？

（资料来源：于秀芝，《人力资源管理（第 2 版）》，北京：经济管理出版社，2004）

第一节　工作分析的内容

【知识要点】工作分析的基本概念及其基本术语；工作分析所需收集的资料；工作分析的目的、作用、意义；编写工作说明书所需的信息。

人力资源管理是对人进行的管理，这种管理是将人纳入组织中，将人放在一个工作岗位上进行管理，因此要将人管理好，必须对组织内部各岗位的工作活动进行充分界定，以确保各岗位的工作活动职责清晰、任务明确、工作规范，而这项工作就是工作分析的任务。

一、工作分析的概念

（一）工作分析的基本概念

工作分析，又称职务或岗位分析，是对组织中设定岗位的目的、岗位职责或任务、权利和义务、任职资格等相关信息进行分析，以对该职务的工作作出明确的规定，并确定完成该工作所需要的条件的过程。工作分析主要回答两个问题，即这个工作岗位是做什么的，由什么样的人来做。工作分析的结果是工作描述和工作规范。工作描述是说明某项工作的职务目的、职责、权力、工作条件等内容。工作规范指工作人员所具备的知识、技能、能力等。

（二）工作分析的基本术语

1. 工作要素：工作中不能再分解的最小的动作单位。

2. 任务：为了完成某种目的从事的一系列活动，由一个或多个工作要素组成。

3. 职责：为实现一定的组织职能或完成工作使命而担负的一项或多项任务组成的活动。

4. 职权：为完成特定的职责或任务，由组织赋予的一定范围、限度内的权力。

5. 职位：又称为岗位，即由一项或多项相关职责组成的集合。

6. 职务：又称为工作，由一组主要职责相似的职位所组成。通常将所需知识技能及所需的工具类似的一组任务和职责视为同类职务或工作，从而形成同一职务、多个职位的情况。

【知识链接】

职位和职务的区别

职务表示工作的类别，而职位表示工作任务。职务强调的是工作，与机构没有直接的关系，确切地说，一个职务可为多个部门所有，而一个部门也可以有多个职务，职位强调的是在组织中的位置，与机构有直接的关系，即一个职位只能为具体的部门所拥有。如有两个副总职位，一个主管生产，一个主管销售。同属于一个职务“副总”；再比如酒店服务员，服务员是一个职务，餐厅服务员和客房服务员就是职位。

（资料来源：根据 http://wenku.baidu.com/link？url 编写）

7. 职业：跨组织的工作或职务类别。如教师、工人等。

8. 工作族：又称工作类型，指性质或工作特点相似的工作组成的一个工作类别。

9. 职位分类：是指将所有的职位按其业务性质分为若干职组、职系，然后按责任的大小、工作难易、所需知识及技术高低分为若干职级、职等。

10. 职系：是指一些工作性质相同，而责任轻重和困难程度不同的职位集合。

11. 职组：即工作性质相近的若干职系的总和，也叫职群。我国现有 27 个职组 43 个职系。

12. 职级：指将工作内容、难易程度、责任大小、所需资格相似的职位划为同一职级。

13. 职等：工作性质不同，但困难程度、责任大小、所需资格等相同的职级。

二、工作分析所需收集的资料

1. 背景资料：企业的经营战略、企业文化、组织结构和职业分类等。

2. 工作活动：实际发生的工作活动、工序、活动记录、负责人的职责等。

3. 工作行为：与工作有关的个人行为（如沟通、撰写等）、动作和行为的质量要求。

4. 工作设备：计算机（软件和硬件）、安全设施、办公设备、机器、工具和其他器具等。

5. 有形和无形物质：与工作有关的有形和无形物质，包括物料、成品、知识和服务等。

6. 绩效标准：工作标准、偏差分析、各种量度和评估工作成果的方法等。

7. 工作条件：工作环境、工作时间表、激励因素及其他企业和社会环境的条件。

8. 人员条件：与工作有关的知识和技能及个人特性的要求。

三、工作分析的时机和目的

（一）工作分析的时机

1. 新建的企业或部门为满足组织设计与人员招聘需要必须进行工作分析。

2. 由于战略调整和业务发展使工作内容、工作性质发生变化，需要进行工作分析。

3. 企业技术创新带来劳动生产率的提高，需要重新进行定岗、定员。

4. 建立调查新制度的需要，比如绩效考核、晋升、培训机制的研究需要进行工作分析。

（二）工作分析的目的

一般地，具体的工作分析的目的是为了解决以下的问题（6W1H）：

1. 员工需要完成什么样的体力和脑力活动，即具体的工作内容是什么？（What）

2. 工作时间的安排是什么，即工作将在什么时候完成？（When）

3. 工作将在哪里完成，即工作地点在哪里？（Where）

4. 工作目的是什么，为什么要完成此项工作？（Why）

5. 工作的服务对象是谁？（Whom）

6. 完成工作需要哪些条件？（Which）

7. 员工如何完成此项工作？（How）

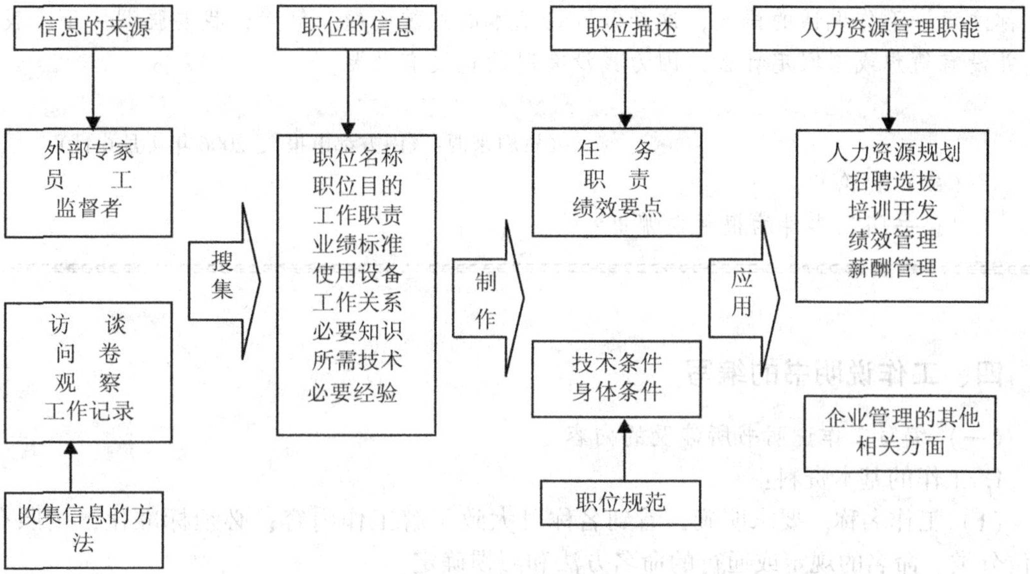

工作分析的系统模型

【课堂讨论】

（一）资料：秘书门事件

EMC公司是世界著名软件供应商。2006年4月7日，时任EMC大中华区总裁的陆纯初由于忘记带办公室钥匙而联系秘书瑞贝卡未果，于凌晨向该秘书和几位高管发出措辞严厉且语气生硬的“谴责信”。他的英文邮件内容大致是：“我星期二刚告诉过你，想东西、做事情不要想当然！结果今晚你就把我锁在门外，我要取的东西都还在办公室。问题在于你自以为是认为我随身带了钥匙。从现在起，无论午餐时段还是晚上下班后，你要与你服务的每一名经理确认无事后才能离开办公室，OK！”

4月10日，瑞贝卡向公司所有人发送邮件，列举六大原因指出总裁的不对。在信中，她这样写道：“第一，我做这件事是完全正确的，我锁门是从安全角度考虑的，一旦丢了东西，我无法承担责任。第二，你有钥匙，自己忘了带，还要说别人不对。造成这件事的主要原因都是你自己，不要把自己的错误转移到别人的身上。第三，你无权干涉和控制我的私人时间，我一天就8小时的工作时间，请你记住中午和晚上下班后的时间都是我的私人时间。第四，从加入EMC的第一天到现在，我工作尽职尽责，即使加过很多次的班，也没有任何怨言，但是，如果你要求我为了工作以外的事情加班，我无法做到。第五，虽然咱们是上下级的关系，也请你注意一下你说话的语气，这是做人最基本的礼貌问题。第六，我要强调一下，我并没有猜想或者假定什么，因为我没有时间也没有必要。”

（资料来源：《南方都市报》，2006 年 4 月 6 日）

（二）讨论

“秘书门”事件的根源在哪里？

四、工作说明书的编写

（一）编写工作说明书所涉及的内容

1. 工作的基本资料：

（1）工作名称。要求明确，看到名称可大致了解工作内容；必须标准化，按照有关职位分类、命名的规定或通行的命名方法和习惯确定。

（2）工作代码。各项工作按照统一的代码体系编码，既要反映工作岗位所属部门，又要反映出工作岗位的上下级关系。

（3）工作地点。即从事本岗位工作的员工的工作地点。

（4）所属部门。即本岗位属于企业中的哪一个部门。

（5）直接上下级关系。即工作岗位的直接上级和直接领导的下级的岗位名称和相应人数。

（6）员工数目。即企业中从事同一岗位的员工数目。如果经常变动，应予以说明。

2. 工作内容：

（1）工作任务。即应该完成的工作活动。明确规范工作行为，如工作的中心任务、工作内容、工作的独立性和多样化程度、完成工作的方法和步骤、使用的设备和材料等。

（2）工作责任。即承担该工作应负的责任。包括对原材料和产品的责任、机械设备的责任、工作程序的责任、其他人员的工作和安全的责任。并配备相应权限，保证责权对应。

（3）工作量。即工作强度。目的在于确定标准工作量。如劳动定额、工作循环周期等。

（4）工作标准。即用什么来衡量工作的好坏。以此为考核和薪酬等提供依据。

（5）机器设备。即所需要使用的设备工具等，其名称、性能、用途均应有详细的记录。

3. 工作关系：

（1）监督指导关系。即隶属关系，包括直属上、下级，制约哪些工作、受哪些工作制约。

（2）职位升迁关系。即该工作岗位可晋升或降级到哪些岗位，可以与哪些岗位之间进行同级调度等，为员工做好职业生涯规划。

（3）工作联系。即在工作中与哪些岗位或部门发生工作往来，发生联系的目的和方式。

4. 工作环境：

（1）物理环境。即工作地点的湿度、温度、照明度、噪声、振动、异味、粉尘、空间、油渍等，以及工作人员和这些因素接触的时间。

（2）安全环境。即从事本岗位工作所处工作环境的工作危险性、劳动安全卫生条件、易患的职业病、患病率及危害程度。

（3）社会环境。包括工作群体的人数、完成工作要求的人际效应的数量、各部分之间的关系、工作地点外的文化设施、社会风俗习惯等。

（4）工作条件。包括工作时数、工资结构、支付工资方法、福利待遇、该工作在组织中的正式位置、晋升的机会、工作的季节性、参加培训的机会等。

5. 任职条件：

（1）教育培训。即从事本岗位工作所具备的教育、培训经历、学历、资格等。

（2）必备知识。即从事本岗位工作对使用的机器设备、操作规范方法等专业知识的掌握。

（3）经验。即从事本岗位工作所必需的操作能力和实际经验。

（4）素质要求。即从事本岗位工作应具备的职业性向，包括体能性向、气质性向等。

（二）工作说明书的范例

人力资源总监岗位说明书

职务名称：人力资源总监　直接上级：总经理　直接下级：人力资源部经理、培训部经理

本职工作：负责公司人力资源的管理，为公司提供和培养合格的人才。工作责任：

一、业务职责

1. 根据公司实际情况和发展规划拟定公司人力资源计划，经批准后组织实施。

2. 组织制定公司用工制度、人事管理制度、劳动工资制度、人事档案管理制度、员工手册、培训大纲等规章制度、实施细则和人力资源部工作程序，经批准后组织实施。

3. 组织办理员工绩效考核工作并负责审查各项考核、培训结果。审批经人事部核准的过失单和奖励单，并安排执行。

4. 负责在公司内外收集有潜力的和所需的人才信息并组织招聘工作。

5. 受理员工投诉和员工与公司劳动争议事宜并负责及时解决。

6. 了解人力资源部工作情况和相关数据，收集分析公司人事、劳资信息。

7. 审批公司员工薪酬表，报总经理核准后转会计部执行。

8. 制定人力资源部专业培训计划，并协助培训部实施、考核。

9. 加强与公司外同行之间的联系。

10. 代表公司与政府对口部门和有关社会团体、机构联络。

二、管理职责

1. 组织建设。

（1）参与讨论公司部门级以上组织结构；（2）确定下级部门的组织结构……

2. 招聘及任免。

续表

（1）用人需求： ①提出直接下级岗位的用人需求，并编写岗位职责和任职资格，提交给总经理确认…… （2）面试： ①进行直接下级岗位的初试…… 3. 培训。 ……

（三）工作说明书编写的误区

1. 只重结果，不重过程。工作说明书的编写，既是落实岗位责任和确定任职资格的过程，也是组织目标层层分解的过程。编写过程可以使员工明确自己的工作责任以及自己在企业中的作用，同时也是企业了解员工工作情况和期望的大好时机。可惜很多部门主管没有借此机会与员工进行交流，在后续的应用过程中，容易出现员工不理解、不利用、不执行的情况。

2. 人力资源部门总揽工作说明书的编写工作。工作说明书应主要由各部门的主管负责，人力资源部为其提供格式和方法，并予以适当的指导和审核。

3. 一劳永逸，长期不改。随着企业的发展，各部门的职能及岗位的工作内容也会发生变化，一般而言，至少要每1～2年修改一次。因此工作说明书的格式要简洁实用、重点突出。

4. 工作说明书以现任人员为准。工作分析针对的是岗位而不是人。工作说明书描述的只能是岗位本身具有的特性，与任职者无关。因此编写时不能过多掺杂现有任职者情况，要按照岗位本身的要求进行编写。

【案例简析】

都是工作说明书惹的祸

“小王，我真不知道你到底需要什么样的机械操作工？”高尔夫机械制造有限公司人力资源部经理老陈说道，“我已经送去了4个人给你面试，这4个人都基本符合所需工作说明书的要求，可是，你却将他们全部拒之门外。”

“符合工作说明书的要求？”小王颇为惊讶地回答道，“我要找的是那种一录用，就能够直接上手做事的人；而你送给我的人，都不能够胜任实际操作工作，并不是我所要找的人。再者，我根本就没有看见你所说的什么工作说明书。”

闻听此言，老陈二话没说，为小王拿来工作说明书。当他们将工作说明书与现实所需岗位逐条加以对照时，才发现问题之所在：原来这些工作说明书已经严重地脱离实际，也就是说，工作说明书没有将实际工作中的变动写进去。例如，工作说明书要求从业人员具备旧式钻探机的工作经验，而实际却已采用了最新技术的数控机床。因此，工人必须具备更多的数学和计算机知识。在听完小王描述机械操作工作所需的技能以及从业人员需要履行的职责后，老陈喜形于色地说道："我想该写一份准确描述该项工作的工作说明书，并且用这份工作说明书作指导，一定能够找到需要的合适人选。我坚信，只要我们的工作更加紧密地配合，上述不愉快的事情绝不会再发生了。"

（资料来源：http：//wenku. baidu. com/link？url）

问题：工作说明书与人力资源招聘的关系是什么？对人力资源管理的价值有哪些？

【实训项目】

实训内容：请学生实地调查一个企业，或调查本学校各部门的职能情况，了解其组织架构，重点分析各部门职责范围的划分。

实训指导：

1. 要了解企业（学校）的组织架构，部门人员管理的基本状况，在企业中的地位，部门的管理层级、下设机构，人员构成、分工，管理人员的职务构成、工作职责以及来历背景等。

2. 根据企业的性质（生产、零售、服务、餐饮等）调查各部门的职责。

3. 使用恰当的方法，选择适当的部门主管，确定信息调查范围，对拟进行分析的部门收集相关的信息，以确定该部门的职能范围。

【学中做 做中学】

请为你的虚拟公司的基层部门的各岗位编制相应的工作说明书。要求：

1. 根据某岗位现在的实际工作情况以及过去的工作说明书，收集该岗位工作描述和工作规范的基本内容，主要包括工作识别、工作编号、工作概要、工作关系、工作职责、工作条件与工作环境以及为了完成工作所必须具备的知识、技能、能力以及其他特征。

2. 选择合适的信息收集方法，设计适当的工作分析调查问卷表或者访谈提纲。

3. 对收集的信息进行归纳、分类和分析，归为工作规范和工作描述，为编制说明书准备资料。

4. 最后依据工作说明书的格式，编制一份规范的工作说明书。

第二节 工作分析的程序

【知识要点】工作分析的程序；工作分析程序中准备阶段的基本准备工作；调查阶段所需要完成的工作；分析整理阶段所需要归纳出来的信息；完成阶段所需要完成的岗位说明书的编写。

工作分析是一个全面的评价过程，可以分为四个阶段：准备阶段、调查阶段、分析整理阶段和完成阶段。四个阶段关系十分密切，相互联系、相互影响。工作分析的操作是一项技术性很强，既复杂又细致的工作，必须有充分的认识和准备。操作步骤如下：

一、准备阶段

准备阶段是工作分析的第一阶段。此阶段主要是设计调查方案，组建工作分析小组，确定调查的范围和对象，主要任务如下：

（一）确定工作分析的目的

只有确定工作分析的目的，才能确定调查的范围、对象和内容，并决定使用何种方法来收集资料。例如，若只是为秘书工作的培训提供依据，则只需采用观察法和面谈法就可以了。

（二）成立工作分析小组

为了保证工作分析的顺利进行，要成立工作分析小组，从人员上做好准备。小组成员的组成：一是高层领导；二是工作分析人员，主要由人力资源管理专业人员和部门人员组成；三是聘请的外部专家和顾问。

（三）对工作分析人员进行培训

为了保证效果，还要由外部的专家和顾问对参加工作分析小组的人员进行业务培训。

（四）掌握各种基础数据和资料

根据工作分析的目的，对企业各类职位的现状进行初步了解，掌握各种基础数据和资料。要注意工作分析的目的与所要调查、收集的信息内容是否密切相关。

（五）建立有效的沟通体系

向参与工作分析的有关管理人员、员工解释与说明职务分析的目的、内容、作用及意义，使他们充分了解职务分析进行的程序，并建立友好合作关系，做好良好的心理准备。

（六）确定调查和分析对象的样本

由于受时间、资金和人力的限制，不可能对所有的岗位任职者都进行工作分析。因此，在选择工作分析对象时，一定要选择有代表性、典型性的工作进行分析。

二、调查阶段

这一阶段的主要任务是根据调查方案，对工作过程、工作环境、工作内容和工作人员等做全面调查。调查通常是面对面的访谈和问卷调查，还可以结合资料分析、现场观察、关键事件、工作日志法等方法，广泛、深入地搜集有关岗位工作的各种数据和资料。主要有以下几项：

（一）设计工作分析方案

工作分析方案是工作分析开展的依据。一次完整的工作分析需要调动大量资源，花费相当长的时间，以及各个方面的人员配合，所以要制定详细方案，以便有计划、有条理地实施。

（二）选择搜集工作内容及相关信息的方法

依据工作分析目的，确定搜集工作内容。搜集工作信息的方法有很多，这部分见下一节。

（三）搜集工作的背景资料

包括公司的组织结构图、工作流程图和国家的职位分类标准，以及以前的工作分析资料。

【知识链接】

工作分析的背景资料

组织结构图指明了某一职位在整个组织中的位置，以及上下级隶属关系和左右的工作关系；工作流程图指出了工作过程中信息的流向和相关的权限，这些都有助于更加全面地了解职位的情况。职位分类标准和以前的工作分析资料也有助于更好地了解职位的情况，但是在使用这些资料时要注意绝对不能照搬照抄，而应当根据企业现时的具体情况，有选择地加以利用。

（四）搜集职位的相关信息

包括工作活动、在工作中所使用的机器、工具、设备以及工作辅助用品、与工作有关的有形和无形因素、工作地点以及工作对任职者的要求。

三、分析整理阶段

此阶段是工作分析的关键环节，这一阶段要对岗位调查的结果进行深入的分析，并初步整理出工作说明书。工作分析要对各个岗位的特征和要求作出全面考察，创造性地提出各岗位的主要成分和关键因素，在深入分析和认真总结的基础上，编制出工作说明书。

（一）整理资料

将搜集到的信息按照工作说明书的各项要求进行归类整理，看是否有遗漏的项目，如果有的话要返回到上一个步骤，继续进行调查搜集。

（二）审查资料

对资料进行归类整理以后，工作分析小组的成员要一起对所获工作信息的准确性进行审查，如有疑问，就需要与相关的人员进行核实，或者返回到上一个步骤，重新进行调查。

（三）分析资料

如果搜集的资料没有遗漏，也没有错误，那么接下来就要对这些资料进行深入的分析，也就是说要归纳总结工作分析的必需材料和要素，揭示出各个职位的主要成分和关键因素。

四、完成阶段

根据规范和信息编制“工作描述”和“工作规范”。主要是对工作分析的初步结果进行反馈与修正，最后形成完整的工作说明书。要经过不断反馈与修正，才能把误差降到最低。

有些企业往往忽略这阶段的工作，导致工作说明书的内容存在漏洞或不合理，容易引起其他工作的混乱和员工的不满。人力资源管理工作的各个环节都是以此为基础，必须引起足够的重视。

【案例简析】

A公司的工作分析

A公司是我国中部省份的一家房地产开发公司。近年来公司飞速发展，规模持续扩大，发展成一家中型房地产开发公司。随着公司的发展和壮大，员工人数大量增加，众多的组织和人力资源管理问题逐渐凸显出来。

公司现有的组织机构是基于创业时的公司规划，随着业务扩张逐渐扩充形成。在运行过程中，组织与业务上的矛盾逐渐凸显。部门、岗位之间扯皮推诿的现象不断发生；有的部门事情太多，人手不够，任务不能按时保质完成；有的部门又人员冗杂，效率低下。

在公司的人员招聘方面，用人部门给出的招聘标准往往含糊，招聘主管招来的人大多不尽如人意。许多岗位不能做到人事匹配，员工的能力不能充分发挥。员工的晋升决定以前由总经理直接作出。现在总经理已经几乎没有时间与下属打交道，基层员工和部门主管的晋升决定只能根据部门经理的意见来作出。这样上级和下属之间的私人感情成为了决定性的因素，有才干的人往往不能获得提升。因此，许多优秀的员工另寻高就。在激励方面，公司缺乏科学的绩效考核和薪酬制度，主观性和随意性非常严重，报酬不能体现其价值与能力，造成人才流失。

面对这样严峻的形势，人力资源部开始进行变革。首先从工作分析，确定岗位价值开始。他们寻找进行工作分析的工具与技术。在阅读了目前流行的基本工作分析书籍之后，从中选取了一份工作分析问卷，作为收集岗位信息的工具。然后，将问卷发放到各部门经理手中，同时在内部网上发布了关于开展问卷调查的通知，要求各部门配合人力资源部的问卷调查。

问卷在下发到各部门之后，却一直搁置在部门经理手中。很多部门是直到人力部开始催收时才把问卷发到每个人手中。很多人拿到问卷之后，没有时间仔细思考，草草填写完事。还有很多人在外地出差，或者任务缠身，由同事代笔。大家都不了解这次问卷调查的意图，也不理解问卷中那些生疏的术语。很多人想向人力资源部进行询问，可不知该找谁。因此，只能凭借个人的理解来填写，无法把握填写的规范和标准。一个星期后，人力资源部收回问卷。但发现填写效果不太理想，有的不全，有的答非所问，还有一部分根本没有收上来。

与此同时，人力资源部选取一些岗位进行访谈。但谈了几个岗位之后，发现效果不好。因为在人力资源部，能够对部门经理访谈的人只有经理，主管和员工都无法与其他经理沟通。同时经理们很忙，能够把双方凑在一块实在不容易。因此，两个星期只访谈了两个部门经理。

人力资源部的几位主管负责对经理级以下的人员进行访谈，但在访谈中，出现的情况却出乎意料。大部分时间都是被访谈的人在发牢骚，指责抱怨自己的待遇不公等。而在谈到与工作相关的内容时，被访谈人往往又言辞闪烁，似乎对这次访谈不太信任。访谈结束之后，访谈人对该岗位的熟悉还停留在模糊阶段。这样持续了两个星期，访谈了大概1/3的岗位。王经理认为不能拖延了，因此开始进入下一个阶段——撰写工作说明书。

可这时，各岗位的信息收集却还不完全。无奈之中，不得不另觅它途。于是，他们通过各种途径从其他公司中收集了许多工作说明书，试图以此作为参照，结合问卷和访谈收集到的信息来撰写工作说明书。在撰写阶段，成立了几个小组，每个小组专门负责起草某一部门的岗位说明书，要求在两个星期内完成任务。在起草工作说明书的过程中，人力资源部的员工都颇感为难，一是不了解别的部门的工作，问卷和访谈提供的信息又不准确；二是缺乏写工作说明书的经验。规定的时间到了，他们为了交稿，东拼西凑，再结合自己的判定最后成稿。

最后工作说明书终于出台了。人力资源部将成稿下发到各部门，同时下发文件，要求各部门按照新的工作说明书界定工作范围，按照其中规定的任职条件来进行招聘选拔。但引起了各部门的强烈反对，公开指责人力资源部，说是一堆垃圾文件，完全不符合实际情况。

于是，人力资源部专门召开会议来推动说明书的应用。本来想通过这次会议来说服各部门支持这次项目。但结果却恰恰相反，会上人力资源部遭到了各部门的一致批评。人力资源部对于其他部门所提的很多问题无法进行解释和反驳，因此会议最终是让人力资源部重新编写工作说明书。后经过多次重写与修改，始终无法令人满意。最后不了了之。

人力资源部的员工在经历了这次失败的项目后，对工作分析彻底丧失了信心。他们开始认为，工作分析只不过是“雾里看花，水中望月”，没有什么作用，而且认为工作分析只能针对西方国家那些治理先进的大公司，拿到中国的企业根本行不通。人力资源部经理也变得灰心丧气，但他却对项目失败的原因百思不得其解。工作分析项目为什么会失败呢？

（资料来源：彭剑峰，《人力资源管理概论》，上海：复旦大学出版社，2003）

问题：

1. 公司为什么决定从工作分析入手来实施变革，这样的决定正确吗？为什么？
2. 在工作分析项目的整个组织与实施过程中，该公司存在着哪些问题？

【实训项目】

实训内容：请对一家公司（或实训基地、本学校）的重点岗位进行较为完善的工作分析。

实训指导：

1. 根据公司的性质确定工作分析的重点岗位，首先要了解工作分析所需收集的资料有背景资料、工作活动、工作行为、设备、绩效标准、工作条件、人员条件等。

2. 选择适当的方法收集有关岗位职责、有关该岗位工作描述的基本信息，诸如工作概要、工作关系、工作职责、工作条件与工作环境等信息。

3. 进行工作分析后，编写岗位说明书，然后对照企业的实际工作说明书，比较自己的职位说明书与企业实际的相同与不同之处。

【学中做　做中学】

请为你的虚拟公司的中层管理的各岗位编制相应的岗位说明书。要求：

1. 根据岗位的实际工作以及同类的工作说明书，收集该岗位的岗位职责和工作规范。

2. 选择收集岗位职责信息合适的方法，设计适当的岗位职责信息调查表。

3. 根据实际工作情况，整理出适合该岗位的工作描述和胜任此项工作的工作规范。

第三节　工作分析方法实务操作

【知识要点】工作分析的方法及基本的工作流程；观察法、访谈法和问卷调查法的使用方法；调查问卷的设计。

当工作分析的目标规划等确定下来，实施就成为重中之重，而实施过程中采用的方法又是实施成败的关键，工作分析的方法主要运用在信息收集阶段和实施阶段。目前工作分析的方法有很多种，这里只讨论几种比较常用的方法。

一、访谈法

访谈是访谈人员就某一岗位与访谈对象按事先拟定好的访谈提纲进行交流和讨论。访谈对象包括该职位的任职者、对工作较为熟悉的直接主管人员、与该职位联系比较密切的工作人员、任职者的下属等。一般要事先设计访谈提纲，事先交给访谈者准备。访谈的步骤如下：

1. 明确面谈的意义；

2. 建立融洽的气氛；

3. 准备完整的问题表格；

4. 要求按工作重要性程度排列；

5. 面谈结果让任职者及其上司审阅修订。

访谈法的优点是可以得到标准和非标准的、体力、脑力工作以及其他不易观察到的多方面信息。不足之处是被访谈者对访谈的动机往往持怀疑态度，回答问题时有所保留，且面谈者易从自身利益考虑而导致信息失真。因此访谈法一般不单独使用，最好与其他方法配合使用。此外，分析者的观点影响工作信息正确的判断；职务分析者问些含糊不清的问题，影响信息收集。

【知识链接】

访谈问题设计

1. 你向谁报告？
2. 谁向你报告？
3. 你在预算上所负的责任如何？（包括预算金额及你管理的资产信息）
4. 你的主要职责是什么？
5. 你怎么运用你大部分的工作时间？
6. 你分配的工作从何而来？完成的工作送到哪里或送给谁？
7. 工作之前必须完成哪些准备工作？
8. 你要怎样提高产品或服务的质量？
9. 你觉得有哪些工作是重要的或不重要的？
10. 工作过程可以怎样加以改善？
11. 可以用什么不同的方式来工作，以降低费用或者成本？
12. 你必须遵循什么原则、规定、政策等以达成你的职责？
13. 在采取行动之前，有哪些决策必须请示或必须通知你的部下？
14. 这个工作对你的创意和解决问题的能力有什么样的挑战性？
15. 请说明你的工作所需要的体力。

该方法适合于不可能实际去做某项工作，或不可能去现场观察以及难以观察到某种工作；适用于短时间的生理特征的分析，也适用于长时间的心理特征的分析；适用于对文字理解有困难的人，也适合于脑力职位者，如开发人员、设计人员、高层管理人员等。

二、问卷调查法

根据工作分析的目的、内容，事先设计一套岗位问卷，由被调查者填写，再将问卷加以汇总，从中找出有代表性的回答，形成对工作分析的描述信息。问卷调查的关键是问卷设计。

问卷设计形式分为开放型和封闭型两种。开放型是由被调查人根据问题自由回答。封闭型是由调查人事先设计好答案，由被调查人选择确定。使用问卷调查法时所要注意的问题如下：

1. 问卷发放。发放时要先集合各部门的各级主管进行说明，说明内容有工作分析目的、工作分析问卷填答及问题解答，并清楚告知此次活动的进行不会影响员工现有权益，确定各主管皆明了如何进行后，由主管辅导下属进行工作分析问卷的填答。

2. 填答期间。跟踪了解各部门的填写状况，并予以协助。

3. 问卷回收及整理。对于回收的资料，首先必须检查是否填写完整，并仔细查看是否有不清楚、重叠或冲突之处，若有，由工作分析人员与人力资源主管进行讨论，判断是否与此任职者或其主管进行面谈，以确保资料收集的正确性。

问卷调查法在工作分析中使用最为广泛，其优点是费用低、速度快、调查范围广，尤其适合对大量工作人员进行工作分析，调查结果可实现数量化，进行计算机处理。它免去了长时间观察和访谈的麻烦，也克服了进行工作分析的工作人员水平不一的弱点。

缺点是对问卷设计要求较高，设计比较费时，不像访谈法那样可以面对面地交流信息，因此，不容易了解被调查对象的态度和动机等较深层次的信息。问卷调查法还有三个缺陷：一是不易引起被调查对象的兴趣；二是除非问卷很长，否则就不能获得足够详细的信息；三是需经说明，否则会因为理解不同，产生信息误差。该方法适用于对工作进行量化排序，并与工作报酬相联系的工作分析。下面是一份工作分析调查表范例。

【知识链接】

工作分析问卷调查表范例

本问卷收集的是目前岗位的情况，而非个人的信息。这不是对您工作表现的评估。回答请详细、准确，不要有所保留或夸大，所提供的回答应适用于最为典型的通常情况，而不仅仅适用于短期活动或临时工作。感谢您的大力协助！

一、请填写以下基本情况：

姓名		性别		职称	
学历		进入公司时间		从事本工作时间	
所在部门		岗位名称		岗位目前在编数	
直接上级		直接下级			
晋升方向		轮换岗位			
主要职责					

二、请填写岗位职责表（如表格不够，可在表格后面的空白处填写）：

	具体工作内容	权重	工作要求	工作关系（与哪些单位或岗位配合）	权力	考核指标
工作内容一	职责一描述：					
	1.					
	2.					
	3.					

续表

	具体工作内容	权重	工作要求	工作关系（与哪些单位或岗位配合）	权力	考核指标
工作内容二	职责二描述：					
	1.					
	2.					
	3.					
	……					

三、任职资格（请根据您个人看法在所选处打勾）

1. 您认为胜任本岗位所需最低的学历和知识要求

A. 初中 B. 高中 C. 职高 D. 中专

E. 大专 F. 大本 G. 硕士 H. 硕士以上

2. 您认为需要多久的工作经验才能胜任本岗位（即要求多长时间能胜任该岗位工作）

A. 一个月 B. 三个月 C. 半年

D. 一年 E. 两年 F. 三年 G. 五年

3. 您认为一位没有相关工作经验的本科学历人员，需要多久的培训可以胜任该工作

A. 不需要培训 B. 15 天以内 C. 一个月以内

D. 三个月以内 E. 半年以内 F. 半年以上

4. 您认为承担本岗位工作有无外语要求 A. 有 B. 无

5. 如有要求

(1) 您认为适合本岗位的外语语种是（请填写）________

(2) 应达到的水平应为以下哪种级别________

A. 能流利地进行“听”和“说”； B. 能用外文进行常用文章的写作

C. 能读懂并翻译外文资料； D. 只认识简单常用的词汇

6. 您认为胜任本岗位需要哪些通用知识（政策、法律法规、计算机等）和专业知识，以及它们需达到何种水平？请列举。________

7. 您认为具备哪些个性和职业素质要求（责任心、奉献精神等）才能胜任本岗位？请列举。________

四．劳动强度与工作环境

1. 您的正常工作时间从________时开始至________时结束。(请填写)

2. 您的加班频率一般为每月平均______次，每次平均______小时。(请填写)

3. 您平均每周在本地外出________次，平均每次________小时。(请填写)

……

10. 从事该岗位危险性 A. 无 B. 有

11. 从事该岗位有无职业病 A. 无 B. 有

12. 工作需要哪些工具设备？(请描述)

13. 社会环境：您的工作环境是 A. 相对独立 B. 与他人协作 如选 B，请您回答何时与他人协作，以何种方式协作。(请填写)

14. 不足和建议：

15. 您认为本岗位工作安排有哪些不合理的地方？应如何改善？

感谢您填完本问卷，请再仔细核对一遍，确保没有漏答。

(资料来源：http://wenku.baidu.com)

三、观察法

观察法就是工作分析人员在不影响被观察人员正常工作的条件下，通过观察将有关工作的内容、方法、程序、设备、工作环境等信息记录下来，最后将取得的信息归纳整理为适合使用的结果的过程。利用观察法进行工作分析时，应力求观察的结构化，根据工作分析的目的和组织现有的条件，事先确定观察的内容、观察的时间、观察的位置、观察所需的记录单等，做到省时高效。观察法分为：

1. 直接观察法。工作分析人员直接对员工工作的全过程进行观察。适用于工作周期很短的职位。如保洁员的工作，分析人员可以跟随保洁员一整天进行直接观察。

2. 阶段观察法。有些员工的工作具有较长的周期性，为了能完整地观察到员工的所有工作，必须分阶段进行观察。比如行政文员，每年年终时的工作最忙，工作分析人员就必须在年终时再对该职位进行观察。有时由于时间跨度太长，工作分析工作无法拖延，这时采用阶段观察法更为合适。要求：

(1) 注意所观察的工作应具有代表性。

(2) 观察人员在观察时尽量不要引起被观察者的注意。

(3) 观察前应确定观察计划工作，即观察提纲、观察内容、观察时刻、观察位置等。

(4) 观察时思考的问题应结构简单，并反映工作有关内容，避免机械记录。

(5) 在使用观察法时，工作分析人员要用适当的方式将自己介绍给员工，使之能够被员工接受。采用观察法进行工作分析结果比较客观、准确，但需要工作分析人员具备较高的素质。

一般来说，观察法适用于外显特征较明显的岗位工作，如生产线上工人的工作、会计员的工作等。不适用于工作循环周期很长的、脑力劳动的工作，偶然、突发性工作也不易观察，且不能获得有关任职者要求的信息。

【知识链接】

工作分析观察提纲范例

被观察者姓名：	日期：
观察者姓名：	观察时间：
工作类型：	工作部门：
观察内容：	
（1）什么时候开始正式工作？	（2）上午工作多少小时？
（3）上午休息几次？	（4）第一次休息时间从________到________
（5）第二次休息时间从________到________	（6）上午完成产品________件
（7）平均多长时间完成一件产品？	（8）与同事交谈几次？
（9）每次交谈约________分钟	（10）室内温度________度
（11）抽了几支香烟？	（12）喝了几次水？
（13）什么时候开始午休？	（14）出了多少次品？
（15）搬了多少原材料？	（16）噪音分贝是多少？

（资料来源：http://wenku.baidu.com/link？url）

四、关键事件法

关键事件法要求岗位工作人员或其他有关人员描述能反映其绩效好坏的“关键事件”，即对岗位工作任务造成显著影响的事件，将其归纳分类，最后就会对岗位工作有一个全面的了解。关键事件的描述包括：导致该事件发生的背景、原因；员工有效的或无效的行为；关键行为的后果；员工控制上述后果的能力。采用关键事件法进行工作分析时，应注意三个问题：调查期限不宜过短；关键事件的数量应足够说明问题，事件数目不能太少；正反两方面的事件都要兼顾，不得偏颇。

关键事件法直接描述工作中的具体活动，可提示工作的动态性；所研究的工作可观察衡量，故所需资料应适用于大部分工作。由于归纳事例需耗费大量时间，易遗漏一些不显著的工作行为，难以把握整个工作实体，该方法适用于员工太多，或职位工作内容过于繁杂的工作。

【课堂讨论】

（一）资料：销售工作的15种关键行为

1. 善于把握客户订货信息和市场信息；

2. 密切注意市场需求的瞬间变化；

3. 善于与销售部门的管理人员交流信息；

4. 善于与生产部门的管理人员和执行人员交流信息；

……

12. 在新的销售途径方面有创新精神；

13. 维护公司形象，树立企业良好声誉；

15. 结清账目；

16. 工作态度积极主动。

（二）讨论

以上行为属于能提高绩效的关键事件，请根据上述资料列出影响销售绩效的关键事件。

（资料来源：http://www.cnshu.cn/rlzy/668498.html 精品资料网）

五、工作实践法

工作实践法是指工作分析人员直接参与某一岗位的工作，从而细致、全面地体验了解和分析岗位特征及岗位要求的方法。

该方法的优势是可获得岗位要求的第一手真实可靠的数据资料。运用该方法可以准确地了解工作的实际任务和体力、环境和社会方面的要求，适用于短期内可以掌握的工作。由于分析人员本身的知识与技术的局限性，其运用范围有限，只适用于较为简单的工作分析。不适用于在现代化大生产条件下，对操作的技术难度、工作频率、质量要求高及有危险性的职务。

六、工作日志法

工作日志法是让员工以工作日记或工作笔记的形式记录日常工作活动而获得有关岗位工作信息资料的方法。

应用工作日志法的关键在于制定工作记录的格式表，使所需的信息能够系统记录下来。在实际工作中，不同的工作分析目的往往需要不同的“工作日志”格式。常用的格式设计包括工作的内容、程序和方法，工作的时间消耗和结果形式，工作中的典型事件和关系等。

该方法的优点在于如果记录详细，会提示其他方法无法获得或者观察不到的细节。缺点是日志内容的真实性较适用于高水平、复杂工作的分析，可以显示出其比较经济与有效的功用。

【知识链接】

工作日志填写示例

日期：5 月 11 日　　工作开始时间 8：30　　工作结束时间 17：30

序号	工作活动名称	工作活动内容	工作活动结果	时间消耗	备注
1	复印	协议文件	4 页	6 分钟	存档
2	起草公文	贸易代理委托书	8 页	2 小时 15 分	报上级审批
3	贸易洽谈	玩具出口	1 次	40 小时	承办
4	布置工作	对日出口业务	1 次	20 小时	指示
……					

（资料来源：http：//wenku. baidu. com/link？ url）

七、不同工作分析方法的优缺点及适用范围

前面介绍的几种工作分析方法各有优缺点，下表是这几种方法的比较，各种方法的优缺点与适用范围一目了然。在实际工作分析活动中应视具体情况将各种方法结合使用。

工作分析方法的比较

方法	优　点	缺　点	适用范围
访谈法	能了解到工作态度和工作动机等深层次的内容；收集信息简单、迅速、具体	访谈者要接受专门训练；费时；成本高；信息易于失真	任务周期长，工作行为不易被直接观察的工作
问卷调查法	成本低；速度快；适用范围广；结果可量化	问卷设计费时；员工与调查者之间交流不足	各种类型的工作；样本数量较大的场合
观察法	工作分析人员能较全面深入地了解工作要求	不适于脑力工作和处理紧急情况的间歇性工作，不能得到任职资格的要求	标准化、任务周期较短、以体力活动为主的工作

续表

方法	优 点	缺 点	适用范围
关键事件法	行为标准明确；能更好地确定每一行为的利益和作用	费时费力；无法描述工作职责、任务、背景、任职资格；对中等绩效员工难以涉及	以招聘选拔、培训、绩效评估等为目的的工作分析
工作实践法	便于深入了解、获取工作职责、内容与关系、劳动强度等信息	存在因分析员素质、认识等差异而导致对于工作特征和任职资格要求的不同认识	任务周期较短，工作状态稳定的工作
工作日志法	便于获取工作职责、内容与关系、劳动强度等信息，费用低，能有效分析复杂工作	关注过程而非结果；整理信息量大；存在误差；可能影响正常工作	任务周期较短，工作状态稳定的工作

【案例简析】

王强到底需要什么样的工人？

“王强，我一直想象不出你究竟需要什么样的操作工人”，江山机械公司人力资源部负责人李进说，“我已经给你提供了4位面试人选，他们好像都满足工作说明书中规定的要求，但你一个也没有录用。”“什么工作说明书？”王强答道，“我所关心的是找到一个能胜任那项工作的人。但是你给我提供的人都无法胜任，而且我从未见到过什么工作说明书。”李进递给王强一份工作说明书，并逐条解释给他听。他们发现工作说明书中说明了老式钻床的使用方法，但现在已是新型数字式钻床。为了有效地使用新机器，工人们必须掌握更多的数字知识。

听了王强对操作工人必须具备的条件及应当履行职责的描述后，李进说：“我想我们现在可以写一份准确的岗位说明书，以其为指导，我们就能找到适合这项岗位的人。让我们今后加强岗位联系，这种状况就再也不会发生了。”

（资料来源：http：//www. 360doc. com/userhome/4631822#）

问题：王强认为人力资源部找来的4位面试人选都无法胜任，根本原因在哪里？

【实训项目】

实训内容：针对校外实训基地或一家企业的某岗位制作一份调查问卷、一份访谈提纲和一份观察提纲，然后发放问卷，并进行访谈或观察，将问卷收回，将访谈记录和观察内容整理成文字材料进行分析。

实训指导：

1. 选择的岗位要具有典型性，能代表此企业的主要业务活动。

2. 调查问卷要针对该岗位的性质，一般包括工作识别、工作编号、工作概要、工作关系、工作职责、工作条件与工作环境等，将问卷发放到样本员工，并及时收回。

3. 按照访谈提纲对样本员工进行访谈，以补充问卷调查内容，重点访谈其工作行为、工作设备、有形和无形物质、绩效标准、工作条件、人员条件等。

4. 按照观察提纲对选定岗位进行观察，以确定员工所填问卷与访谈内容的真实性。

【学中做　做中学】

请为你的虚拟公司的某一基层岗位做工作分析，并编写出各岗位的职位说明书。要求：

1. 选择合适的人选，组织工作分析小组成员。
2. 使用观察法、访谈法和问卷调查法来收集工作分析时所需要的信息。
3. 安排合适的地点、时间进行合适形式的访谈。

◎ 思考题：

1. 为什么要进行工作分析？工作分析应该坚持哪些原则？
2. 常用的工作分析方法有哪些？试比较它们的优缺点。
3. 如何编写工作说明书？编写工作说明书所需要的信息有哪些？

第三章　工作设计与组织设计

◎ 知识目标：

1. 工作设计的内容。
2. 组织设计的内容。

◎ 能力目标：

1. 工作设计与组织设计的方法。
2. 定编定岗定员的方法。

【导入案例】

枯燥的 X 光屏幕监视员的工作

当美国人计划飞往国外时，很多人仍旧发现自己对恐怖主义非常担心。美国政府已试图对危险的恐怖分子造成的威胁做出反应，然而，事实证明在老练的恐怖分子面前没有什么有效的防护措施。更糟糕的是现有的措施也会因人为原因而失效，特别是机场人员在面对大量旅客和堆积如山的行李进行超负荷工作时，经常会不知所措。比如，X 光屏幕监视员的工作是重复性的，长期会变得厌烦、劳累，注意力不集中。考虑到 X 光屏幕监视员注意力不集中所带来的灾难性的后果，航空公司应重新设计，使这一工作变得更加有趣，而且使工作人员具有工作积极性，这可以拯救很多人的生命。

糟糕的工作设计并不总是导致危及身体甚至生命安全的后果；但是，在一个利润不断下降且全球竞争越来越激烈的情况下，公司如果不能不断地对产品和工作过程进行改进，后果将不堪设想。工作设计和再设计可以使公司的资源（人力、资本和技术资源）得到充分利用，从而使公司保持竞争优势。

（资料来源：http：//baike. baidu. com/view/296821. htm？ fr=aladdin）

第一节　工 作 设 计

【知识要点】工作设计的概念；工作设计的内容；工作设计的程序和方法。

工作分析确定了工作岗位的基本职责和任职规范，但还未完成科学和人性化的工作设计。优良的工作设计能保证员工从工作本身获得意义与价值，可以使员工体验到工作的重要性和所负的责任，及时了解工作的结果，从而产生高度的内在激励作用，形成高质量的工作绩效及对工作高度的满足感。

一、工作设计的含义

工作设计是指为有效地达到组织目标与满足个人需要而进行的工作内容、工作职能和工作关系的设计。

二、工作设计的主要内容

工作设计的主要内容包括工作内容、工作职责和工作关系的设计三个方面。

（一）工作内容

工作内容的设计是工作设计的重点，包括工作的广度、深度、完整性、自主性以及反馈：

1. 工作的广度。即工作的多样性。工作设计得过于单一，员工容易感到枯燥和厌烦，因此要尽量使工作多样化，使员工在完成任务的过程中保持工作的兴趣。

2. 工作的深度。设计的工作应具有从易到难的一定层次，对员工工作的技能提出不同程度的要求，从而增加工作的挑战性，激发员工的创造力和克服困难的能力。

3. 工作的完整性。保证工作的完整性能使员工有成就感，即使是流水作业中的一个简单程序，也要是全过程，让员工见到自己的工作成果，感受到自己工作的意义。

4. 工作的自主性。适当的自主权能增加员工的工作责任感，使员工感到自己受到了信任和重视。认识到自己工作的重要，也可以使员工工作的责任心增强，工作的热情提高。

5. 工作的反馈。工作的反馈包括两方面的信息：一是同事及上级对自己工作意见的反馈；二是工作本身的反馈，如工作的质量、数量和效率。工作反馈能正确引导和激励员工。

（二）工作职责

工作职责设计主要包括工作的责任、权力、方法以及工作中的相互沟通和协作等方面：

1. 工作责任。员工在工作中承担的职责及压力范围的界定，即工作负荷的设计。

2. 工作权力。权力与责任是对应的，责任越大权力范围越广。

3. 工作方法。包括领导对下级的工作方法、组织和个人的工作方法设计等。

4. 相互沟通。沟通是一个信息交流的过程，包括垂直沟通、平行沟通、斜向沟通等形式。

5. 协作。整个组织是有机联系的整体，是由若干个相互联系、相互制约的环节构成，每个环节的变化都会影响其他环节以及整个组织的运行，因此各环节之间必须相互合作、相互制约。

(三) 工作关系

组织中的工作关系，表现为协作关系、监督关系等各个方面。

以上三个方面的工作设计，为组织的人力资源管理提供了依据，保证事得其人，人尽其才，人事相宜；优化人力资源配置，提高工作效率，提供有效管理的环境保障。

【课堂讨论】

(一) 资料：城管局办公室的工作设计

城管局办公室配备主任1名，副主任1名，工作人员17名，其中公务员编制1人，参照公务员管理事业编制5人，工勤人员4人，合同制人员7人。该办公室为大办公室工作制，该局机关包括四个直属执法大队的人事、文秘、财务、后勤等工作职能全部放在办公室。

原先岗位设置如下：副主任负责分管内勤，其余工作由主任负责，秘书工作由3名同志负责，财务由3名同志负责，后勤由两名同志负责，人事由两名同志负责，打字员1名，驾驶员5名。工作两年过程中，发现存在人员庞杂，内部工作相互交叉的问题，主任统管全部工作却变成“全能型工作人员”，经常加班到半夜，工作人员只管自己手头上的工作，导致工作没有衔接好，使得办公室时常被领导批评，工作人员辛苦之余工作热情越来越低。

为此城管局决定重新进行工作设计。首先提拔1名副主任，按照职能划分6个组：人事组、文秘组、宣传组、后勤组、财务组和车辆管理组，并对各组划分具体的工作职责。主任从具体事务中解脱出来，抓全面管理。两名副主任分别管理3个组。选拔6名同志担任组长，具体负责抓好各组工作。到目前为止，办公室工作成效得到了明显提升，领导对此表示肯定，工作人员也觉得这样的工作方式比较合理。

(资料来源：http：//wenku. baidu. com/view/309a18dad15abe23482f4d18. html)

(二) 讨论

1. 以上的描述涉及工作设计的什么内容？
2. 原来的办公室工作分工有什么缺点？重新设计后的工作有什么优势？

三、工作设计的程序

为提高工作设计的效果，在进行工作设计时应按以下几个步骤来进行：

1. 需求分析。工作设计首先要对原有工作进行调查诊断，以决定是否进行，着重在哪些方面进行。一般而言，出现工作满意度下降和积极性较低等情况，需要进行工作设计。

2. 可行性分析。考虑该项工作是否能够通过工作设计改善工作特征；从效益上看是否值得投资。还应考虑员工是否具备从事新工作的心理与技能准备。

3. 评估工作特征。正式成立工作设计小组，成员包括工作设计专家、管理人员和一线员工，由小组负责调查、诊断和评估原有工作的基本特征，分析比较，提出需要改进的方面。

4. 制定工作设计方案。根据工作调查和评估的结果，提出可供选择的工作设计方案，包括改进对策以及新工作体系的职责、规程与工作方式等。在方案确定后进行试点，检验效果。

5. 评价与推广。根据试点情况研究工作设计的效果并进行评价。评价员工的态度和反应、员工的工作绩效、企业的投资成本和效益。

四、工作设计的方法

工作设计的方法有多种，但其中心思想是工作丰富化，而工作丰富化的核心则是激励的工作特征模型。

（一）工作专业化

工作专业化是指通过对动作和时间的研究，把工作分解为很小的单一化、标准化、专业化的操作内容和程序，并对工人进行培训和激励，使工作保持高效率。这种设计方法在流水线上应用最广泛。

（二）工作扩大化

工作扩大化是扩展一项工作包括的任务和职责，这些工作应与员工以前承担的工作内容相似，只是在水平方向上的扩展，不需要员工具备新的技能，但并未改变工作的枯燥和单调。

（三）工作丰富化

工作丰富化是指在工作中赋予员工更多的责任、自主权和控制权。工作丰富化与工作扩大化、工作轮换不同，它是垂直地增加工作内容。员工会承担更多重的任务、更大的责任，有更大的自主权和更高程度的自我管理，还有对工作绩效的反馈。

（四）工作轮换

工作轮换指在组织的不同部门或在部门内部调动员工的工作。目的是让员工积累更多的工作经验。

（五）工作特征再设计

这是一种人性化的设计方法，针对员工设计工作而非针对工作特征要求员工。充分考虑个人的差异性，以不同的要求把员工安排在合适于他们独特需求、技术、能力的环境中去。

（六）工作设计综合模型

这是指在职位设计、人员安排、劳动报酬及其他管理策略方面进行系统考虑，以便使组织要求及个人需求获得最佳组合，从而最大限度地激发员工的积极性，有效实现企业目标。工作设计的综合模型包括工作设计的主要因素、绩效成果目标因素、环境因素、组织内部因素和员工个人因素等。特点是着重要求企业管理人员分析和评价在工作设计、规划发展和贯彻过程中许多环境变量可能产生的影响。

五、工作系统设计需考虑的主要因素

（一）员工的因素

人是组织活动中最基本的要素，工作设计就是使员工在工作中得到最大的满足，随着文化教育和经济发展，尤其是“90后”进入劳动力市场后，需求层次更高，经济收益并不是他们关注的重点，他们希望在自己的工作中得到锻炼和发展，对工作质量的要求更高。因此只有重视员工的要求并开发和引导其兴趣，才能激发其工作热情，增强组织吸引力，留住人才。

（二）组织的因素

1. 工作设计的内容应包含所有的生产经营活动，保证生产经营目标的顺利有效实现。

2. 全部岗位构成的责任体系应该能够保证组织总目标的实现。

3. 应该有助于发挥员工的个人能力，提高组织效率。要全面权衡经济效率原则和员工的职业生涯和心理的需要，找到最佳平衡点，使组织获得效益和员工满意度两方面的收益。

（三）环境因素

1. 工作设计必须从现实情况出发，考虑与人力资源的实际水平相一致。如在目前人力资源素质不高的情况下，工作内容的设计应相对简单，技术引进也应结合人力资源的情况，否则，引进的技术没有合适的人使用，会造成资源的浪费，影响组织的生产。

2. 社会期望是指人们希望通过工作满足些什么。不同的员工其需求层次是不同的，这就要求在工作设计时考虑人性方面的东西。

【案例简析】

楼百金的难题

晚上十点钟，深圳金坚制衣厂的老板楼百金仍坐在办公室。他的工厂正赶制一笔大订单。对方是长期合作的客户，订单大且稳定，但交货期非常紧，对质量很挑剔。工厂的200多名工人，每天工作12个小时，已有7天了。楼百金和工人们一样，每天都守在工厂里，熬得两眼血丝。听着越来越缓慢的车衣声，他知道工人们开始放慢速度了，可能是累了，但更可能是怠工。可如不能按时完成，不仅要支付索赔，还会失去客户的信任。如何才能让工人更主动地干活呢？这是经常困扰楼百金的难题。制衣行业工人的工资成本平均占加工费的60%左右，行业的竞争集中体现在人工成本上，管理水平的高低是一个企业能否赚钱的关键。

为了最高限度地提高生产效率，制衣行业普遍实行计件工资。工人收入的90%由计件工资组成。以上衣为例，假设加工费每件5元，有15道工序，5元的60%要在这15个工人间分配。每一道工序的价钱不同，支付了工人和管理人员的工资、扣除日常费用后，剩下才是老板的利润。由于批量、面料和复杂程度不同，很难在开工前准确计算出每道工序的单件工价。业内一般是事后定价，这样较准但让工人感到有失公平。因为事后定价会出现效率越高，工价越低的情况。工人为防止老板压低工价，往往集体怠工，以提高工价。这就是他听到车衣声慢了闷闷不乐的原因。

除成本之外，质量与交货期是另外两个关键因素。由于加工的服装批量小，季节性强，生产周期短，既要保证质量，又要及时交货。一个方面做不好就会遭到索赔。于是楼百金开始改革：

第一，采取事先定价，让工人感到公平。工人在开工前，就知道每做一件活的价钱。第二，推出工价招投标的制度，以校正事先定价的不准确。工价员初步确定工价，由每个小组进行投标，价低者得。这样就促进了各小组的竞争，工价降下来了，生产也稳定了。第三，为防止各小组共同抬价，实行组长末位淘汰制。每月连续两次排在末位的组长将被淘汰，降级为员工。这样增强了组长的危机感，使他们能最大限度地从小组利益考虑问题，公平对待组员，挖空心思提高效率。第四，推行上下工序索赔制度。每道工序都可监督检测前道工序的质量，对前道工序不合格造成的损失向前道索赔。这样既有动力监督，又有压力保证质量。索赔制度实行后，出现了一个意料不到的情况：技术不好的工人流动率大大提高，技术好的工人流动率越来越低。员工的平均素质提高，平均收入也比其他工厂的工人高出20%至30%。

（资料来源：根据 http：//wenku. baidu. com/view/e859064df7ec4afe04a1df9a. html 改编）

问题：

1. 从工作系统设计的角度评价楼百金的做法。

2. 你是否认同楼百金的管理方法？你有没有更好的办法提高制衣厂的生产率？

【实训项目】

实训内容：请学生调查学校或学校周围一家大中型企业（公司、饭店、工厂、商场等），了解企业的基本状况，从中发现其工作设计的不足之处。

实训指导：

1. 从网上或根据自己的社会关系锁定一家企业，或者是自己打工兼职的企业。

2. 深入企业进行调查，找出员工不满意之处，一般是工作设计不合理之处。

3. 调查完毕，对不合理之处进行工作的重新设计，写出设计方案。

【学中做　做中学】

请根据每位成员在虚拟公司中所担任的工作职务，对本岗位的工作进行设计。要求：

1. 工作的职责要清楚，工作关系要明确，工作的内容要全面。

2. 工作要具有丰富性，能激发员工的挑战性。

第二节　组织设计

【知识要点】组织设计的概念；组织设计的内容；组织设计的程序和方法。

组织设计是一个动态的工作过程。科学地进行组织设计，要根据组织设计的内在规律性有步骤地进行。组织设计有三种情况：新建的企业需要进行组织结构设计；原有组织结构出现问题或企业的目标发生变化，需要重新评价和设计；组织结构需要进行局部的调整和完善。

一、组织设计的含义

组织设计指以企业组织结构为核心的组织系统的整体设计工作，将组织内各要素进行合理组合，建立和实施一种特定组织结构的过程。实质是对管理人员进行横向和纵向的分工。

组织设计一要精简，避免机构重叠，人浮于事；二要统一，组织内的权力应相对集中，实施“一元化管理”；三要高效，应使各部门、各环节组合成高效的结构形式。

二、组织设计的原则

（一）拔高原则

在进行组织结构的重新设计时，必须遵循拔高原则，即整体设计应紧扣企业的发展战略，充分考虑企业未来所要从事的行业、规模等，为企业提供一个几年内相对稳定且实用的平台。

（二）优化原则

组织结构的重新设计要充分考虑内外部环境，使企业组织结构适应外部环境，谋求企业内外部资源的优化配置。

（三）均衡原则

企业组织结构的重新设计应力求均衡，不能因为企业现阶段没有要求而合并部门和职能，在企业运行一段时间后又要重新进行设计，即职能不能没有，岗位可以合并。

（四）重点原则

企业的发展会因环境的变化使工作的难易程度和影响程度发生变化，企业的工作中心和职能部门的重要性亦随之变化，因此设计时要突出重点工作和重点部门。

（五）人本原则

设计企业组织结构前，要综合考虑企业现有的人力资源状况以及企业未来几年对人力资源素质、数量等方面的需求，以人为本进行设计，不能因人设岗，因岗找事。

（六）适应原则

组织结构的重新设计要适应企业的执行能力和一些良好的习惯，使企业和企业员工执行起来容易上手，不能脱离企业实际，使企业为适应新的组织结构而影响正常工作的开展。

（七）强制原则

重新设计的组织结构必然会因企业内部认识上的不统一、权力重新划分、人事调整、责任明确且加重、考核细致并严厉等现象的产生，而导致管理者和员工的消极抵制甚至反对。在这种情况下，要有充分的心理准备，采取召开预备会、邀请员工参与设计、舆论引导等手段消除阻力。在最后实施时，必须强制执行。

三、组织设计的原因

组织是有确定目的，有精心设计的结构和协调活动系统的社会实体。组织架构是从战略的功能定位出发，涉及组织架构设计、公司治理结构，以及责权体系等一整套的工程，组织是实施战略的保证。“一等人用组织，二等人用人才”。企业在组织方面存在的核心问题如下：

1. 战略与组织脱节，组织不能支持战略的发展，组织复杂与组织功能缺位并存。
2. 公司组织不精简，管理层级过多。
3. 部门职责、权限不清晰，工作中相互推诿、扯皮，公司缺乏统一协调。
4. 部门核心业务流程不明确，工作忙乱。
5. 大部分企业组织架构以职能为主导，而不是以市场、客户服务流程为主导。
6. 对发展战略和快速变化的竞争环境没有形成有力支持。
7. 内部控制体系不完善，监督检查职能不完整。
8. 管理漏洞很多，导致资源流失。
9. 集团化公司对各业务单元管控不清，管理失控或管理过死。

【课堂讨论】

（一）资料：凯达公司的问题

凯达公司是一个中型企业，主要业务是为用户设计和制作商品目录手册。公司在A、B两地各设有一个业务中心。A中心内设采购部和目录部。采购部负责接受用户的订单、选择和订购制作商品目录所需要的材料，其中每个采购员都是独立工作的，目录部负责设计用户定制的商品目录，该部的设计人员因为必须服从采购员提出的要求，因此常常抱怨受到的约束过大，因而不能实现艺术上的完美性。B中心则专门负责商品目录的制作。最近，根据经营主管的建议，公司在B地又成立了一个市场部专门负责分析市场需求，挖掘市场潜力，向采购员提出建议。但采购员和设计员都认为成立市场部不但多余，而且干涉了自己的工作。市场部人员则认为采购员和设计员墨守成规、缺乏远见。虽然公司经营主管作了大量的说服工作，并先后调换了有关人员，效果仍不理想。

（资料来源：http：//blog. sina. com. cn/s/blog_ c0db9aa1010153hs. html）

（二）讨论

1. 利用所学知识分析市场部有无成立的必要？如果市场部有必要成立，应如何设计？

2. 如何协调采购部与目录部的关系？

四、组织设计的分类

关于组织设计的分类存在着争议与分歧，一般可以按照具体内容分为以下四种类型：

1. 基于战略调整的组织匹配设计。组织的战略调整了，相应的组织结构也要匹配调整。

2. 基于价值链管理的组织设计。价值链就是从原材料加工到产品成品到达最终用户手中的过程中所有增加价值的步骤组成的一系列活动。价值链管理就是改变作业管理策略和将组织设计调整到具有有效性和高效率的战略位置，以利用产生的每一个竞争机会。

3. 基于集团管理模式的组织设计。集团管理模式是指企业集团总部在管理下属企业中的定位，具体体现在通过管控部门的设置、管控流程设计以及集团文化的传播来影响下属经营单位的战略、营销、财务、经营运作等的内容。企业规模扩大后，相应组织设计要与之匹配。

4. 基于转职或改制的组织设计。企业转职或改制一般表现为业务、经营内容或企业性质的转职或改制，但凡企业基于这样的变革，都要进行重新的组织设计。

五、组织设计的任务

组织设计的任务是设计清晰的组织结构，规划和设计组织中各部门的职能和职权，确定组织中职能职权、参谋职权、直线职权的活动范围并编制职务说明书。

1. 组织结构。指组织的框架体系，是对完成组织目标的人员、工作、技术和信息所作的制度性安排。就像人类由骨骼确定体型一样，组织也是由结构来决定其形状。组织结构可以用复杂性、规范性和集权性三种特性来描述。

2. 内容。包括职权如何划分、部门如何确立、管理层次如何划分。由于组织内外环境的变化影响着这三个相互关联的问题，使得组织结构的形式始终围绕这三个问题发展变化。因此，进行组织结构的设计，首先要正确处理这三个问题。

3. 成果。组织设计的成果表现为组织结构图、工作说明书和组织手册。

（1）组织结构图：也称组织树，即用图形表示组织的整体结构、职权关系及主要职能。组织结构图一般描述权力结构、沟通关系、管理范围及分工情况、角色结构和组织资源流向等。

（2）工作说明书：是说明组织内部的某一特定职位的责任、义务、权力及其工作关系的书面文件。包括职位名称及素质能力要求、工作内容和工作关系等。

（3）组织手册：是工作说明书与组织结构图的综合，用以说明组织内部各部门的职权、职责及每一个职位的主要职能、职责、职权及相互关系。

【知识链接】

组织设计的实现阻力

一、个体的阻力

1. 失败的风险造成的阻力：组织设计实现的结果具有很大的不确定性和风险性。

2. 经济因素造成的阻力：经济收入在人们心目中有着举足轻重的地位，如果组织设计的实现会使个人的直接或间接收入降低的话，必然会受到抵制。

3. 心理因素造成的阻力：组织设计的实现首先会打破原有的稳定格局，使现有已知的东西变得模糊不清和不确定，这意味着组织要打破原有的心理平衡，使他们产生某种程度的不安全感，因而抵制组织设计的实现。

二、组织的阻力

1. 组织惯性：组织惯性一种是组织结构层面上的惯性行为，另一种是组织的思维惯性。惯性思维可以帮助组织稳定现状，但对进一步发展却会产生阻碍。

2. 资源限制：有些组织很想进行转变，但却没有足够资源。另外，现存的基础设施难以支持新的工作方式，企业可能根本无法获得改变所需的大量资金和时间。

3. 组织文化：企业文化一旦形成传统，就会在深层次左右人们的行为。一旦进行组织的转变，落后的企业文化会束缚组织前进的脚步，成为阻碍组织设计实现的力量。

4. 组织间的协议：组织间的协议规定了道义和法律上的责任，以约束人们的行为，所作的变革如波及其他组织成员的情绪，那些组织会通过某种方式进行干预。

（资料来源：http：//baike. baidu. com/view/589710. htm？fr=aladdin）

六、组织设计的程序

1. 设计原则的确定：根据企业的目标和特点，确定组织设计的方针、原则和主要参数。

2. 职能分析和设计：确定管理职能及其结构，层层分解到各项管理业务和工作中，进行管理业务的总设计。

3. 结构框架的设计：设计各个管理层次、部门、岗位及其责任、权力，具体表现为确定企业的组织系统图。

4. 联系方式的设计：进行控制、信息交流、综合、协调等方式和制度的设计。

5. 管理规范的设计：主要设计管理工作程序、管理工作标准和管理工作方法，作为管理人员的行为规范。

6. 人员培训和配备：根据结构设计，定质、定量地配备各级管理人员。

7. 运行制度的设计：设计管理部门和人员绩效考核制度，设计精神鼓励和工资奖励制度，设计管理人员培训制度。

8. 反馈和修正：根据运行过程中的信息反馈，定期或不定期地对各项设计进行必要的修正。

【案例简析】

王氏年糕厂的抉择

王小旺是北京平谷的一位普通农民，他家有祖传绝招——王氏年糕。早在清朝道光年间，这种美食就远近闻名，王家代代在村口开一家专卖此种年糕的小饭馆。20世纪80年代，改革之风吹来，王小旺家的“王家饭馆”生意兴隆，他很快有钱了。于是逐步扩大经营，开始是到邻村去开分店，后来竟把分店开到了县城。1987年，他就在本村办起了利平年糕厂，开始生产“老饕”牌袋装和罐装系列年糕食品。王小旺如今已管理着这家100多名职工的年糕厂和多家经营“王氏年糕”的王家饭馆、小食品店。

目前，王小旺年糕厂里的主要部门是质量检验科、生产科、销售科和设备维修科。还有一个财会科以及一个小小的开发科。其实产品很少改变，品种也不多。王小旺坚持就凭几种传统产品，服务的对象也是“老”主顾。厂里质检科要检测进厂的所有原料，保证必须是最优质的。每批产品都一定抽检，当然最重要的是检控产品的味道，厂里高薪聘有几位品尝师，他们的唯一职责是品尝本厂的美食。他们经验丰富，可以尝出与要求的标准的微小偏差。

不久前，王小旺的表哥周大龙回村探亲。听说他靠两头奶牛起家，如今已是千万元户。周大龙来访王小旺，对年糕厂的发展称赞一番，表示想投资入伙。但他指出王小旺观点太迂腐保守，不敢开拓，认为牌子已创出，应当大力扩充品种与产量，大力发展北京市内市场甚至向北京以外扩展。他还指出，目前厂里这种职能型结构太僵化，只适合于常规化生产，为稳定的顾客服务，各职能部门眼光只限在本领域内，看不到整体和长远，彼此沟通和协调不易。他建议王小旺改组本厂结构，按不同产品系列来划分部门，适应大发展的新形势。但王小旺对表哥的建议听不进去，两人话不投机，不欢而散。

（资料来源：根据管理学案例改编）

问题：本案例反映了组织设计中的哪些问题？企业一定要做大吗？请结合战略与组织设计的关系，谈谈你自己的看法。

【实训项目】

实训内容：在网上调查一家大中型企业，了解其组织设计情况，对其组织设计进行分析。

实训指导：

1. 从网上或根据自己的社会关系锁定一家企业，或者是自己打工兼职的企业。
2. 对其组织设计进行分析，写出它的组织设计特点。
3. 在分析过程中，发现其有无不合理之处，请进行重新设计，写出设计方案。

【学中做　做中学】

请根据虚拟公司的业务性质和特点，对本公司进行组织设计。要求：

1. 先根据职能进行部门的设计，同时要考虑集权和分权问题。

2. 对部门工作设计时，要考虑工作的丰富性，能激发员工的挑战性。

第三节　组织结构设计

【知识要点】组织结构设计的概念；组织结构设计的内容、程序和步骤。

一、组织结构设计的含义

组织结构设计，是对构成企业组织的各要素进行排列组合，明确管理层次，分清各部门、各岗位之间的职责和相互协作关系，并使其在企业的战略目标过程中，获得最佳的工作业绩。

二、组织结构设计的内容

1. 职能设计。指企业的经营职能和管理职能的设计。企业作为一个经营单位，要根据其战略任务设计经营、管理职能。如果不合理，就要进行调整，对其弱化或取消。

2. 框架设计。就是纵向的分层次、横向的分部门。

3. 协调设计。指协调方式的设计，是研究分工的各个层次、各个部门之间如何进行合理的协调、联系、配合，以保证其高效率的配合，发挥管理系统的整体效应。

4. 规范设计。是管理规范的设计。管理规范就是企业的规章制度。结构本身设计最后要落实并体现为规章制度。保证各层次、部门和岗位按照统一的要求和标准进行行动。

5. 人员设计。是管理人员的设计。企业结构本身设计和规范设计，都要以管理者为依托，并由管理者来执行。因此，必须进行人员设计，配备相应数量和质量的人员。

6. 激励设计。是设计激励制度，对管理人员进行激励，包括正激励和负激励。

三、组织结构设计的基本原则

（一）任务与目标原则

企业组织设计的根本目的，是为实现企业的战略任务和经营目标服务，是最基本的原则。衡量组织结构设计的优劣，要以是否有利于实现企业任务、目标作为最终的标准。

（二）专业分工和协作原则

在合理分工的基础上，各专业部门只有加强协作与配合，才能保证各项专业管理的顺利开展，达到组织的整体目标。主要措施有：

1. 实行系统管理，把职能性质相近或工作关系密切的部门归类，成立各个管理子系统。

2. 设立必要的委员会及会议来实现协调。

3. 创造协调的环境，提高管理人员的全局观念，增加相互间的共同话语。

（三）有效管理幅度原则

管理幅度的大小同管理层次的多少呈反比例关系，这一原则要求在进行组织设计时，领导的管理幅度应控制在一定水平，以保证管理工作的有效性。

（四）集权与分权相结合的原则

集权是大生产的客观要求，保证企业的统一领导和指挥，有利于人、财、物的合理分配和使用。分权是调动下级积极性、主动性的必要组织条件，有利于上层领导摆脱日常事务，集中精力抓重大问题。权力分工应考虑企业规模的大小、技术特点、工作性质、管理水平等。

（五）稳定性和适应性相结合的原则

在进行组织结构设计时，既要保证组织在外部环境和任务发生变化时，能够继续有序运转；又要保证在运转过程中，能够根据变化了的情况作出相应变更，具有一定的弹性和适应性。

【课堂讨论】

（一）资料：Y公司的组织结构改革

南京某安全和环保工程公司原有10个二级业务部门，在经营上采取“双重经营”的模式，即以公司层面的经营为主，以各业务部门的经营参与为辅。在双重经营模式下，公司和业务部门处于一种暂时的集权分权平衡，但是，随着业务部门在经营中的贡献逐渐增大，公司层面的经营逐渐失去地位，业务部门和公司层面的有关职能部门之间的管理冲突开始出现，到2003年激化程度已相当严重。此时，恰逢国家进一步要求企业改制，而且企业又是国资退出的对象，于是企业没有继续演化为“业务部门类公司管理”的强分权模式，而是直接对业务部门进行改制，把业务部门分别改制为子公司。公司的10个主要业务部门经重组后，已经改为7个子公司了。与此同时，总部赋予子公司独立经营、生产自主权，总部的相应功能一次性弱化，相关部门得到撤并。

（资料来源：http：//wenku. baidu. com/link？url）

（二）讨论

1. 案例中公司原先采用的是什么样的组织结构形式？

2. 企业为什么要进行组织结构调整，调整后的组织结构形式有哪些优势和不足？

四、组织结构设计的程序

企业内部的部门是承担某种职能模块的载体，按一定的原则组合在一起，就是组织结构。组织结构设计程序如下：

1. 分析组织结构的影响因素，选择最佳的组织结构模式。影响因素主要有企业环境的复杂多变、企业规模的大小、企业战略目标的状况、组织内信息沟通的方式等。

2. 根据所选的组织结构模式，将企业划分为不同的、相对独立的部门。

3. 为各个部门选择合适的部门结构，进行组织机构设置。

4. 将各个部门组合起来，形成特定的组织结构。

5. 根据环境的变化不断调整组织结构，以适应组织的发展。

五、组织结构的形式

组织结构的形式如下：

1. 直线制。即从上到下实行垂直领导，下属部门只接受一个上级的指令，各级主管对所属单位的一切问题负责，一切管理职能由自己执行。优点是结构比较简单，责任分明，命令统一。缺点是要求行政负责人通晓多种知识和技能，亲自处理各种业务。适用于规模较小，生产技术比较简单的企业。

2. 职能制。即要求行政主管把相应的管理职责和权力交给相关的职能机构，各职能机构就有权在自己业务范围内向下级行政单位发号施令。下级除接受上级行政主管人员指挥外，还接受各职能机构的领导。优点是能适应生产技术比较复杂，管理工作比较精细的组织；能充分发挥职能机构的作用，减轻直线领导者的负担。缺点是妨碍了集中领导和统一指挥，形成了多头领导；不利于建立和健全负责人和职能科室的责任制；在上级领导和职能机构的指导发生矛盾时，下级就无所适从，影响工作的正常进行。

3. 直线职能，也称直线参谋制。即把管理机构和人员分为两类：直线领导机构和人员，按命令统一原则对各级组织行使决定权和指挥权；职能机构和人员从事各项职能管理工作，进行业务指导。优点是保证了管理体系的集中统一，充分发挥各专业管理机构的作用。缺点是职能部门之间的协作和配合性较差，职能部门的许多工作要向上层领导报告请示才能处理，加重了上层领导的负担，造成办事效率低。

4. 事业部制。是一种高度（层）集权下的分权管理体制。它适用于规模庞大、品种繁多、技术复杂的大型企业，是较大的联合公司采用的一种组织形式。事业部制是分级管理、分级核算、自负盈亏的一种形式，即一个公司按地区或按产品类别分成若干个事业部，产品的设计、原料采购、成本核算、制造销售，均由事业部及所属工厂负责，实行单独核算、独立经营，公司总部只保留人事决策、预算控制和监督权，通过利润等指标进行控制。

5. 模拟分权制。模拟就是生产单位模拟事业部制的独立经营，单独核算，负有“模拟性”的盈亏责任，各生产单位之间依据企业内部制的价格进行经济核算，这是与事业部制的差别所在。优点是调动各生产单位的积极性，解决了规模过大不易管理的问题。高层管理人员将部分权力下放，减少了行政事务，把精力集中到战略上。缺点是不易为模拟的生产单位明确任务，考核困难；生产单位领导人不了解企业的全貌，在信息沟通和决策权力方面有缺陷。

6. 矩阵制。既有按职能划分的垂直领导系统，又有按产品（项目）划分的横向领导结构。特点是围绕某个项目成立跨职能部门的专门机构。由有关部门派人参加，以协调有关部门的活动，保证任务的完成。优点是机动、灵活，可随项目的开发与结束进行组织或解散；人员有信任感、荣誉感，工作热情高，加强了配合和交流。缺点是人员的双重管理造成管理困难，没有足够的激励与惩治手段；人员易产生临时观念。适用于一些重大攻关项目。

7. 委员会制。这是一种特殊类型，是执行某方面管理职能并以集体活动为主要特征的组织形式。委员会常与上述组织结构相结合，可以起决策、咨询、合作和协调作用。优点是便于集思广益，有利于集体审议与判断，防止权力过分集中，有利于沟通与协调，能够代表集体利益，促进管理人员成长等。缺点是责任分散、议而不决、决策成本高、少数人专制等。

8. 多维立体制。多维立体制是事业部制与矩阵制组织结构的有机组合。多用于多种产品，跨地区经营的组织。优点是对于众多产品生产机构，按专业、按产品、按地区划分；管理结构清晰，便于组织和管理。缺点是机构庞大，管理成本增加，信息沟通困难。

【知识链接】

制作组织结构图表时应考虑的几个问题

1. 图表的主题。确定图表的范围，是一个系统、一个部门，还是整个公司的组织结构图。

2. 简洁明了。尽量使图表简洁清楚，强调主要机构。

3. 名称。用职务名称来描述工作水平和职能。

4. 次序。不要先写组织中的人员名称，首先要确定职能，然后再将负有相应责任的人名填上去。

5. 职务。在一个矩形框里描述组织各部门的职务。

6. 等级。用垂直线描述不同等级的相关工作，用水平线描述相似等级的工作。

7. 职权。用水平直线或垂直线表示直接权力，用点线表示间接权力。

（资料来源：http://wenku.baidu.com）

【案例简析】

简单化分权的陷阱

上海某化工生产企业M公司，年产值3.4亿元。2006年前，M公司有6个职能部门和7个车间，其中市场部是企业的龙头部门，全厂1 000多名职工全靠市场部的10多个人拿订单吃饭。随着市场竞争的加剧，市场部的订单不能满足生产的需要，个别车间依靠自己的力量，在市场上拉零活。渐渐地统一的经营体制被打破，车间逐渐成为经营性主体。因为订单是由各车间自己争取来的，总部也在生产及质量管理等方面逐渐失去控制。在这种过程中，总部相关部门和车间之间经常发生冲突。2006年M公司对业务部门重新设计了组织结构：将7个车间重组为5个独立的产品部门，并分别称为事业部；取消了市场部、生产管理部、技术质量部，相应工作和权力下放给各事业部，总部保留了原办公室、人事部和财务部，并增设综合管理部，负责协调和统计工作。事业部自主经营、自我发展，总部从其业务收入中提成15%。

问题：M企业原先采用的是什么样的组织结构形式？为什么要进行组织结构调整？调整后的组织结构形式有哪些特点？应注意哪些问题？

（资料来源：http：//wenku. baidu. com/link？Url）

【实训项目】

实训内容：请学生在网上调查一家大中型企业（如海尔、格力等），了解其组织结构设计情况，对其组织结构设计进行分析。

实训指导：

1. 对其组织结构设计进行分析，写出其组织结构设计的特点。
2. 分析这些大企业的组织结构特点。

【学中做　做中学】

请根据虚拟公司的业务性质和特点，对本公司进行组织结构设计。要求：

1. 先进行纵向层次的设计，同时要考虑集权和分权问题。
2. 再进行横向职能及业务的设计。

第四节　定编定岗定员

【知识要点】 定编定岗定员的概念；定编定岗定员的内容和程序、方法。

一、定编定岗定员的概念

定岗：指明确组织所需要的岗位。

定编：指明确组织需要多少适合企业发展的个人。定编在这里包括定员。

定编定员，就是采取一定的程序和科学的方法，对确定的岗位进行各类人员的数量及素质配备。所要解决的问题是企业各工作岗位配备什么素质的人员，以及配备多少人员。

二、定编定岗定员工作原则

1. 以战略为导向。强调岗位与组织和流程的有机衔接。以企业的战略为导向，与提升流程的速度和效率相配合，并有明确的岗位和编制体制。

2. 以现状为基础。强调岗位对未来的适应。一方面，必须以岗位的现实状况为基础，充分考虑岗位价值发挥的基础条件；另一方面，充分考虑组织的内外部环境的变化、组织变革与流程再造、工作方式转变等一系列变化对职位的影响和要求。

3. 以工作为中心。强调人与工作的有机融合。充分考虑任职者的职业素质与个人特点，体现职位对人的适应，处理好岗位与人之间的矛盾，实现人与职位的协调与有机融合。

4. 以分析为手段。强调对岗位价值链的系统思考。不仅对职责、任务、业绩标准、任职资格等要素进行罗列，而且对每个环节应发挥的作用进行系统思考。

三、定编定岗定员实施要求

首先，要设定好企业的组织架构。其次，需要定责，定责包括部门职责与岗位职责两项内容。再次，是定员。定员是在定编基础上，严格按编制数额和岗位的质量要求，为企业每个岗位配备合格的人员。定岗定编的目的是实现“人、岗、事”三者之间的合理匹配。首先确定企业要做的“事”，即工作目标，然后确定相应的岗和员。岗位设置的原则如下：

1. 岗位设置的数目应符合最低数量。
2. 所有岗位要求实现最有效的配合。
3. 每个岗位在企业组织中发挥最积极的作用。
4. 每个岗位与其他岗位的关系应协调。
5. 岗位设置应经济化、科学化和系统化。

【课堂讨论】

（一）资料：定岗定编——某度假村的交通部定岗定编

某度假村酒店地处郊区，由于交通不便，车辆外出办事往往一出去会耽误很长时间，所以当某天需要用车较多时，车辆就会安排不过来；鉴于酒店以接待具有一定社会背景的人物为主，以安全和高质量的服务为重，特殊的性质使得特殊情况用车现象较多，且必须安排相应的专车，这样可利用车辆就比较有限。另外，往往几个部门同时申请用车，但由于时间的不一使车辆更加紧张。司机并非是专人专车，这样出车频次的多少和劳累程度不一样，司机之间存在不公平感。酒店在车辆安排上虽然有相应的记录；但是是否合理没有人进行总结与分析，所以司机间的忙闲程度不一。

华恒智信咨询公司为其作出解决方案：首先对该度假村酒店的车辆的用途进行分析，明确哪些车辆是固定安排，哪些是机动安排，保证出车安排上有所准备。其次，根据出车记录单进行出车情况分析，确定出车频次、里程及人员，明确工作量，为定编奠定基础。最后分析影响司机定编的因素，确定司机编制。通过对车辆的使用用途、用车状况、影响司机定编因素的分析，最终确定定编人数。

（资料来源：北京华恒智信人力资源顾问有限公司博文，2012 年 7 月 23 日）

（二）讨论

1. 华恒智信咨询公司采用了哪些方法进行定编定员？

2. 这种定编定员方法的科学依据是什么？

四、定编定岗定员的方法

（一）在工作分析的基础上进行岗位评价

选择具有代表性的岗位作为标杆岗位，作为岗位等级的标识；对岗位评价成员进行培训，由评价小组成员对标杆岗位进行模拟打分，并分析其结果；与岗位评价小组成员共同确定对结果的评判标准；根据岗位基本情况，以部门为单位依次对各部门内的岗位进行评价打分；对岗位评价的数据处理结果进行讨论、分析；对某些有争议的岗位重新打分，修改完善岗位评价结果；对全部岗位评价结果进行排序；形成岗位管理序列。

（二）构建岗位管理体系和职务等级序列

根据岗位评价结果，将所有岗位进行分类分级，确立岗位管理体系和职务等级序列。

（三）岗位定编

按照“总量控制，结构优化”的原则，在各部门定岗定员方案的基础上，对各部门进行定编。先从直接从事经营的岗位业务人员开始定编，先把这些核心岗位确定下来，再根据业务岗位与其他岗位的比例关系确定其他岗位的编制。如直接与非直接经营部门之间的比例关系、直接与非直接经营部门内部各岗位之间的比例关系、管理岗位与全部岗位之间的比例关系。必要时可根据岗位任职要求，实行双向选择或竞岗的形式进行岗位定员。

（四）岗位设置的形式

1. 基于任务的岗位设置：将任务目标按照工作流程的特点层层分解，并用一定形式的岗位进行落实。优点是工作目标和职责简单明了，易于操作；便于实施监督，有较高效率。缺点是只考虑任务而忽视个人特点，员工往往成为岗位附庸。

2. 基于能力的岗位设置：将工作目标按照工作流程的特点层层分解到岗位。优点是岗位的工作目标和职责边界比较模糊，员工不会拘泥于某个岗位设定的职责范围，从而发挥个人特长。缺点是岗位的任务种类呈复合型，职责宽泛，对工作能力要求全面，需加大培训成本。

3. 基于团队的岗位设置：以为客户提供总体解决方案为中心，把相关各个岗位组合起来，形成团队进行工作。优点是能迅速回应客户，满足客户要求；能克服各自为政的缺陷。员工可学到许多新东西，较容易完成任务。缺点是对内部的管理协调能力要求很高。

【知识链接】

美国企业的岗位设置

许多美国企业内部从上到下只有6个等级，各等级内的各岗位职责分工没有明确的界限，完全根据市场的变化来调整企业内部各岗位所承担的具体任务。由于员工个人的表现难以像基于任务的岗位设置那样简单明了，所以这种形式要求赋予直接管理者更大的责任，由直接管理者对下属进行决断、监督和评估。

此外，它的缺点会因为员工的灵活性加大而带来工作成果的不确定性。同时由于对员工的能力要求高，劳动力成本和培训费用相应增加。这种形式在第三产业占主导时代很显著，第三产业高度依赖于人，员工的能力和工作积极性对工作任务的完成有着很大的影响，如金融、保险、超市零售等。在这种服务性行业中，具体岗位所承担的任务是要求完成一个过程，难以量化，所以这种岗位设置形式不规定具体的编制数，而是用一定的人力成本预算来进行控制。

（资料来源：http://wenku. baidu. com/link? url）

五、定编定员的实施步骤

1. 公布职位。公布内设机构、编制、各具体职位及职位任职条件。
2. 公开报名。符合基本条件人员，根据职位的任职条件要求，自行申请拟任的职位。
3. 资格审查。依据定岗人员基本条件对公开报名人员进行资格条件审查。
4. 考核考试。采取各种测试方法，对拟定岗人员履行职责所必备的知识和能力进行考核。
5. 民主测评。各单位在一定范围内对拟定岗人员进行民意测验，听取群众意见。
6. 决定任命。发放聘任书，并签订岗位责任书和劳动合同。

【案例简析】

A公司的定岗定编定员

A公司是中国电力机车主要研制生产基地。现有员工万余名，随着业务的扩展，公司需要大幅增人，但随之而来的是增人增量不增效。目前存在的问题是：人均饱和度平均在70%～80%；员工忙闲严重不均衡；生产配套设施不到位，管理技术供应不配套。人力资源部会同专家决定重新定岗定编定员。决定将岗位分为五大类，方案如下：

1. 直接生产类。对此类岗位从产量、单件工件工作量、等待时间、技能、设备等方面进行分析，得出各工序工件的生产量、工作饱和度，进行人员编制。生产部门是动态定编，人员编制数量是生产部门的初步约定，在生产任务变化时可以加编可以减编。

2. 职能保障类。此类岗位存在如下问题：分工不清晰；管理不精细，缺少具体关键时间的约定；人员技能不能胜任需要；高效工具方法没有引入，用大量电话会议沟通，浪费时间。对此采用工作量量化评估工具，以时间和频次为要点，将日常工作和阶段性工作分别核算，最终确定该岗位的工作饱和度，结合其他因素核定人员编制。

3. 工程技术类。设计新型的技术人员量化评价方法。设计项目分为前期调研及投标前技术交流、投标等，确定花费的时间，作为基本工作量，当多个项目并行时，分别处于项目的不同阶段，得出当时那个阶段多少人，对科学技术人员进行定编。

4. 辅助生产类。不同的岗位采用不同定编方法。岗位实行一专多能，岗位职能合并兼并，一些岗位由辅助服务对象兼职，提高工作饱和度；采用外包制，对非技术性岗位、值守类岗位、纯体力岗位实行外包；采用辅助设备、工具取代人工，减少用工。

5. 经营管理类。对此类岗位丰富管理者职能，明确上下级各种责任关系；用工作组织结构调节，在组织结构上完善；建立职业化管理平台，管理人员通过业绩考核、管理考核、能力考核提高管理岗位整体素质，为管理产生绩效奠定良好管理基础。

由于A公司采取分层分类的定岗定编方式，职能部门重点在定岗，生产部门重点在定编。并且引入项目管理制和优秀的任职资格制度，将技术人员的能力等级合理划分，建立分享平台。经过重新设计，极大地提高了工作效率。

（资料来源：根据北京华恒智信人力资源顾问有限公司博文整理，2014年5月29日）

问题：案例中的A企业重新定岗定编有哪些特点？A企业在重新定岗定编中采取了哪些方法，有何好处？对你有什么启示？

【实训项目】

实训内容：请学生调查本学院的定岗定编情况，并对定岗定编情况进行分析。

实训指导：

1. 对学院的岗位、编制及人员配备的数量等进行调查，写成调查报告。
2. 总结学院的定岗定编特点，从中发现问题，并提出建议。

【学中做 做中学】

请根据虚拟公司的业务性质和特点，对本公司进行定岗定编。要求：

1. 先确定业务岗位，再确定相应配套辅助岗位。
2. 在定岗的基础上，根据业务性质进行定编，同时对任职者的素质知识提出要求。

第四章　人力资源规划

◎ 知识目标：

1. 了解人力资源规划的含义、分类。
2. 理解人力资源规划的内容、任务、目标。
3. 了解人力资源规划的作用。
4. 掌握人力资源规划的影响因素和制定程序。

◎ 能力目标：

1. 能够进行人力资源供、需预测及平衡。
2. 能够制定企业人力资源规划。

【导入案例】

A 公司的人力资源规划

近年来，A 公司常为人员空缺所困惑，特别是经理层次人员的空缺常使得公司陷入被动的局面。A 公司最近进行了公司人力资源规划。公司首先由人力资源部的员工负责收集和分析目前公司对生产部、市场与销售部、财务部、人力资源部四个部门的管理人员和专业人员的需求情况以及劳动力市场的供给情况，并估计在预测年度各部门内部可能出现的关键职位空缺数量。

该公司的人力资源管理人员克服种种困难，对经理层的管理人员的职位空缺作出了较准确的预测，制定了详细的人力资源规划，使得该层次上人员空缺减少了 50%，跨地区的人员调动也大大减少。另外，从内部选拔任职者，使得选拔的时间也减少了 50%，并且保证了人选的质量，合格人员的漏选率大大降低，使人员配备过程得到了改进。人力资源规划还使得公司的招聘、培训、员工职业生涯计划与发展等各项业务得到改进，节约了很多人力成本。

（资料来源：http://wenku.baidu.com/）

第一节　人力资源规划概述

【知识要点】人力资源规划的含义、分类、内容、任务和目标、作用。

对任何企业来说，建设一支高能力水平、高素质的人才队伍是实现企业目标的保证。而要做到这一点，就必须对企业人力资源管理进行规划，为企业战略和经营目标的实现提供人力保证。

一、人力资源规划的含义

所谓规划，是指从战略的高度对组织未来较长时间要达到的目标以及实现目标的措施所做的总体谋划。人力资源规划即是从企业战略规划和发展目标出发，根据其内外部环境的变化，预测企业未来发展对人力资源的需求，以及为满足这种需要所提供人力资源的活动过程。

二、人力资源规划的分类

（一）从规划的时间期限上看

人力资源战略规划可分为短期规划、中期规划和长期规划。短期规划一般指 1～3 年的规划，中期规划一般是 3～5 年的，长期规划通常是 5 年以上的。

（二）从规划的范围上看

人力资源战略规划可分为整体性人力资源战略规划、部门人力资源规划、某项任务或工作的人力资源战略规划。

（三）从规划的性质上看

人力资源战略规划可分为人力资源战略性规划和人力资源战术性规划。长期规划是战略性和整体性规划；短期规划属于战术性和策略性规划。

三、人力资源规划的内容

企业人力资源规划的内容包括以下两个层次：

1. 人力资源总体规划。即主要依据企业发展战略规划，预测人力资源供给和需求状况，指出满足企业人力资源需求的总原则和指导性措施，阐明人力资源管理的重大方针、政策和原则，确定人力资源管理工作投资的预算等问题。

2. 人力资源业务规划。包括人力资源的各项业务计划，具体有人员补充计划、配置计划、提升计划、培训计划、薪酬计划、保险福利计划、劳动关系计划、退休计划等内容。这些业务计划是总体战略规划的具体化，每一项业务计划都由目标、任务、政策保证、实施步骤及经费预算等内容组成。

人力资源战术性规划内容

规划项目	具 体 内 容
人员补充计划	制定需补充人员的数量、类型、层次，拟定人员任职资格、拟招募地区、形式及甄选方法
培训开发规划	拟定重点培训项目有关培训时间、培训对象、培训教师、培训方式、培训效果的保证以及与工资、奖励、晋升制度的联系

续表

规划项目	具体内容
人员配置规划	规划部门编制，拟定各职位人员任职资格，做到人适其位，并规定工作轮换的范围与时间以及轮换人选等
人员晋升规划	建立后备管理人员梯队，规划员工职业发展方向，确定晋升比例和标准，以及未提升人员的安置
工资奖励规划	进行薪资调查和内部工作评价，拟定工资制度、奖励政策及绩效考核指标
劳动关系规划	为提高员工满意度，加强沟通，实行全员参与管理，建立合理化建议制等
退休解聘规划	制定退休政策及解聘程序，制定退休解聘规定，拟定退休解聘人选

【课堂讨论】

（一）资料：科讯公司的二次创业难题

科讯公司以批发某品牌全系列电子产品为主，经过多年的努力与发展，已经具有一定的规模。公司现有员工近20人。在为用户创造更多价值的同时，科讯电子更是秉承为不同群体的客户提供更高的应用需求的原则，极力增加新的产品，为用户创造更多的价值，并努力加快公司的发展步伐。

在创业初期，公司业务比较单一，人员所需不多，所以人力资源管理工作相对也比较简单。到了二次创业时期，公司必须有自己的发展战略，而人才的配置必须适应这种战略。因此，如何有效地开发和使用人才，便成为科讯公司二次创业时期人力资源管理的关键问题。

（资料来源：http://wenku. baidu. com/）

（二）讨论

该公司应如何有效开展人力资源管理工作，与公司发展规划相适应？

【知识链接】

煮蛙效应

煮蛙效应源自美国康奈尔大学科学家做过的一个温水煮蛙实验：将一只青蛙放进沸水中，青蛙一碰沸腾的热水会立即奋力一跃从锅中跳出逃生；但当把这只青蛙放进装有冷水的锅里，青蛙如常在水中畅游，然后慢慢将锅里的水加温，青蛙仍显得若无其事，自得其乐。当温度慢慢上升，青蛙将变得愈来愈虚弱，直到被水烫得无法忍受时，青蛙想再跃出水面时却已四肢无力，无法动弹，最终被煮死。实验说明，由于对渐变的适应和习惯，将失去警惕和反抗力。同样，企业如果没有预见性，不能及时对可能的变化作出预测，并及早作出规划，当风险来临时，将无法处理和应对而导致失败。

（资料来源：http：//baike. baidu. com/view/1561767. htm? fr=aladdin）

【案例简析】

华日公司的难题

华日公司的前身是一家主要经营地毯等纺织品的集体所有制性质的工厂。1995 年，企业改制，吸引了部分外资，成立了华日公司。改制后，华日公司取得了长足的发展，企业的规模也得以扩大，员工人数达 900 多人，管理人员也增加为 140 人，此外还有产品开发与设计人员 10 人，营销人员 20 名。但好景不长，随着企业经营环境的变化，公司经营出现滑坡。从公司的外部环境来看，日益加剧的竞争导致很多原来是公司拳头产品的市场萎缩，消费需求的下降也是公司产品销路不畅的一个原因；从公司内部的原因来看，产品的质量问题也就被忽略了，迟迟没得到彻底解决，如今，随着竞争的加剧，许多竞争对手价廉物美的产品赢得了消费者的青睐。相比之下，华日的产品更显得质次价高。另外，公司产品缺乏创新也是华日产品日渐失去消费者的原因所在。

处于窘境的华日公司总经理钱明向董事会提出了精简组织结构以及裁员的报告，获得了董事会的同意。但华日究竟应该保留多少员工？这是钱明面临的一个难题。

（资料来源：http：//www. docin. com/p-815158890. html）

问题：人力资源规划与公司战略之间存在何种关系？它对企业有什么重要性？

【实训项目】

实训内容：实地调查一家企业，也可以从网上查阅资料，了解企业目前岗位、编制设置情况，并分析企业现有人力资源是否满足企业经营的需要，存在哪些问题。

实训指导：

1. 企业岗位设置和岗位编制可以通过访问人力资源管理部门了解，同时需要了解企业人员调整变动情况：如何进行调整，在什么情况下调整及调整的频率等。

2. 要了解人力资源是否满足企业需要，则应该与各部门主管进行沟通，了解目前部门员工基本情况及工作绩效，并进一步明确部门要求。

3. 调研完毕，分析企业人力资源规划管理存在的问题，形成调研报告。

【学中做　做中学】

以虚拟企业为基础，讨论企业人力资源规划如何为实现企业战略和经营目标服务。

要求：

1. 小组同学首先通过讨论，形成公司未来 3～5 年发展战略。

2. 根据企业目前发展情况，规划设计企业组织结构。

3. 确定公司各部门岗位设置。

4. 人力资源部经理及工作人员模拟进行部门经理访谈，了解部门人员现状及未来需要。

5. 人力资源部经理需要就企业人力资源规划工作与部门经理进行沟通，达成共识，在未来将会密切配合，共同完成企业人力资源规划设计工作。

第二节 人力资源规划制定的程序

【知识要点】影响企业人力资源规划的主要因素；人力资源规划模型；企业人力资源规划制定程序。

一、人力资源规划的影响因素

通常，影响人力资源规划制定的因素主要分为外部环境因素、行业环境因素和内部环境因素。

（一）外部环境因素

1. 政治法律环境因素。包括政府有关的劳动就业制度、工时制度、最低工资标准、职业卫生、劳动保护、安全生产等规定，以及社会保障制度等。

2. 经济环境因素。当经济处于萧条期时，人力资源的获得成本和人工成本较低，但是企业受经济形势的影响，对人力资源的需求减少；当经济处于繁荣期时，劳动力成本较高，但是企业处于扩张时期，对人力资源的需求量会增加。

3. 社会文化环境因素。社会文化反映社会民众的基本信念和价值观，对人力资源规划有间接的影响。例如，我国东部沿海地区，人们在选择工作时，可能更愿意在不同单位间转换；而我国西部广大地区，人们可能比较喜欢传统的较为稳定的终身雇用制度。

4. 科技环境。科学技术使企业对人力资源的需要和供给处于结构性的变化状态中。例如，计算机网络技术的飞速发展使得网络招聘等成为现实；新技术的引进与新机器设备的应用使得企业对低技能员工的需求量减少，对高技能员工的需求量增加。

5. 人口和劳动力市场环境。人口环境因素主要包括社会或本地区的人口规模，劳动力队伍的数量、结构和质量等特征。此外，劳动力市场上的各种人才的供求关系对于企业获得各种人才的成本、难易程度都有较大的影响。

（二）行业环境因素分析

行业环境因素分析即企业人力资源管理面临的中观环境分析。一个行业经济结构的变化、竞争的激烈程度及获利能力的最终潜力受到竞争对手的强弱、加入者的威胁、替代品的威胁、顾客的购买力、供应商的情况、工会组织、行业协会等多方面因素的影响。

（三）内部环境因素

1. 企业的发展战略。企业在确定发展战略目标时，就要制定相应的措施来保证目标的实现。比如企业生产规模的扩大、产品结构的调整或升级等，会造成企业人力资源结构的调整。

2. 员工素质变化。随着社会发展和受教育水平的提高，员工素质有重大变化，白领比重逐步提高，知识工人成为主力军。现代制度和方法受到企业重视，并取代传统体制和方法。

3. 企业文化。建立优秀的企业文化，能增强企业的凝聚力，提升员工的进取精神，稳定员工队伍，企业面临的人力资源方面的不确定性因素就会少一些，有利于人员规划的制定。

4. 企业人力资源管理系统。包括人力资源的数量、质量和结构等特征，也包括人力资源战略、培训制度、薪酬激励制度、员工职业生涯规划等功能模块。

【知识链接】

SWOT 分析法

SWOT 分析法是西方广为应用的一种战略选择方法。SWOT 是 Strengths，Weaknesses，Opportunities，Threats 的缩写。SWOT 分析是指企业在选择战略方案时，对企业内部优劣形势和外部环境的机会与威胁进行综合分析，以此对战略方案作出系统评价，选择最适宜的战略方案。SWOT 分析法常将上述四类因素同列在一张十字形图表中加以对照评价，是一种常用的战略分析方法，如下图所示。

	内部优势（S）		内部劣势（W）	
	1. …… 2. ……		1. …… 2. ……	
外部机会（O） 1. …… 2. ……	SO 战略	利用优势 抓住机会	WO 战略	利用机会 克服劣势
外部威胁（T） 1. …… 2. ……	ST 战略	利用优势 避免/减少威胁	WT 战略	避免/减少威胁 克服劣势 找出/培育优势

SWOT 分析法的内涵就是承认现状、发扬优势、克服劣势，对于自身优势尽可能地发挥，对自身的劣势尽可能地回避或变劣势为优势。

在应用 SWOT 分析法对人力资源现状进行综合分析时，首先要列出对人力资源队伍发展有着重大影响的外部和内部的关键因素，然后对这些因素进行评价，从中判断出外部的威胁和机会、内部的优势和劣势。

（资料来源：http://baike. baidu. com/link？url）

二、人力资源规划制定程序

人力资源规划的目的是通过制定规划保证人力资源战略符合组织发展需要。如下图所示，企业可以通过以下步骤制定人力资源战略规划。

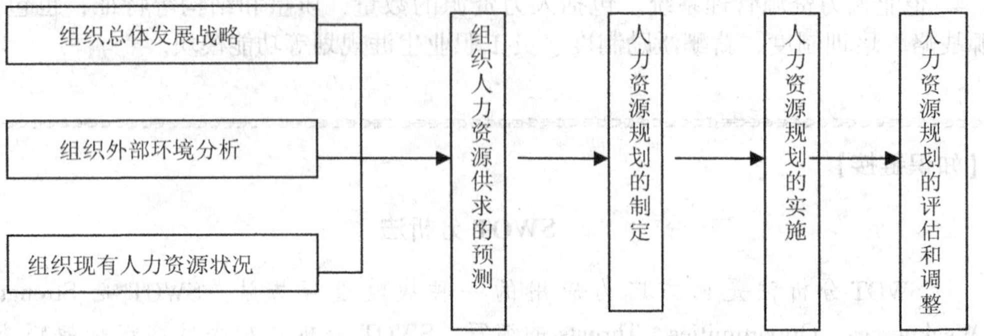

人力资源规划制定程序图

（一）收集信息阶段

信息的收集都要从组织内外两个环境入手来进行分析。见下表：

人力资源规划信息

外部环境信息	内部环境信息
宏观经济形势	组织战略规划
行业经济形势	战略规划的战术计划
技术的发展状况	战略规划的行动方案
产品市场的竞争性	组织结构
劳动力市场	组织文化
人口和社会发展趋势	其他部门的规划
政府管制情况	人力资源现状

（二）人力资源的供需预测

1. 人力资源需求预测。需求预测主要是根据组织战略规划和组织的内外条件选择预测技术，可以得出组织在员工数量、组合、成本、新技能、工作类别等方面的需求，以及为完成组织目标所需的管理人员数量和层次的列表。

2. 人力资源供给预测。人力资源供给预测包括两部分：一是内部拥有量预测，即根据现有人力资源及其未来变动情况，预测出各规划时间点上的人员拥有量；二是对外部人力资源供给量进行预测，确定在各规划时间点上的各类人员的可供给量。

3. 人力资源供需平衡。在进行供求预测后，根据具体情况制定相应的措施，实现人力资源的供求平衡。一般有四种情况：供不应求；供大于求；供求结构关系失调；供求基本保持平衡。

(三) 人力资源规划的制定

根据前面对供需平衡的需要制定各种具体的规划，包括前面提到的七种规划，重点要做好：设计新的组织结构，能够吸引、容纳、保留和激励员工，以服务与规划目标；设计有效的替换计划和继任计划。替换计划主要适用于一般员工，继任计划主要适用于管理者。设计裁员计划，包括提前退休、外部安置、工资清算、工作技能再培训、提供工作转换机会、职业生涯规划以及咨询服务等。

(四) 人力资源规划的实施

在人力资源规划政策的指导下，确定具体的实施方案。实施过程中要注意：

1. 要有专人负责既定方案的实施，确保实施者拥有保证方案实现的权力和资源。

2. 实施时要全力以赴，保证不折不扣地按规划执行。

3. 实施进展状况要定期报告，以确保所有的方案都能够在既定的时间里执行到位，并且保证方案执行的初期成效与预期的情况一致。

(五) 人力资源规划过程的评估与反馈

人力资源规划的评估包括两层含义，一是在实施的过程中，要随时根据内外部环境的变化来修正供给和需求的预测结果，并对平衡供需的措施作出调整；二是要对预测的结果以及制定的措施进行评估，对预测的准确性和措施的有效性作出衡量，找出其中存在的问题以及有益的经验，为以后的规划提供借鉴和帮助。

【案例简析】

苏澳公司最近进行了公司人力资源规划。公司首先由4名人事部的管理人员负责收集和分析目前公司对生产部、市场与销售部、财务部、人事部4个职能部门的管理人员和专业人员的需求情况以及劳动力市场的供给情况，并估计在预测年度各职能部门内部可能出现的关键职位空缺数量。

苏澳公司的4名人事管理人员克服困难，对经理层的管理人员的职位空缺作出了较准确的预测，制定详细的人力资源规划，使得管理人员空缺减少了50%，跨地区人员调动也大大减少。另外，从内部选拔任职者人选的时间也减少了50%，且保证了人选的质量，合格人员的漏选率大大降低，人员配备过程得到了改进。人力资源规划还使公司的招聘、培训、职业生涯计划与发展等各项业务得到改进，节约了人力成本。

苏澳公司还对人力规划的实施进行评价。每季度高层管理者和人事专家共同对上述4名人事管理人员的工作进行检查评价。他们必须在13个方面作出书面报告：各职能部门现有人员；人员状况；主要职位空缺及候选人；其他职位空缺及候选人；多余人员的数量；自然减员；人员调入；人员调出；内部变动率；招聘人数；劳动力其他来源；工作中的问题与难点；组织问题及其他方面（如预算情况、职业生涯考察等）。

（资料来源：http://www.worlduc.com/）

问题：苏澳集团人事管理人员在人力规划上采取了哪些方法？有什么借鉴之处？

【实训项目】

实训内容：调查某一家企业，了解公司有无人力资源规划。如有，则进一步了解企业是如何制定人力资源规划的，实施情况如何。

实训指导：

1. 需要向企业人力资源部门进行调查，最好能联系到企业人力资源经理。

2. 调查前，应明确调查目的和拟调查内容，设计一份详细的访谈问题提纲。

3. 具体调查时，应注意社交礼仪和沟通技巧的应用。

4. 可以尝试小组同学分头行动，多调查一些企业，以提高调查效果。

【学中做 做中学】

以小组为单位，制定设计虚拟公司企业人力资源规划的工作计划。要求：

1. 要对虚拟公司面临的人力资源管理的宏观、中观和微观环境进行讨论和分析。

2. 工作计划的内容应包括环境分析、供需预测、规划制定及实施几个环节，尽可能详细。

3. 要为小组内每一位同学分配任务，要求共同完成。

第三节 编制企业人力资源规划

【知识要点】人力资源需求预测的内容、步骤和方法；人力资源供给预测的内容、步骤和方法；人力资源供需平衡方法。

一、人力资源需求预测

人力资源的需求预测，是指以组织的战略目标、工作任务为出发点，综合考虑各种因素的影响，对组织未来人力资源的数量、质量和时间等进行估计的活动。

（一）人力资源需求预测的内容

1. 人力资源存量与增量预测。企业人力资源存量主要是指企业人力资源的自然消耗（如自然减员）和自然流动（如专业转移、变动而引起的变动）；企业人力资源增量主要是指随着企业规模扩大、行业调整等发展变化带来的人力资源上的新的需求。

2. 人力资源结构预测。主要是保证企业在任何情况下都具有人力资源结构的最佳组合，避免出现不同层次人力资源组织的不配套，或结构及比例失调等状况。

3. 特殊人力资源预测。特殊人力资源往往与高科技发展紧密相连，在产业结构调整、新兴行业发展、支柱产业形成、提高科技含量和竞争力方面起着决定性的作用。对企业特种人力资源进行预测能使企业人力资源在变革中占有一席之地。

（二）人力资源需求预测方法

1. 经验预测法。即利用现有的情报和资料，根据有关人员的经验，结合本公司的特点，对公司的人员需求加以预测。经验预测法可采用“自下而上”和“自上而下”两种方式。“自下而上”是由部门经理向上级主管提出用人要求和建议，征得上级主管的同意；“自上而下”就是由公司经理先拟定出公司总体的用人目标和建议，然后由各部门自行确定用人计划。最好是两种方式结合运用，较适用于较稳定的小型企业。

2. 现状规划法。这是一种最易操作的方法。这种方法假定企业保持原有的生产状况不变，各种人员的配备比例和人员的总数完全能适应预测期内企业对人力资源的需要。在此预测方法中，人力资源规划人员要测算出在规划期内有哪些岗位上的人员将得到晋升、降职、退休或调出，再准备调动人员去弥补。此方法适用于中短期的预测。

3. 德尔菲法。又名专家会议预测法，即依靠专家的知识、经验与判断能力，对未来发展趋势作出定性估测，然后将定性资料转换成定量的估计值。该方法是通过综合专家们的意见来预测人力资源需求。专家可以是管理人员或者是普通员工；可来自企业内外部。德尔菲法需反复几轮才可达成一致，得到预测结果。实施步骤是：

（1）选择 20～30 名专家，提供预测背景资料。

（2）设计调查表，即将人才结构预测的各项参数归结为十分明确的问题。

（3）进行第一轮调查，将调查表送请专家填写，对专家的意见采用统计平均法、四分位法及加权平均值进行综合处理。

（4）把第一轮处理结果划分为若干档，制成第二轮咨询表，请专家在第二轮调查中对咨询表开列的选择方案评分。

（5）用总分值及等级和的计算方法对第二轮征询表进行处理，总分值最高、等级和最低的即为最佳方案，第二轮的结果使专家们的意见进一步集中了。

（6）根据第二轮结果再拟出第三轮咨询表，第三轮咨询表仅提供 3 种人才结构比例方案，数据处理采用加权平均法，便可得到满意的方案。

【知识链接】

德尔菲预测方法

德尔菲是古希腊地名。相传太阳神阿波罗在德尔菲杀死了一条巨蟒，成了德尔菲主人。阿波罗不仅年轻英俊，而且对未来有很高的预见能力。在德尔菲有座阿波罗神殿，是一个预卜未来的神谕之地，于是人们就借用此名，作为这种方法的名字。

德尔菲法最早出现于 20 世纪 50 年代末，是当时美国为了预测在其“遭受原子弹轰炸后，可能出现的结果”而发明的一种方法。1964 年美国兰德（RAND）公司的赫尔默（Helmer）和戈登（Gordon）发表了“长远预测研究报告”，首次将德尔菲法用于技术预测中，以后德尔菲法便迅速地应用于美国和其他国家。除了科技领域之外，还几乎可以用于任何领域的预测，如军事预测、人口预测、医疗保健预测、经营和需求预测、教育预测等。此外，德尔菲法还用来进行评价、决策和规划工作，并且在长远规划者和决策者心目中享有很高的威望。据《未来》杂志报道，从 20 世纪 60 年代末到 70 年代中期，专家会议法和德尔菲法（以德尔菲法为主）在各类预测方法中所占比重由 20.8% 增加到 24.2%。

（资料来源：http://baike.baidu.com/link?url）

4. 转化比率法。将企业的业务量转换为对人力的需求。需首先根据生产任务或业务量的多少估计所需要的一线生产人员或业务员的数量，然后根据这一数量来估计企业行政、财务和人力资源管理人员等辅助人员的数量，是适合于短期需求预测的方法。

转化比率法的关键是找出转换的比率关系，这种比率关系往往体现为辅助（服务）人员的生产率。如某企业每名电工可以为20名一线生产工人服务，假如知道一线工人人数为600名，那么总共需要电工数就是30名。

5. 回归分析法。根据数学中的回归原理对人力资源需求进行预测。人力资源的需求水平通常总是和某个或某些因素具有高度确定的相关关系，这样就可用数理统计方法定量地把这种关系表示出来，从而得到一个回归方程，并用此方程简单、方便地预测人力资源需求量。使用这一方法的关键在于找出与人力资源需求高度相关的变量。

假如某宾馆的客流量和所需服务员成正相关关系，根据过去的记录得到下表。根据宾馆发展计划，年客流量要从1999年的12万人次增加到14万人次，那么需要服务员多少名？

年份	1994	1995	1996	1997	1998	1999
客流量（万）	5	6	7	8	10	12
服务员	40	50	50	60	70	90

用X表示宾馆年客流量，用Y表示所需要的服务员数量。

应用回归分析，可以得到一元回归预测模型：$Y = 5.84 + 6.77X$

用此模型可以预测当客流量达到14万人次时，宾馆需要的服务员人数为：

$Y = 5.84 + 6.77 \times 14 = 101$(人)

以上方法中，经验预测法、现状规划法和德尔菲法属于定性的方法，转化比率法和回归分析法属于定量的方法。

二、人力资源供给预测

人力资源供给预测分为企业内部人力资源供给预测和外部人力资源供给预测。

（一）内部人力资源供给预测

当组织出现人力资源短缺时，优先考虑的应该是从内部进行补充，因为内部劳动力市场不但可以预测，而且可调控。方法主要有以下三种：

1. 人事资料清查法。通过对组织现有人力资源质量、数量、结构和在各职位上的分布状况进行检查，掌握组织拥有的人力资源状况。通过记录员工信息的资料，可估计现有员工调换工作岗位的可能性大小和决定哪些员工可以补充当前空缺岗位。

2. 继任/接续计划。根据工作分析的信息，明确岗位对员工任职的要求，安排继任/接续计划。

继任卡方法主要用于管理者的内部接续管理。该预测技术首先要根据工作分析给出的任职资格和要求，在次一级职务或岗位上的现职人员中找出可被提升的人员，作为人才储备。

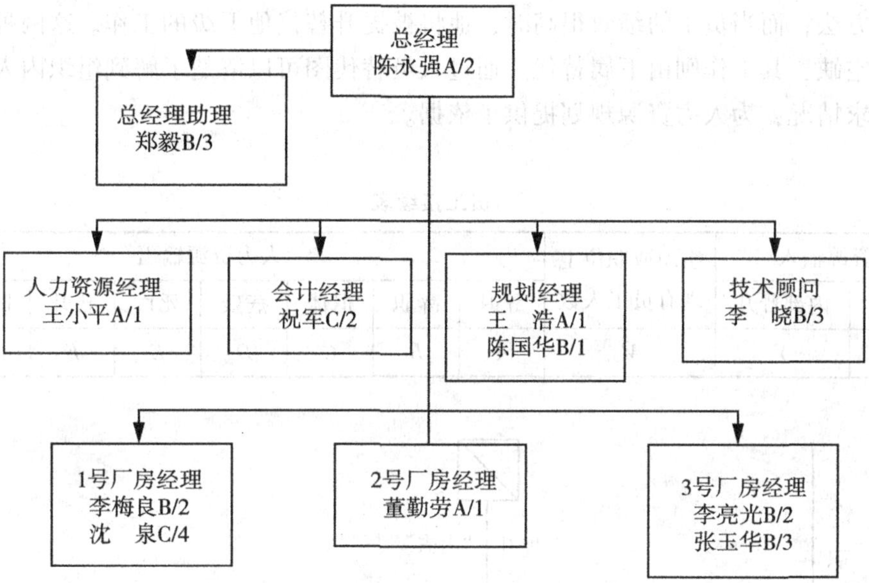

管理人员继任图

上图中框内名字代表可能接替岗位的人员，字母和数字含义如下：A 表示可以晋升；B 表示需要培训；C 表示不适合该岗位；1 表示优越；2 表示良好；3 表示普通；4 表示欠佳。

继　任　卡

<table>
<tr><td colspan="6">该栏填写现任者晋升的可能性，可用符号或颜色显示。如 A（红色）表示应立即晋升；B（黑色）表示随时晋升；C（绿色）表示 1～3 年内可晋升；D（黄色）表示 3～5 年内可晋升。</td></tr>
<tr><td colspan="6">该栏填写现任者的职务，如 CEO、部门经理、客户经理等。</td></tr>
<tr><td colspan="3">该栏填写年龄，以确定何时退休</td><td colspan="2">该栏填写现任者的姓名</td><td>该栏填写任现职的年限</td></tr>
<tr><td rowspan="3">继任者</td><td>继任者 1</td><td>姓名</td><td>年龄</td><td>现任职务</td><td>晋升可能性（用符号或颜色表示）</td></tr>
<tr><td>继任者 2</td><td>姓名</td><td>年龄</td><td>现任职务</td><td>晋升可能性（同上）</td></tr>
<tr><td>继任者 3</td><td>姓名</td><td>年龄</td><td>现任职务</td><td>晋升可能性（同上）</td></tr>
<tr><td colspan="2">紧急继任者</td><td>姓名</td><td>年龄</td><td>现任职务</td><td>列入晋升计划的时间</td></tr>
</table>

另外一种是员工接续计划，主要用于一般员工的接续管理，以进行供给预测。该方法强调计划的整体性和一致性，即计划要与组织内外部各方面协调一致。

这一方法将每个岗位均视为潜在的工作空缺，而该岗位下的每个员工均是潜在的供给者。人员替代法以员工的绩效为预测的依据，当某位员工的绩效过低时，组织将采取辞退或调离的方法；而当员工的绩效很高时，他将被提升替代他上级的工作。这两种情况均会产生岗位空缺，其工作则由下属替代。通过人员替代图可以清楚了解到组织内人力资源的供给与需求情况，为人力资源规划提供了依据。

员工接续表

人力资源输入		组织或职位上现有员工人数	人力资源输出							
外部招聘	内部晋升		辞退	辞职	退休	病残	死亡	晋升	降职	其他
X	Y	M	A	B	C	D	E	F	G	N

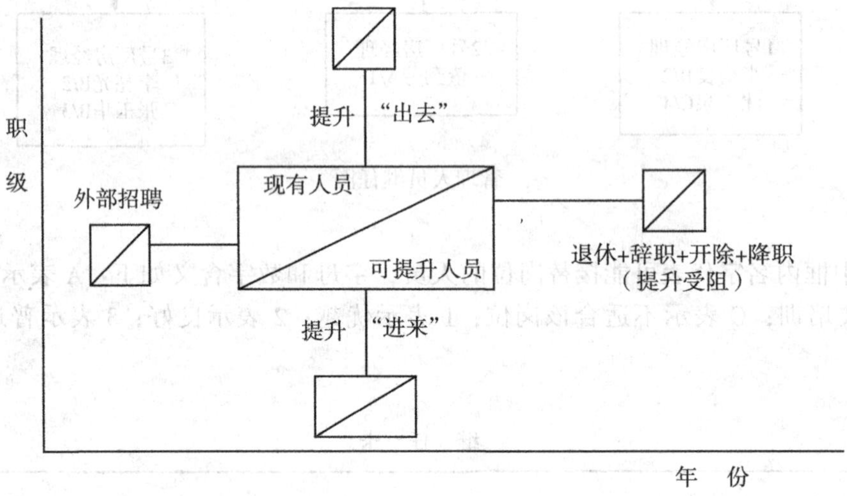

员工接续图

根据接续表和接续图，先对组织内某一个职务可能的人员流入量和流出量进行估计，然后用该职务的现职人员数加上可能的人员流入量，再减去可能的流出量，就可以得出该职务的内部人力资源供给量。上表表明，该组织或职位上员工的内部供给量 $=M-(A+B+C+D+E+F+G+H+N)+(X+Y)$。

3. 马尔可夫模型。又称转换概率矩阵分析法，它使用的基本工具是人员变动矩阵，该矩阵描述的是企业中员工流入、流出和内部流动的整体状况。

该方法的第一步是做人员变动矩阵，矩阵中的每一个元素（P_{ij}）表示从一个时期到另一个时期在两个职务或岗位之间调动的员工数量的历史平均百分比（即员工流动概率），如下表是某企业的不同层次管理人员之间的变动矩阵，P_{11}表明企业高层管理人员中仍留在该企业的占70%，另有30%离开了该企业。

不同层次人员变动矩阵

P_{ij}	员工流动矩阵				
	高级经理	部门经理	业务主管	技术人员	离职
高级经理					0.3
部门经理	0.7	0.7	0.6	0.1	0.2
业务主管	0.1	0.2	0.2	0.6	0.1
技术人员					0.2

然后，将计划期初每个职务上的人员数量与变动概率相乘并纵向相加，就可以得出企业内部的人力资源供给量，见下表。

企业内部人力资源供给量

	初期人员数量	高级经理	部门经理	业务主管	技术人员	离职
高级经理	10	7				3
部门经理	30	3	21			6
业务主管	50		10	30	5	5
技术人员	50			10	30	10
内部人力资源供给量	10	31	40	35	24	

马尔可夫法虽然在一些国际性的大公司中得到广泛应用，但其所估计的人员流动概率与预测期的实际情况可能有差距，因此使用这种方法得到的内部人力资源供给预测的结果也就可能会不精确。其最大的价值在于提供了一种内部人员流动的分析框架。

（二）外部人力资源供给预测

企业外部人力资源供给的渠道主要有大中专院校应届毕业生、复转军人、技职校毕业生、事业人员、其他组织人员、流动人员等。大、中专院校及技职校应届毕业生的供给较为确定，主要集中于夏季，且其数量和专业、层次、学历均可通过各级教育部门获取。复转军人也较容易预测。较困难的是城镇失业人员和流动人员预测，在预测过程中必须综合考虑城镇失业人员的就业心理、国家就业政策、政府对农村劳动力进城务工的控制因素。

对于其他组织在职人员的预测则需考虑诸如社会心理、个人择业心理、组织本身的经济实力及同类组织人员的福利、保险、工资、待遇等因素。企业应在本单位可能提供的待遇基础上，科学地预测外部人员的可供给量。

在劳动力市场上，供给曲线显示随着工资率的提高，劳动力供给必然增加。如下图所示。

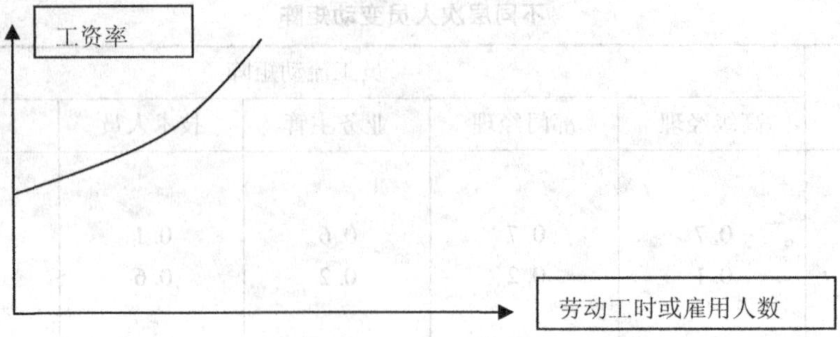

劳动力市场供给曲线图

另外还要考虑到影响劳动力供给的主要因素，如人口政策及人口现状、劳动力市场的发育程度、社会就业意识及择业心理偏好等。严格的户籍制度也制约着企业内部人员的供给。

【课堂讨论】

（一）资料：焦头烂额的人事助理

冯如生几天前才调到五金制品公司的人力资源部当助理，就接受了一项紧迫的任务，要求他在10天内提交一份本公司5年的人力资源规划。虽然冯如生从事人力资源管理工作已经多年，但面对桌上那一大堆文件报表，不免一筹莫展。

目前公司共有生产与维修工人825人，行政和文秘性白领职员143人，基层与中层管理干部79人，工作技术人员38人，销售员23人。据统计，近五年来职工的平均离职率为4%，其中生产工人离职率最高，达8%，技术人员和管理干部则只有3%。按照既定的扩产计划，白领职员和销售员要新增加10%～15%，工程技术人员要增加5%～6%，中、基层干部不增也不减，而生产与维修的蓝领工人要增加5%。有一点特殊情况要考虑：最近本地政府颁布了一项政策，要求当地企业招收新职工时，要优先照顾妇女和下岗职工。如今的事实却是，销售员除1人是女的外全是男的；中、基层管理干部除两人是妇女外，其余也都是男的；工程师里只有3个是妇女；蓝领工人中约有11%的妇女或下岗职工，而且都集中在最低层的劳动岗位上。

冯如生还有5天就得交出计划，其中包括各类干部和职工的人数、从外界招收的各类人员的人数以及如何贯彻市政府关于照顾妇女与下岗人员政策的计划。此外，五金制品公司刚开发出几种有吸引力的新产品，所以预计公司销售额五年内会翻一番，冯如生还得提出一项应变计划以备应付这类快速增长。

（资料来源：http://www.doc88.com/p-6748123962938.html）

（二）讨论

冯如生在编制规划时要考虑哪些因素？他可采用哪些技术预测公司人力资源需求？

三、人力资源的供需平衡

企业人力资源供给与需求预测的结果一般会出现以下三种可能：（1）人力资源供大于求；（2）人力资源供小于求；（3）人力资源供求总量平衡，结构不平衡。针对这三种不同的情况，企业应采取不同的措施。

（一）人力资源供大于求时采取的措施

1. 通过企业自身的发展，如可通过扩大经营规模、开发新产品、实行多种经营等来吸收过剩的人力资源供给。

2. 撤销、合并臃肿的机构，减少冗员。

3. 鼓励提前退休或内退。企业可适当放宽退休年龄和条件限制，促使更多员工提前退休。

4. 减少人员补充。当出现员工退休、离职等情况时，对空闲的岗位不进行人员补充。

5. 增加无薪假期。当企业出现短期人力过剩的情况时，采取增加无薪假期的方法比较适合。比如规定员工有一个月的无薪假期，在这一个月没有薪水，但下个月可以照常上班。

6. 裁员。裁员是一种最无奈，但最有效的方式。

（二）人力资源供不应求时采取的措施

1. 内部晋升或招聘。内部晋升是当较高层次的职务出现空缺时，优先提拔企业内部的员工。内部招聘是指当企业出现职务空缺时，人力资源部先在企业内部发布招聘需求，优先由企业内部员工调整到该职务的方法。

2. 外部招聘。对企业内部无法满足的某些职位需要的人员，可有计划地由外部招聘。当人力资源总量缺乏时，采用此种方法比较有效。但如果企业有内部调整、内部晋升等计划，则应该先实施这些计划，将外部招聘放在最后使用。

3. 技能培训。如果企业即将出现经营转型，企业应该及时向员工培训新的工作知识和工作技能，以保证企业在转型后，原有的员工能够符合职务任职资格的要求。这样做的最大好处是防止了企业的冗员现象。

4. 聘用非全日制临时工。如返聘已退休者，或聘用小时工。

总之，以上措施虽然是解决企业人力资源短缺的有效途径，但最有效的方法是通过激励和培训来提高员工的业务技能，以及改进工艺设计来提高劳动生产率，以减少对人员的需求。

（三）人力资源总量平衡，结构不平衡时采取的措施

1. 进行人员内部的重新配置，包括晋升、调动、降职等，来弥补那些空缺的岗位，满足这部分的人力资源需求。

2. 对人员进行有针对性的专门培训，使他们能够从事空缺岗位的工作。

3. 进行人员的置换，释放那些组织不需要的人员，补充需要的人员，以调整人员的结构。

四、编制人力资源规划

由于各企业的具体情况不同，编制人力资源规划的步骤也不尽相同。下面是典型步骤：

1. 职务编制规划。根据企业发展规划，结合职务分析报告的内容，制定职务编制规划。职务编制规划阐述了企业的组织结构、职务设置、职务描述和职务资格要求等内容。

2. 人员配置规划。人员配置规划阐述了企业每个职务的人员数量、人员的职务变动、职务人员空缺数量等。制定人员配置规划的目的是描述企业未来的人员数量和素质构成。

3. 人员需求。人员需求中应阐明需求的职务名称、人员数量、希望到岗时间等。最好形成一个标明有员工数量、招聘成本、技能要求、工作类别，及为完成组织目标所需的管理人员数量和层次的分列表。

4. 人员供给规划。包括人员供给的方式（外部招聘、内部招聘等）、人员内部流动政策、人员外部流动政策、人员获取途径和获取实施规划等。通过分析劳动力过去的人数、组织结构和构成以及人员流动、年龄变化和录用等资料，就可以预测出未来某个特定时刻的供给情况。

5. 培训计划。包括培训政策、培训需求、培训内容、培训形式、培训考核等内容。

6. 人力资源管理政策调整规划。规划中明确计划期内的人力资源政策的调整原因、调整步骤和调整范围等。其中包括招聘政策、绩效考评政策、薪酬与福利政策、激励政策、职业生涯规划政策、员工管理政策等。

7. 人力资源部费用预算。主要包括招聘费用、培训费用、福利费用等费用的预算。

8. 任务的风险分析及对策。风险分析就是通过风险识别、风险估计、风险驾驭、风险监控等一系列活动来防范风险的发生。

【案例简析】

四海公司的人力资源规划

四海公司近两年刚刚发展起来，市场前景良好，发展速度快，但问题也很多。

研发部的前身是办公室，当初就两个人，主要是维修设备和简单设计。这两年还做了产品设计开发等工作，并且招聘了毕业生充实力量，但这些人员跳槽严重。营销部是规模最大的部门，在华北、东北和华东都建立了经销网络。上半年市场份额占35%，比去年增长了10%。上个月东北地区的销售经理反映，公司单纯以销售额来评价业绩的政策影响了销售。因为从消费者数量和收入两方面，东北区都明显不如其他区。而公司制定年初目标时，考虑不够充分，销售人员的士气有些低落。生产部也有意见，根据质检部门的抽查和顾客的反馈，产品质量出现下滑，原因在于工人的操作不符合规定。3个月前生产部提出对员工培训，但因为是出国培训，就选派了平时表现好的员工。没有培训的员工，以前的技术就需要提高，这次又失去了机会，不仅技术有缺点，而且情绪低落。如果持续下去，产品质量将很难保证。财务部员工较少，但问题是分工忙闲不均，效率不高。

（资料来源：http://www.doc88.com/p-31490125436.html）

问题：四海公司在人力资源管理方面遇到哪些问题？问题产生的根本原因是什么？如何进行公司的人力资源规划设计？

【实训项目】

实训内容：要求学生调查某一家企业的人力资源规划。要详细了解企业所处发展阶段、企业发展战略规划、目前岗位设置和岗位编制、人力资源现状（人数、结构等）、未来企业人力资源规划及最近一个年度的人员补充计划、提升计划、培训计划、薪酬计划等内容。

实训指导：

1. 先从外围了解有关企业发展的情况，然后就上述问题向企业相关人员进行访谈调查。

2. 在调查之前，最好先设计一份详细的访谈提纲，提高访谈效率和效果。

3. 调查完成后，要写出调查报告，并进行必要的分析。

【学中做　做中学】

请编制虚拟公司未来5年人力资源发展规划。要求：

1. 一般应描述企业5年期人力资源发展规划，并清楚说明人力资源管理如何为企业战略服务。

2. 应从整体上并区分岗位层级和岗位类别详细列出各级各类岗位的人员构成及结构等。

3. 对公司人员状况进行分析，评价其是否满足公司发展的需要，哪些方面还有待加强和改进。

◎ 思考题：

1. 人力资源规划的含义是什么？人力资源规划的内容和程序包括哪些？

2. 如何分析企业人力资源现状？

3. 预测人力资源需求和供给的方法有哪些？应当怎样平衡人力资源的供给和需求？

第二篇　识　人　篇

在人力资源的管理活动中，要做到选人时能正确选择，用人时能知人善任，育人时能培育骨干人才，并能将优秀人才留下，所有的前提就是会识别人才，只有能识别人才，为人才竞争创造条件，通过竞争与激励，使人才脱颖而出，才能为下一步的人力资源管理活动打好基础。识人是选人、用人、育人、留人的基础。

第五章 识人方法

◎ **知识目标：**

1. 识人方法的含义。
2. 中国古代识人方法。

◎ **能力目标：**

识人方法的实施运用。

【导入案例】

子产闻哭

郑子产闻妇人哭，使执而问之，果手刃其夫者。或问："何以知之?"子产曰："夫人之于所亲也，有病则忧，临死则惧，既死则哀。今其夫已死，不哀而惧，是以知其有奸也。"旧出独异志。

译：郑国有叫郑子产的。有一天他和衙役外出巡查，突然听到远方传来妇人悲切的哭声，郑子产停下来仔细听了一会儿。当他的随从准备前去救助时，郑子产却说："将这个妇人抓起来!"衙役们虽然立即逮捕了妇人，但是他们不理解，于是询问郑子产："您看那妇人哭得如此悲伤，我们为什么要抓她呢?"郑子产回答说："要是亲人有了病，就因担忧而哭，亲人临死了就会害怕而哭，亲人死了就会因悲哀而哭。这个妇人的哭声中没有哀恸之情，虽然听着是在痛哭，但哭声里非但没有丝毫情感，反倒有恐惧之意，这就表示其中有诈。"审问的时候得知，原来这个妇人与别人通奸，杀害了自己的丈夫。从哭声中就可以识别此人的罪行，可谓识人的高手。

（资料来源：郑克，《四库全书·子部·法家·折狱龟鉴·卷五·察奸》）

第一节　识人方法概述

【知识要点】识人的概念；识人的重要性；识人的原则；识别人才的等级和程序。

人是最宝贵的资源，也是最难管理的资源，风险大且难以转移。在人力资源管理过程中，要想管好人，就必须学会识人。俗话说，宁可不识字，不可不识人。对于管理者，善用人才首先要识人，善任以识人为前提。只有学会识人用人，才能知人善任，才能把合适的人放到合适的岗位，才能为组织提供更合适的人才，为组织赢得更大的优势。

一、识人的概念

识人，就是认识一个人，即通过观察、考察等方式和手段，来识别和发掘人才的优势与潜能，使其最大限度地发挥作用，实现人力资源的合理配置，达到个人和组织的共同成长。

识人能力就是对一个人的特点、优势、特长以及成熟度有比较深入的了解，对蕴涵在员工身上的潜能具有一定的预测和判断能力。也就是从一个人的个性特征、价值观和能力三个方面来更深层次地认识、预测其最终是否能为组织所用，达到人岗匹配。

二、识人的重要性

纵观历史，中国历代的统治史就是一部鉴人史、用人史。得忠才则立，得智才则兴，得奸才则废，得佞才则妄，用忠智之才则成。组织周围不缺乏智慧与优秀者，缺乏的往往是识人的伯乐与真心用人的领导者。一个人能不能真正发现周围的智慧者，学会识人至关重要。

（一）识人可以为组织提供更优秀的人才

组织要想做强做大，人才是第一位，如何才能为组织网罗到优秀的人才，是人力资源管理的首要任务。而网罗优秀人才必须要会识人，识别这个人是否为组织所需，是否能为组织所用，是否具备需要的能力或技能，因此掌握识人方法对组织来说具有很重要的作用。

（二）识人可以更好地使用人才

识人的最终目的是为了用人。组织招来了人才，但能不能把他放在一个很好的岗位上，做到人岗匹配，把他的能力发挥到最大程度，把他的潜力充分挖掘出来，还要更深层次地识人，才能识别他的兴趣、性格、能力和技能等，才能更好地使用人才。

（三）识人可以更好地管理人才

一个人才走上工作岗位，即使有才能，但人际关系处理不好，组织氛围不好，很难让其发挥出作用。因此识别一个人的个性特征，识别一个人的心理，使其与周围的同事组成一个强有力的团队，才能为其提供一个很好的平台，营造融洽的组织氛围。

（四）识人可以更好地为组织的长效发展提供后盾

组织要不断网罗优秀人才，人才就是人脉，只有具有了人脉关系，才有可能在竞争过程中取得胜利。人力资源部门就是要不断认识能力更高、更好的人，充分利用人才的才能，发挥其人脉资源，以此提高组织的竞争力。

三、识别人才的原则

（一）客观性原则

识别一个人是否能为组织所用，要摒弃个人主观看法，不要以貌取人，以初次言谈定人的才能与品德等，或者戴着有色眼镜看人。浓厚的主观色彩往往造成感情上的误差，遮掩或扭曲人才的真实形象。要从组织需要的角度去客观公正地认识一个人。

【课堂讨论】

（一）资料：和女儿重名的文秘

某公司老总要招聘一个文秘，在网上发出招聘信息以后，有很多人前来报名应聘。老总觉得一个面试者与自己非常有缘——这个人和他的女儿重名。在众多人中能遇到一个和自己女儿重名的人，老总内心的天平自然会不由自主地产生偏移。

面试官和这个应聘者谈了5分钟，过后老总问面试官结果，面试官说最好别用这个人。老总不解，面试官说他只问了一个问题：从上一个公司辞职的原因。应聘者说她和领导的关系非常好，却把所有同事说得一无是处。面试官提醒老总，如果和前公司所有同事的关系不好，进了公司同样不会处理好关系，也就不会把工作搞好。但是老总没有听取意见，把她招进了公司。

公司的试用期是两个月，老总在半个月时就发现她做得不好，老总想："改变一下工作内容会不会好一点？"于是给她换了工作，继续任职。最后的结果可想而知，这个人不但没有做好本职工作，还给老总找了一大堆麻烦，老总不得不辞退了她。

（资料来源：赵知易，《怎样识人不走眼》，北京：北京东方影音公司，2012）

（二）讨论

1. 为什么老总会录用这个文秘？这个文秘为什么不能达到要求？

2. 老总在识人时犯了什么错误，在以后的工作中你如何避免类似错误？

（二）全面性原则

在识人时人们常常抓住一个人的个别特征，就对其本质或全部特征下结论，或者只从局部出发，扩散而得出整体印象，以偏概全。从认知角度讲，这是犯了片面性错误。因此在识人过程中，要全面地去观察分析一个人，要顾及德、才、学、识各方面，要一分为二，从总体上去判断其是否符合组织的用人标准。

（三）发展性原则

一个人随着年龄的增长、阅历的增多，会不断提高或改变自己的素质和修养，特别是正在成长发育的青年人才，可塑性强，变化潜能大，白居易说过"试玉要烧三日满，辨才需待七年期"亦为此理。要善于发现一个人身上潜在的个性特征和能力，如果这些特征能力能为组织所用，就要为其提供平台，让其发扬光大。因此要用发展的眼光去认识一个人。

【课堂讨论】

（一）资料：胡雪岩任用陈世龙

胡雪岩是清末的红顶商人，当年去拜访湖州郁四时并不熟悉湖州的情况，在酒馆里询问有谁可以送他时，这时陈世龙走了出来，将他送达目的地。在送他去的过程中，胡雪岩发现陈世龙酷爱赌博，但从来都一言九鼎，特别注重信誉。当时胡雪岩需要一个买办，心想陈世龙兴许是个可用之才。于是后来他找到陈世龙，对他说："我要雇你当买办。"胡雪岩给了陈世龙二十两银子，随后暗中派两个人跟踪，观察他的表现。陈世龙带着银子到了赌场，待了一天，却只是看"边风"，并不下注。直到天黑出来，始终没有动银子，胡雪岩对他的表现颇为满意。后来胡雪岩一路提携陈世龙，让他全权处理自己在湖州的生意，陈世龙成为他的左膀右臂。

（资料来源：摘编自高阳，《红顶商人胡雪岩》，南京：江苏文艺出版社，2012）

（二）讨论

1. 胡雪岩最初通过什么识别陈世龙？陈世龙最大的个性特征是什么？
2. 胡雪岩通过什么方法进一步识别陈世龙？对你的识人有什么借鉴意义？

（四）与环境相结合原则

环境能改变人。一个人所处的外部环境改变了，包括自然环境和人文环境，他的兴趣爱好甚至性格特征也会发生改变，尤其是人文环境，周围与其关系紧密的朋友的改变，在很大程度上会影响一个人的性格或兴趣，近朱者赤，近墨者黑。如果将一个人放在一个严格管理的环境中，他很可能按时保质地完成任务；如果将其放在一个纪律涣散的环境中，很可能这个人效率低下或者一事无成。自然环境亦然，一个刚毕业的大学生进到海尔，绝不可能随地吐痰，但放在一个管理混乱的工厂，很可能会犯他自己都想不到的低级错误。因此认识一个人，要与环境结合起来认识，看其现在所处的环境，这样才能更好地识别一个人。

（五）科学性原则

识别一个人要坚持科学性原则，就是通过一些科学的方法或者手段来认识一个人。比如运用人力测评方法、心理学测评方法等来对一个人进行测评或者考察，从科学方法论的角度对其作出判断。不要只凭经验和感觉来认识一个人，避免犯经验主义和主观主义错误。

（六）辨正性原则

识别一个人，要辩证地去认识。因为一个人的阅历、性格、能力等都对其世界观的形成具有一定的影响作用，都会对结果起决定作用，因此要一分为二，具体情况具体判断。

（七）本质性原则

识别人才不仅要用眼用耳，重要的是要用脑，透过表面现象，认真分析，去伪存真，才能识别"庐山真面目"，对"疑似之迹，不可不察"。要注重从大节、从长处来识别人才，每个人都有优缺点，而优缺点又具有“共向性”，二者相伴而行。因此要从两方面看：一是要抓住人的长处，做到准确无误；二是要抓住本质特征，看其是否具备良好品德。

四、识别人才的等级

识人学的理论基础是：人是可以通过观察来认识的。通过各种方式手段对一个人的了解可以分为以下几个等级：

一级：对于一个人知之甚少，更不了解他的优缺点，很少激励他并给予成长的空间。

二级：比较了解一个人的特点，对他的长处与不足也有所了解，能够用其所长；偶尔会与其进行沟通，激励并努力为其提供和团队一起成长的空间。

三级：了解一个人的长处与不足，能够用其所长；能够给其一个发挥潜力的空间，经常性地给予支持和鼓励。

四级：对一个人了如指掌，能够做到人尽其用，总能将其特长发挥到最好；能够为其提供不断成长的空间，激励其向更高的职业生涯前进。

五、识人的程序

（一）识人的准备

1. 识人要具备科学的、实事求是的思维方式，切忌以好恶之心去判断识别一个人。

2. 识才须有识。识人者自己要有胆识，遇到优秀人才时要有胆识与之结交，要善于创造环境和机遇来网罗人才。

3. 识人要对人感兴趣。只有对识人感兴趣了，才会在实践中不断地去实践、去观察、去总结，才能更好地识别人才，才能更好地履行自己的职责。

（二）灵活运用识人方法

人力资源管理者要学会识人，必须掌握一定的识人方法，掌握一定的心理学、社会学和管理学的知识，这样才能更好地为组织识别人才。

(三) 综合分析，深层识别

掌握了一定的识人方法，通过各种途径进行观察识别后，一定要结合环境气氛、识别对象的情绪特征来进行综合分析，以此作出全面判断。以求判断得更准确。

【案例简析】

圆满完成任务的太监

宋太祖时期，南唐使臣徐铉来宋朝进贡礼品，朝廷照例应派人去京郊迎接。大臣们都不愿意去，因为徐铉口齿伶俐、学富五车，大臣们都深知不是他的对手，怕万一他提个问题，自己回答不出来，太尴尬。因此三天都没选出合适的人选。

赵匡胤找到管事的太监，让他选一个平时不爱说话并且不识字的太监去接徐铉。太监诚惶诚恐地来到郊外，拜迎徐铉。徐铉一见来人，立刻口若悬河，滔滔不绝。太监听不懂，只顾小心微笑点头。徐铉讲了三天，太监都是同样反应。到了第四天，徐铉自觉没趣，只得停止了言论。就这样，太监竟圆满地完成了接待南唐使臣的任务。

（资料来源：http://3y. uu456. com/bp_5r5vu1n7pv1emx02t1ln_1. html）

问题：赵匡胤为何选择不识字的太监去接待？他的能力与任务匹配吗？对现在的人岗匹配有什么启示？

【实训项目】

实训内容：请对自己宿舍的同学或朋友进行识别，判断他们最适合从事的工作是什么。

实训指导：

1. 先从舍友开始识别，根据平时观察的结果进行判断，然后和宿舍同学一起讨论，看有哪些共同点和不同点。

2. 被判断的同学在舍友谈论时请不要插嘴，不要承认也不要反驳。

3. 所有宿舍同学都讲完之后再发言。

4. 以此类推，每个同学都要识别其他人，也被其他人所识别。

【学中做 做中学】

请为你的虚拟公司各岗位配备相应的人员。要求：

1. 工作岗位的职责要清楚。

2. 对岗位的配置要做到事得其人、人尽其才，与小组成员的人格特征、爱好结合起来。

第二节 中国古代识人方法

【知识要点】《黄帝内经》的阴阳五行分类识人法；姜太公的“八征”识法；《吕氏春秋》的“八观六验法”读心识人法；李悝的“五视”情景识人法；诸葛亮的“七观”言行识人法；刘劭的“三谈五视九征八观”综合识人法；曾国藩的全方位识人法；中国古代的面相识人。

人才并不缺乏，但往往缺乏识人的伯乐与真心用人的管理者。作为人力资源管理者，要学会做伯乐，学会发现周围的优秀人才，因此，掌握一定的识人方法至关重要。可以说，整个中国历史的统治史就是一部鉴人史、用人史。远到上古，近到现在，各个朝代都有一套独特的识人方法。下面介绍中国古代的一些主要的识人理论与方法。

一、《黄帝内经》的阴阳五行分类识人法

《黄帝内经》是我国医学宝库中现存成书最早的一部医学典籍。虽然是一部医学典籍，但其中从医学的角度谈到了如何识人，可以说是最早介绍识人方法的典籍之一。其识人方法的理论基础就是“阴阳五行学说”，阴阳指的是世界上的任何事物都包括着阴和阳两个相互对立、相互统一的方面。五行指的是人体禀赋不同的各种体质，将人的身体分为

木、火、土、金、水五种形态。如身材高大但身形偏瘦的人，属于木型人；身形偏瘦，头部尖小的属于火型人；五短身材，有肉但不肥大的属于土型人；身形偏胖，脖子偏短，喉结不突出的属于水型人；体型偏胖，脖子长且喉结明显的属于金型人。每一类型，又以五音的阴阳属性及左右上下等各分出五类，从阴阳五行上分为二十五种人：

木形之人分为上角、大角、左角（少角）、钛角（右角）、判角之人；火形之人分为上徵、质徵（太徵）、少徵、右徵、质判之人；土形之人分为上宫、太宫、加宫、少宫、左宫之人；金形之人分为上商、钛商、右商、左商、少商之人；水形之人分为上羽、大羽、少羽及众之为人、桎之为人五类。共二十五类人。

如：它判断木形人，木形人属于木音中的上角，就像东方的苍帝一样。这样的人，皮肤呈现苍色，头小面长，肩背宽大，身直，手足小，多有才能，多劳心思虑，体力不强，多忧愁事物。这样的人对于时令，能耐受春夏的温热，不能耐受秋冬的寒凉，在秋冬季节容易感邪而生病，属于足厥阴肝经。具有柔美而稳重的特征，是禀受木气最完全的人。

【知识链接】

阴阳二十五人

木形之人，比于上角似于苍帝，其为人苍色，小头，长面大肩背直身小，手足好。有才，劳心少力多忧，劳于事，能春夏不能秋冬感而病生。足厥阴，佗佗然，大角之人比于左足少阳，少阳之上遗遗然。左角之人比于右足少阳，少阳之下随随然。钛角之人，比于右足少阳，少阳之上推推然。判角之人比于左足少阳，少阳之下枯枯然。

火形之人，比于上征，似于赤帝。其为人赤色广脱面小头，好肩背，髀腹小手足，行安地疾心，行摇肩背肉满。有气轻财少信多虑，见事明好颜，急心不寿暴死。能春夏不能秋冬，秋冬感而病生，手少阴核核然。质征之人，比于左手太阳，太阳之上，肌肌然，少征之人比于右手太阳，太阳之下慆慆然，右征之人比于右手太阳，太阳之上鲛鲛然。质判之人，比于左手太阳，太阳之下支支颐颐然。

土形之人，比于上宫，似于上古黄帝，其为人黄色圆面、大头、美肩背、大腹、美股胫、小手足、多肉、上下相称行安地，举足浮。安心，好利人不喜权势，善附人也。能秋冬不能春夏，春夏感而病生，足太阴，敦敦然。大宫之人比于左足阳明，阳明之上婉婉然。加宫之人，比于左足阳明，阳明之下坎坎然。少宫之人，比于右足阳明，阳明之上，枢枢然。左宫之人，比于右足阳明，阳明之下，兀兀然。

金形之人比于上商，似于白帝，其为人方面白色、小头、小肩背小腹、小手足如骨发踵外，骨轻。身清廉，急心静悍，善为吏，能秋冬，不能春夏，春夏感而病生。手太阴敦敦然，钛商之人比于左手阳明，阳明之上，廉廉然。右商之人，比于左手阳明，阳明之下脱脱然。左商之人比于右手阳明，阳明之上监监然。少商之人，比于右手阳明，阳明之下，严严然。

水形之人，比于上羽，似于黑帝，其为人，黑色面不平，大头廉颐，小肩大腹动手足，发行摇身下尻长，背延延然。不敬畏善欺绍人，戮死。能秋冬不能春夏，春夏感而病生。足少阴汗汗然。大羽之人，比于右足太阳，太阳之上，颊颊然。少羽之人，比于左足太阳，太阳之下洁洁然。桎之为人，比于左右太阳，太阳之上安安然。是故五形之人二十五变者，众之所以相欺者是也。

（资料来源：《黄帝内经》下卷《灵枢》第64篇，吴茹芝编译，西安：三秦出版社，2008）

二、姜太公的“八征”情景识人法

姜太公即姜望，是历史上杰出的政治家、军事家和谋略家。传说《六韬》是其所著的一本著名兵书。《六韬》又称《太公兵法》。分为文、武、龙、虎、韬、犬六韬。其中《龙韬》中的《选将》篇中有姜太公识人的“八征”说。

“八征”为言、辞、间谋、显问、财、色、难、酒。通过这八个特征考察人的辞、变、诚、德、廉、贞、勇、态等，即通过一定的情景来识别人的言行举止的八种方法。

【知识链接】

八 征 说

“一曰问之以言，以观其诈”。与其详细认真地谈话，了解他的身世、思想等。

“二曰穷之以辞，以观其变”。同他辩论，看他如何应变。

“三曰与之间谋，以观其诚”。对其实施间谋，看他是否诚实可靠。

“四曰明白显问，以观其德”。向他提出一系列问题，看他的认识和德性如何。

“五曰使之以财，以观其廉”。给他一些财物，看他是否廉洁。

“六曰试之以色，以观其贞”。用女色来试控他，看他是否忠贞。

“七曰告之以难，以观其勇”。告诉他危难，看他是否有勇气。

“八曰醉之以酒，以观其态”。用酒把他灌醉，看他是否失态。“八征皆备，则贤不肖别矣。”

（资料来源：《六韬·三略译注》，姜望著，唐书文撰，上海：上海古籍出版社，2012）

三、《吕氏春秋》的“八观六验”行为情景识人法

《吕氏春秋·论人》中记载了“八观六验法”的识人方法，实际上是通过看人在不同的情景和情绪中的行为表现，来达到识人的目的。可以称之为“情绪读心识人法”。

【知识链接】

八观六验法

“凡论人，通则观其所礼，贵则观其所进，富则观其所养，听则观其所行，止则观其所好，习则观其所言，穷则观其所不受，贱则观其所不为。喜之以验其守，乐之以验其僻，怒之以验其节，惧之以验其特，哀之以验其人，苦之以验其志。八观六验，此贤主之所以论人也。”

（资料来源：《吕氏春秋（精）》，陆玖译注，北京：中华书局，2011）

“八观”为：

1. 通则观其所礼。一个人发达了，要看他是否还谦虚谨慎、彬彬有礼、遵守规则。

2. 贵则观其所进。一个人地位升高后看他提拔什么人。提拔什么样的人他就是什么样的人。

3. 富则观其所养。一个人富有了看他怎么花钱。富有了以后还能保持节俭，才是品行高尚的体现。

4. 听则观其所行。听完一个人的话，要看他是不是那样去做的。

5. 止则观其所好。通过一个人的爱好，能看出这个人的本质。

6. 习则观其所言。相处得久了，听听他跟你说什么，是不是跟当初一致。

7. 穷则观其所不受。一个人贫穷时，看他不接受什么。

8. 贱则观其所不为。一个人没有社会地位时，看他不做什么。如果没有恶习，其本质较好。并且指出“八观”中至少占六条，才能算本质好；占五条算及格；五条以下不能考虑。

“六验”为：

1. 喜之以验其守。让他欢喜，检验其节制能力，看他是否不变操守，不得意忘形。

2. 乐之以验其僻。让他高兴，检验其癖性爱好，看他是否有不良癖好，是否会玩物丧志。

3. 怒之以验其节。引他发怒，检验其控制能力，看他能否控制好自己的情绪，不失去理智。

4. 惧之以验其持。在恐惧的情况下考验他是否能够坚持到底，检验其能否负责坚持下去。

5. 哀之以验其人。悲哀之时，看他是否节哀自制，检验其是否悲观失望，怨天尤人。

6. 苦之以验其志。处于艰苦环境时，看他是否胸怀大志，检验其是否能吃苦耐劳。

由于“八观六验法”的实用性，很多企业运用在管理中，但值得注意的是创设六验的情景时一定要因人因事而宜，要辩证地看问题，不要故意让一个人陷入泥淖。

【课堂讨论】

（一）资料：“六验法”帮松下幸之助物色到优秀人才

“六验法”曾经被日本著名企业家松下幸之助当成宝典，他曾经说过：《吕氏春秋》“六验”中的名句，曾帮助我物色了众多人才。1975 年，松下幸之助提拔名不见经传的家族之外的人——山下俊彦担任松下公司社长，当时山下俊彦在 26 个董事中名列第 25 位，但他能在董事会上毫不畏惧地坚持自己的正确意见，并不因为大部分董事的反对而动摇，因此受到松下幸之助的器重。这项人事安排曾使财经记者们瞠目结舌。后来的情况证明，在提拔外人这一用人策略上，松下幸之助是完全正确的。

山下俊彦成功地把松下公司从一家单一生产家电产品的公司扩展到同时生产电子科技产品的公司，从而奠定了松下公司稳步迈向 21 世纪的坚实基础。松下幸之助充分的信任和山下俊彦出色的经营才能，促成了山下俊彦掌权的成功。

（资料来源：http：//wenku. baidu. com/link？url）

（二）讨论

松下运用“六验法”中哪种方法认识到山下俊彦是人才？为什么？

四、李悝的“五视”行为识人法

李悝是战国时魏国人，提出“五视”识人法，也就是从五个方面来观察一个人。魏文侯向李悝征求对宰相候选人的意见，李悝提出五种意见供魏文侯参考。

1. 居视其所亲。看他平时亲近哪些人，因为物以类聚，人以群分。

2. 富视其所与。看他富裕时是怎么花钱的，是贪图个人享受，还是广散钱财、招贤纳士。

3. 达视其所举。看他身居高位有权势时推举什么样的人，是酒肉朋友还是举贤荐能。

4. 穷视其所不为。看他贫穷时能否坚守信念，不取不义之财。

5. 贫视其所不取。看他处于人生低谷时能否洁身自好，不拿原则做交易。

李悝的“五视”识人法实际上是对一个人在不同情境中的行为表现来进行观察，通过观察他们的表现，来确定他们是否有高尚的操守，这实际上是一种“情境识人法”。

五、诸葛亮的“七观”言行识人法

三国时期的诸葛亮尤其善于识人用人，他在其《心书》一文中讲到如何识人时，提出了通过七种言行的观察来判断一个人。

1. 问之以是非而观其志。即从其对是非的判断来考察对方将来的志向，看是否胸有大志。

2. 穷之以辞辩而观其变。即提出尖锐的问题诘难他，看他能否随机应变。

3. 咨之以计谋而观其识。即就某方面的问题咨询对方的看法和对策，看他见识如何。

4. 告之以祸难而观其勇。即观察对方在面对困难时，有没有知难而进的勇气。

5. 醉之以酒而观其性。即以美酒款待，看对方个人品德如何，是否两面三刀、阳奉阴违。

6. 临之以利而观其廉。即观察对方在金钱财富面前的表现，看其是否具备廉洁的品质。

7. 期之以事而观其信。即托付对方办事以看他信用如何，是一诺千金，还是信口开河。

“七观识人法”实际上是通过言谈和测试来识别人，可称为“言行读心识人法”。

六、刘劭的“三谈五视九征八观”综合识人法

刘劭是三国时人，所著的《人物志》是历史上最早的鉴人书籍之一。《人物志》从四个方面论述了鉴人的秘诀，即三谈、五视、九征、八观，是对前人的识人方法的总结概括。

1. 三谈。即谈论道德、法制和策术。道德是看人的内在品质是否合格；法制是指看一个人对制度法律的掌握和应用，即是否守法；策术是看一个人处理事情的方法、手段及应对方案。

2. 五视。即居、达、富、穷、贫。也就是李悝的五视法。

3. 九征。通过神志、精气、筋劲、骨骼、体气、色泽、仪表、容貌、言语九个方面识人。

4. 八观。指着重从八个方面对一个人的心理特征进行综合观察识别。具体内容如下：

观其夺救，以明间杂。即观察他在重大事情面前的取舍与定夺，了解其性情本质。

观其感变，以审常度。即观察其感情变化、为人处事的态度，了解其做人原则。

观其至质，以知其名。即观察他的性格和品质，了解他名声与实际是否相符合。

观其所由，以辨依似。即观察他为达到目的采用的途径、方法，辨别他似是而非的表现。

观其敬爱，以知通塞。即观察他的敬爱之心及敬爱之行，了解他的人际关系是通达还是闭塞。

观其动机，以辨恕惑。即观察他办事的动机和原因，了解他的真实想法。

观其所短，以知所长。即观察他的短处，了解他的长处。

观其聪明，以知所达。即观察他的聪明程度，知道他的通达程度。

七、曾国藩的全方位识人法

晚清曾国藩著有《冰鉴》，是一部关于识人的著作，遵循的是"看透人之后再用人"的原则，该避则避、该提则提，显示出高超的领导才智和管理才智。全书共分神骨、刚柔、容貌、情态、须眉、声音和气色七章，内容涉及从七方面识人用人，特别是怎样用准人。

【知识链接】

《冰鉴·神骨》

语云："脱谷为糠，其髓斯存"，神之谓也。"山骞不崩，唯百为镇"，骨之谓也。一身精神，具乎两目；一身骨相，具乎面部。他家兼论形骸，文人先观神骨。开门见山，此为第一。

文人论神，有清浊之辨。清浊易辨，邪正难辨。欲辨邪正，先观动静；静若含珠，动若木发；静若无人，动若赴的，此为澄清到底。静若萤光，动若流水，尖巧而喜淫；静若半睡，动若鹿骇，别人而深思。一为败器，一为隐流，均之托迹于清，不可不辨。

凡精神，抖擞处易见，断续处难见。断者出处断，续者闭处续。道家所谓"收拾入门"之说，不了处看其脱略，做了处看其针线。小心者，从其不了处看之，疏节阔目，若不经意，所谓脱略也。大胆者，从其做了处看之，慎重周密，无有苟且，所谓针线也。二者实看向内处，稍移外便落情态矣，情态易见。

骨有九起：天庭骨隆起，枕骨强起，顶骨平起，佐串骨角起，太阳骨线起，眉骨伏犀起，鼻骨芽起，颧骨若不得而起，项骨平伏起……有毫厘千里之辨。

（资料来源：《曾国藩全集·第四卷·冰鉴》，长春：吉林摄影出版社，2002）

除了这些，曾国藩还总结了很多识人的方法，如：

1. 从面相上的表层识人法。"邪正看眼鼻，真假看嘴唇，功名看气概，富贵看精神，主意看指爪，风波看脚筋，若要看条理，全在语言中"。这首口诀是曾国藩一生长期识人的高度总结。一个人的正直与否可从眼睛和鼻子来识别，是否真诚可从嘴唇来识别，有无前途从气概来识别，能否富贵可从精神状态来识别，有无主见从手指来观察，一个人过去的经历可从脚筋观察到，看一个人办事是否有条理，从说话中就完全可以看出。曾国藩又进一步总结："第一看五官，以双目神不外散，鼻梁直，嘴唇厚为最好。第二看皮肤。以肤色粗黑，双手茧多为最好。第三看说话。以木纳寡言为最好。主要是这三条，其他都是次要的。"他还总结出端庄厚重是贵相，谦卑含容是贵相，心存济物是富相，事有归著是富相。这是从面相识人。

2. 从言谈上的浅层识人法。曾国藩识人的另一个方法是观察言谈举止，就是看一个人的语言表达。如果一个人言谈条理清楚、表达流畅，说明这个人头脑清楚、思想深刻、见识深入，是有主见和有思想之人，符合曾国藩的人才标准。一般会将他放在重要岗位。

【课堂讨论】

（一）资料：曾国藩提拔王闿运

曾国藩初次见到王闿运时，观察到王闿运"口齿清爽，谈吐不俗，此人果然有些才学"，然后和王闿运再深入交谈，当时曾国藩亲自写了他认为具有很高文彩的《讨粤匪檄》，当谈论到这篇《讨粤匪檄》时，王闿运却毫不留情地对《讨粤匪檄》进行了犀利批评。一般来讲，当面指出对方的错误和不足，会使对方恼怒或不快，但曾国藩对王闿运却另眼相看，因为王闿运的言谈打动了他，于是又引王闿运进入书房进行深谈，谈过之后，将王闿运从此留在他的幕府中，王闿运也找到了自己人生的平台，将自己的才能施展开来，使曾国藩的事业如虎添翼。可见曾国藩的为人与高超的识人术。

（资料来源：《相术高超的"伯乐"》，《芒种》，2012年11月）

（二）讨论

为什么曾国藩会提拔王闿运，他是从哪些方面认为王闿运能够委以重任的？他的识人方法的依据是什么？

3. 从精气神上的中层识人法。曾国藩看一个人未来能不能成大器，主要看这个人的精气神。常言说，英雄气概，富贵精神。精气神就是一种气质、风貌、精神，是一个人在后天环境中逐渐磨砺修炼而成。一个人的学识经过长期生活的积淀和考验，才能达到一定程度和境界，这个人的气质神态就会通过他的眉目神色透露出来。因此曾国藩概括说"一身精神，具乎两目"。

【课堂讨论】

（一）资料：曾国藩娶妾

曾国藩曾委托他手下的大将彭玉麟为自己选一个妾，彭玉麟按照曾国藩平时的为人，为他挑选了一个叫陈春燕的女孩，并将她带到曾国藩面前。曾国藩仔细观察陈春燕，“虽算不上美丽，却也五官端正，尤其是眉眼之间那股平和之气很令他满意。”于是经过曾国藩短短的询问，便将陈春燕留了下来。

（资料来源：《相术高超的“伯乐”》，《芒种》，2012 年 11 月）

（二）讨论

为什么曾国藩经过短短询问就将陈春燕留了下来，留下来的依据是什么？曾国藩从哪个方面断定陈春燕符合妾的标准？

4. 从细节上的深层识人法。曾国藩注重从细节处相人，常言说细节决定成败，从细小些微之处观察人，往往能观察到人的本质，一个人在有些事情上可能会弄虚作假，但不可能照顾到每个细节，从细节可看出其品性、出身、受教育程度和素养等。

【课堂讨论】

（一）资料：曾国藩细节识表弟

曾国藩有个表弟叫江庆才，这天从家乡来投奔他，曾国藩离家多年，对其不了解，想留用他，于是就有意观察江庆才。一天，曾国藩和江庆才在“一起吃饭时，亲眼看见他将饭碗里的谷一粒粒挑出来，丢到脚底下”。谷子是未脱皮的米，而曾国藩自己是用手碾了皮之后再吃掉，曾国藩立即断定江庆才不堪重用，于是送了一百两银子打发走了事。

（资料来源：《相术高超的“伯乐”》，《芒种》，2012 年 11 月）

（二）讨论

为什么曾国藩断定表弟不能重用？他是从哪个方面来识别的？

八、中国古代的面相识人

中国古代识人最多的一种方法是通过面相来识别。面相就是通过观看一个人的面部特征的方式来对人进行识别。相由心生，就是说一个人的个性、心思与为人善恶，可以由面相看出来，一个人长期的性格特征、兴趣爱好可以影响他的音容笑貌，面相主要是通过“五官”的形状位置特征来进行识别。

相学，在以前被称为封建迷信，到现在也存在着如此认识。但从传统意义上说，我们在日常生活中常常不自觉地从面相的五官对人进行判断。五官指的是眉毛、耳朵、鼻子、嘴巴和眼睛。相学上常用眉毛来判断健康、地位；用眼睛来判断意志力和心地的良善；用鼻子来判断健康与财富；用嘴巴来判断幸福运气；用耳朵来判断长寿等。当然其中不乏唯心主义内容，但亦可从中选择部分内容作为现代识人的借鉴。

【知识链接】

五岳三停

五岳，即天庭（额头）为南岳，下巴为北岳，两个颧骨为东西两岳，鼻子为中岳。左颧为东岳，俱要中正，不可粗露倾塌。额为南岳，亦喜方正，不宜撇竹低塌。右颧为西岳，亦与左颧相同。地阁为北岳，喜要方圆隆满，不可尖削歪斜，卷窍兜上。土星为中岳，亦宜方正耸上。印堂五岳成之。三停者，额门、准头、地角，又称三才。额头为上停，眉毛与鼻子之间为中停，鼻子以下为下停。三停分别表示人的少年、中年和老年。上停长，少年忙。中停长，福禄昌。下停长，老吉祥。额头、下巴、两个颧骨均以鼻子为中心，向中间合拢。五岳三停高耸相抱才是真正的福相。

（资料来源：http：//baike. baidu. com/link？url）

【案例简析】

许武分家

许武是汉朝阳羡人，父母早亡，家里只剩下了他和两个弟弟。

汉朝时选举人才靠举孝廉，许武为了给两个弟弟谋出路，想了一个办法——分家。许武把父母的财产分成三份，自己拿了最好的一份，把最差的分给两个弟弟，但两个弟弟却毫无怨言。乡里们都说这两个弟弟很懂事，因此被举为孝廉。

弟弟们出仕之后，许武将两个弟弟找来，说当时分家分得不公平，自己那么做就是为了让弟弟能有出息。现在目的达到了，因此要把本属于弟弟的家产归还。

（资料来源：《二十四悌》【初集卷二】《许武教弟》）

问题：如何从“吃亏是福”识别许武的真实意图？乡亲们看清楚他的意图了吗？如果在现实生活中出现类似的情景你能一眼就识别出这类人的目的与意图吗？

【实训项目】

实训内容：请同学在网上找一位名人或对周围同学进行面相识别。

实训指导：

1. 先从五官进行判断，然后和同学一起讨论，看识别的结果有哪些共同点和不同点。

2. 再结合名人或同学的言行进行识别，将识别结果与同学分享。

3. 依此推测这位名人或同学未来的发展方向或结果。请记录下来，若干年后请验证。

【学中做 做中学】

请找一陌生人进行识别。要求：

1. 先进行观察，判断其职业特点，然后运用一定技巧进行验证。

2. 如果验证正确，请继续识别他的地位和身份。

3. 一般先找那些职业特点明显的对象进行识别，再逐渐找特征不明显的进行练习。

第三节 识人方法实务操作

【知识要点】简历识人；声音识人；面部表情识人；仪表识人；言行识人；精神识人；性格识人；整体识人。

人力资源管理是一门艺术，而识人更是一门艺术，如何通过察言观色来识别一个人，真正做起来并不容易。作为一名人力资源管理者，要学会识人，就要掌握一定的识人方法，除借鉴古人的识人方法外，在现代人力资源管理中，一般根据简历、声音、面相、神态、言语、细节、身份地位等来对人进行判断识别。按照从招聘、使用到离职的人力资源管理过程，下面分别介绍一些主要的识人方法。

一、根据简历识人

在现代人力资源管理过程中，人力资源部门通过各种形式发出招聘广告后，就会有人员投简历来应聘，一般有网上投递、寄信投递和亲自投递三种，这个过程一般只收简历，不进行其他面试。因此在未见到其人或未进行面试前，我们先从简历入手，对应聘者进行识别判断。简历一般分两种：手写版简历和打印版简历。

（一）手写版简历

手写版简历现在较少见，如果是手写版简历，我们试着从三个方面进行识别：看动机，看字体，看字势。

1. 看动机。结合此人简历上的经历，判断此人是否是因自己写字好特意以手写引起注意；或者此人是否对此岗位不太在意，只是想试试看而随手写了一张；或者此人很可能家庭困难不愿付费去打印，当然这种情况现在较少见。

2. 看字体。在此识别的基础上，先看字体：是清楚还是潦草，是整齐还是无章法，有没有涂改等，以此判断此人的行为习惯是否符合本岗位的需求。

3. 看字势。此人写字的笔势是朝哪个方向，向下还是向上，有无气魄，以此判断此人的个性特征是否符合岗位要求。

以上三种方法还不完全，一定要根据实际情况进行判断，不要照搬模式，要根据自己的经验和实际情况灵活判断。

(二)打印版简历

打印版简历较常见，主要从关键词、内容、文字表达三方面来识别。

1. 看关键词。人力资源管理者如何在成百上千份简历中很快找到适合的简历，方法就是掌握关键词。每个职位都有对应的专业、技能或任职要求的关键词。这些关键词蛰伏在工作描述里。所以对简历的审核要寻找这些关键词，这样往往能起到事半功倍的效果。

2. 看内容。主要看硬件条件是否与岗位要求和胜任特征匹配：年龄、性别、身高，学历、专业、资质，工作经验，申请职位和期望薪资等。其次看内容下隐藏着的以往行为和经历，如工作的间隔、职位的跳跃性等，分析其中的逻辑性，标记下疑惑之处，在面试时进行验证。

3. 看文字表达。文如其人，简历中的文字表达是很重要的信息源。对于技术性较强的岗位来说，文字并非其专长，但表达必须思路清晰，对于行政管理或对文字要求较高的岗位就要认真分析其文字表达能力。

同时要考虑放宽个别筛选条件，以保证不错过潜在的优秀人员，一般来讲，大部分企业更倾向于招聘比该岗位条件略低但有潜质的人员，这样既可以给员工发展空间，起到鲇鱼效应，又可以节约薪资成本并且降低流失率，营造一个双赢的局面。

二、依据声音识人

除投递简历外，一般还有电话应聘，即未见其人，先闻其声。为了提高效率，很多组织在面试之前会先采用电话面试的方式，因此可根据声音识人。在进行电话沟通时，要将注意力集中在耳朵，尽量捕捉应征者的语言信息。

一般电话面试，按不同的职位和招聘的复杂程度，时间可以为 20 ~ 45 分钟不等，高职位、高责任的岗位所需时间有可能会稍长一些。成功的电话面试可以对应征者的情况和个性了解 60% 以上。因为这种情况下求职者的心态会适度放松，自我展示的效果更为真实。

一些求职者在丰富的求职过程中善于自我包装，足可以混淆视听，所以对招聘人员来说，要养成关注细微之处的职业习惯。如电话沟通过程中与其他人的交谈情况、接其他人电话的态度、语速语调的变化等，只要用心去聆听，能听到很多对方没有说出来的信息。所以说在打电话时一定要微笑，虽然对方看不见，但能感受出来。

三、观察面部表情识人

面相，就是通过观看一个人的面部特征的方式来识人。俗话说相由心生，就是说一个人的个性、心思与为人善恶，可以由他的面相看出来。面相以前被说成是伪科学，是迷信，但不完全是，很大程度上是人类长期生活经验的总结。

因为人的表情是由皮下微小的肌肉活动决定的，正是做出面部表情的那些肌肉对上面的皮肤和下面的骨骼习惯性地牵拉，从而在很大程度上决定了一个人的面部特征。面孔的外形是对一个人特定的气质、情绪和态度的一份永久记录，反映了其最常见的情绪状态。一个人最基本的内心情感或习惯性态度，例如怀疑或情绪冲动、自信或缺乏自尊、悲观厌世或乐观豁达、爱恋或仇恨，往往能“凝固”肌肉。这些习惯性的状态会变成泄露内情的标记，使面孔成为一张立体地图，帮你认识一个人的真实性格。一般从以下几个方面来观察：

1. 看眼睛。眼睛是心灵的窗户，主要看视线、眼神、眼珠、瞳孔、眼皮。即视线的方向和集中程度、眼睛的有神程度、眼珠运动、瞳孔变化、是否眨眼等。从这些细节来判断。一般来讲，心胸开阔、善良纯朴者，眼睛大多较坦荡、安详；狭隘自私、好揣摩别人者，眼睛一般都昏暗、狡黠；不贪富贵、不畏权势者，眼神一般都坚毅、刚强；见异思迁、见风使舵者，眼神一般都游移、飘浮。瞳孔的放大与收缩分别传达正面和负面的信息；视线方向的高低代表了尊敬与傲慢；注视时间的长短反映其对谈话内容的感兴趣程度。

2. 察其眉。眉毛在面部中占有重要的位置，能丰富人的面部表情，双眉的舒展、收拢、扬起、下垂可反映出人的喜怒哀乐等复杂的内心活动，因此，眉毛可看作心灵的窗帘。

3. 观表情。表情是指运用面部器官和肌肉来交流信息、表达情感。人的脸部可做出约2.5万种表情，是非语言信息最丰富、最集中的地方。人的心理有所变化时，表情自然而然将透露信息，特点是动作“微”和消失“快”，也叫“微表情”，较难观察。

【课堂讨论】

（一）资料：隰斯弥见田成子

《战国策》中有这样一个故事：齐人隰斯弥去拜见田成子。田成子邀他一起登台远眺。田成子看到三面视野开阔，而只有南面被隰斯弥家的树挡住了。田成子没说什么，但脸上露出怫然之色。隰斯弥回到家马上派人去砍树。下人刚要挥斧，他又下令停砍。家中长者感到奇怪问为什么。隰斯弥道：俗话说，知渊中之鱼者不祥。田成子心中有欲，被我知道了，我就回来砍树。要是田成子有什么大动作，我预先知道了，那就很危险了。现在不砍树，没罪；如果一砍，不是告诉他我知道他心中所想了吗？那就罪从天降了！”

（资料来源：《韩非子·说林上》）

（二）讨论

隰斯弥如何知道田成子的想法？知道后要砍树，但为何又不砍了？

四、根据仪表识人

1. 看衣着。认识一个人，首先接触他的外部特征，因此我们常通过穿衣打扮来进行识别。穿衣的风格、质地、搭配、颜色等能反映出一个人的修养、性格、爱好等。

2. 观发型。发型是很重要的组成部分，关系着人的整体形象。不同的发型显示着不同性格和心理。一般来讲，发型越普通，个性越大众化；发型越特别，越倾向于性格的特立独行。对于女性而言，头发的长度还反映了其耐心和细致性程度。

五、观察神态识人

神态识人，就是察其神，神就是人的精神状态，即通过头部、面部或者身体等表现出来的人体信息。“神态”由意志力、注意力、生命力、行动力和气质、风度等构成，通过人的外观形态等显示出来。这是见面识人的关键。从心理学上来说，每个人的神色反映着其相对应的身体和心理的状态，如一个身体健康、身心愉悦的人，其通常是天庭饱满、红光满面、神采奕奕。相反，一个身体有病，或者苦恼忧愁的人通常愁云密布、眉头紧锁，其多半是很难有顺心的事。神是内在的，主要的；情是外在的，次要的；神是内容，情是形式，神需要情态来表现。精神贯穿于一个人生命的始终，是生命力的集中表现。

【课堂讨论】

（一）资料：乞丐的硬骨

清朝初期，有一位江南名士叫查继佐。一年冬天，他顶雪散步时发现了一个乞丐，这个乞丐虽然身穿单衣、赤裸双脚地站在寒风中乞讨，却面色红润。查继佐断定此人必是能人异士，随即邀他到屋内一同饮酒，还让家人将自己穿的棉袍送给他御寒。

这个人叫吴六奇，他自幼学武，不知为何沦落江湖，乞讨为生。后来当兵参加战役，直至荣升两广总督、江浙总督。清初文字狱盛行，查继佐被牵连其中。吴六奇得报后，念及其救命之恩，帮其洗脱一些罪名，保住了查继佐本人及全家的性命。

（资料来源：http://www.chinadmd.com/file/iwwoioivoeuvrsw6asosvtcv_9.html）

（二）讨论

查继佐通过什么来认识乞丐吴六奇是个能人异士？面对一个乞丐，查继佐又是如何赏识他的？这些做法对我们识人有什么借鉴意义？

精、气、神虽然是看不见的，却决定着人的精神状态。一个人如果身体健康，血液就会畅通无阻，血液畅通无阻，气就会顺畅，精神就会爽朗而飞扬。人们常说，气能安神，如果气不顺，则心情浮躁，人就安不下心来。精、气、神的稳定是需要一个过程的。基于这种思想，我们认为，从一个人的神情上可以判断出一个人的内心世界。经验丰富或经过训练的人，能够从他人的表情中很快发现其中隐情。“观相不如观气，气清而厚者为上”。“富贵之家人无骄气，中等之家人无暮气，贫寒之家人无陋气”。这些都是识人方法的总结。

眼界即心界，面相即心相，相由心生就是这个道理。这里说的“相”不是指相貌而是指气质。如果一个人表现出来与其实际年龄不相匹配的成熟气质，说明其社会阅历丰富，经过较多的事情，比较稳重、踏实，有领导能力；如果一个人表现出来比其实际年龄年轻很多的气质，说明其心态阳光、开放、有活力。

【课堂讨论】

（一）资料："泄露机密"的齐桓公

齐桓公上朝与管仲商讨伐卫的事，退朝后回到后宫。卫姬一见齐桓公，立刻走下堂一再跪拜，替卫君请罪。齐桓公问她原因，她说："妾看见君王进来时，步伐高迈，神气豪强，有讨伐他国的心志。看见妾后，脸色改变，一定是要讨伐卫国了。"桓公因此放弃了伐卫的计划。第二天齐桓公上朝，谦让地引进管仲。管仲说："君王取消伐卫的计划了吗？"齐桓公说："仲父怎么知道的？"管仲说："君王上朝时，态度谦让，语气缓慢，看见微臣时面露惭愧，微臣因此知道。"

齐桓公与管仲商讨伐莒，计划尚未发布却已举国皆知。齐桓公觉得奇怪，就问管仲。管仲说："国内必定有圣人。"齐桓公叹息道："白天工作的役夫中，有位拿着木杵而向上看的，想必就是此人。"于是命令役夫再回来工作，而且不可找人顶替。

桓公所指的役夫名叫东郭垂。找到东郭垂后，桓公问："是你说我国要伐莒的吗？"东郭垂回答："是的。"桓公问其如何得知，东郭垂回答："小民进宫做工时，看到君王站在高台上，生气充沛，所说的都与莒国有关，手所指的也是莒国方位，由此猜测君主要伐莒。"经此一事，管仲断定东郭垂是一个人才，对其委以重任，东郭垂成为一代有名的治国之士。

（资料来源：http：//www. docin. com/p-558175443. html）

（二）讨论

1. 为什么卫姬一见齐桓公，就立刻走下堂跪拜，替卫君请罪？为什么管仲一见齐桓公就立即知道他不伐卫了？

2. 齐桓公是一个什么样的君主？他做领导有何不足之处？如果是你该怎么做？

六、依据言行识人

古人云："心者，行之端，审心而善恶自见；行者，心之表，观行而福祸自知。"事实上，被掩盖的真实心理大多会通过言行举止显现出来。心理学家研究表明，从人们获取信息的渠道来看，只有11%的信息是通过听觉获得的，83%通过视觉获得；而精确地表达一个信息应该是7%的语言，38%的声音，55%的表情和动作。

判断一个人的言谈首先要注意气氛。良好的气氛对沟通顺畅有重要作用。其次是环境，不同的话题在不同的环境中会表现出不同的内容。再次是情绪，根据对方的情绪好坏来观察。

听其言是听说话的内容，如根据其言谈内容是否庸俗来判别其个性的阳光程度，根据其言谈内容的大众化来判断其教养程度，根据其言谈内容是否职业判断其素质的高低，根据其谈论内容的高雅来判断其文化水平的高低。一般分为以下几种类型：夸夸其谈者；义正言直者；温柔宽容者；标新立异者；语速平缓者；语速快辞令丰富者；爱抓弱点攻击者；似乎什么都懂者；不能深入交谈者。不同的谈话方式反映不同的性格，以此识别其个性特征。

【课堂讨论】

（一）资料："不顾情面"的土川元夫

日本名古屋商会需要一个管理分部的主任，西铁百货公司社长尾芳郎向土川元夫推荐了一个人。土川元夫是名古屋商会的主席，他和这个人面谈后，立即告诉尾芳郎："你介绍来的这个朋友不是人才，我不能留他。"尾芳郎听完以后很吃惊，说："你仅仅和他谈了20分钟左右，怎么就知道他不能被留任呢？"土川元夫解释道："他是一个口水人才。刚和我见面，就滔滔不绝地说个没完，根本不让我插嘴。非常乐意宣传他的人事背景，说某某达官贵人是他要好的朋友，甚至炫耀他和某政治要员吃过饭。你说，这种人怎么能共事呢？"尾芳郎听完土川元夫的话后，认为土川元夫的分析是很有道理的。

（资料来源：http：//www.docin.com/p-558175443.html）

（二）讨论

土川元夫通过什么识别被推荐之人不是人才？这个人通过什么暴露出他的本质？对你在现实生活中识人有什么借鉴意义？

除了通过言谈可以认识一个人的个性特征之外，还可以通过他的行为举止来认识。行为举止指的是身体语言，包括身体运动与触摸、姿势与外貌、身体间的空间距离等。观其行就是观察应聘者的立、坐、行、手势等，根据谈话氛围和内容来识别其个性特征。点头、眨眼、皱眉、微笑等看似随意的偶然动作，实际上却传递着信息。对于人力资源管理者来说，行为举止要通过一定的情景来观察，如通过面试时的问答、工作时的状态等来观察识别一个人。此环节非常重要，也较难掌握，只有在阅人无数的基础上才能掌握一定的技巧与方法。

【课堂讨论】

（一）资料：撒谎的总统

美国前总统克林顿因"桃色新闻事件"被推上法庭。在法庭上，法官发现克林顿在被讯问的过程中，一分钟之内竟然用手摸了鼻尖26次，由此作出了一个很简单的判论：总统在撒谎。随着整个事件的水落石出，法官的判论不久之后便被证实。

（资料来源：http：//www. docin. com/p-558175443. html）

（二）讨论

1. 为什么克林顿撒谎时会摸鼻子？法官为什么仅凭摸鼻子就断定他在撒谎？

2. 你平时观察过别人撒谎时还有哪些微动作？请与同学分享。

七、根据性格识人

俗话说“江山易改，本性难移”，人的性格受环境、教育、经历等影响，一旦成型则很难改变，而人的成功有很大一部分体现在性格上。由于性格很复杂，我们只简单以好和坏两种做一大致介绍。一般常见的性格特征的表现有：

1. 日常生活中，好的性格表现为忠诚、正直、有爱心、守纪律；坏的性格表现为虚伪、自私、贪婪、嫉妒、粗暴。

2. 在工作中，好的性格表现为勤劳、认真、节俭、任劳任怨；坏的性格表现为懒惰、浪费、粗心、哗众取宠。

3. 对自己的态度，好的性格表现为谦虚、自尊、自信、自强、自立；坏的性格表现为自大、谄媚、自卑、骄傲。

4. 意志特征，好的性格表现为坚强、镇定、果断、勇敢、坚忍不拔、百折不挠；坏的性格表现为懦弱、灰心丧气、惧怕困难、优柔寡断。

5. 情绪方面，好的性格表现为冷静、沉着、开朗、情绪稳定、自控力强；坏的性格表现为暴躁、惊慌、忧郁、拘谨、情绪起伏大、自控力差。

6. 理智特征方面，好的性格表现为专注、有主见、求知欲强、思路开阔、应变力强；坏的性格表现为求知欲差、心不在焉、不求甚解、思维迟钝、应变力差。

【课堂讨论】

（一）资料：范蠡失子

某年，范蠡的二儿子在楚国杀了人，被囚禁在楚国，判定要斩首示众。范蠡知道消息后，决定派小儿子去营救。但大儿子知道后主动要求营救。父亲不同意，便去央求母亲。范蠡的夫人去劝说后，范蠡才答应。范蠡给楚国的朋友庄生写了一封信，让大儿子将一千金和这封信交给庄生。庄生见信后找到楚王，向其进言说：最近天象表明，大王须以大赦天下来获取民心。楚王接纳了建议，释放了很多囚犯。大儿子听到这个消息后并不高兴，因为他认为庄生应该只将自己的弟弟救出来，庄生提议大赦天下并不应该以自己的一千金为报酬，因此又向庄生要回了这一千金。可想而知庄生十分生气，于是又向楚王进言：“大王大赦天下后，民众议论纷纷，说有很多大臣私自收授陶朱公的银子，为他儿子说好话……”楚王听后立即下令，杀掉陶朱公的儿子。

就这样，范蠡的大儿子只带回来了弟弟的尸体。回到家却发现父亲已布置好了弟弟的灵堂，大儿子问为什么？范蠡悲戚地说：“这是你的性格决定的。你小时候与我一起做生意，吃过很多苦，对钱财看得很重。你三弟出生时家里已经很富有了，他视钱财如粪土，无论庄生是否将事办成，他都不会将一千金向对方要回来，也就不会再给你二弟招来祸患了。”从范蠡的分析中可以看出，两兄弟采用的都是“适当的方式”，但结果却有天壤之别，这就是生活环境不同导致的性格差异。

（资料来源：http：//www. docin. com/p-558175443. html）

（二）讨论

1. 范蠡为什么不让大儿子救二儿子？为什么范蠡提前布置好了灵堂？

2. 性格的养成与哪些因素有关？你的性格中有哪些优势和弱势？对你以后从事管理工作有何影响？

八、根据笔迹识人

有的企业在招聘或提拔人才到重要岗位时，往往采用笔迹识人的方法。笔迹识人是运用笔迹心理学的原理，以笔迹为研究对象，根据笔迹特征与书写者的内在素质相对应的原理，推测书写者的各种个性特质。笔迹心理学的实用性很强，它要随时到实践中运用这些知识，不断地根据他人的笔迹推测其性格、品质、潜意识、情感、情绪、能力等，笔迹识人具有很高的准确性，胜过目前该领域的所有学科和手段。但笔迹识人必须要有一定的专业知识和阅历才能更准确地识人，有一定的难度。

【知识链接】

字如其人

关于笔迹与心理的关系，我国历代书法家、文学家、文献学家、医学家、哲学家等都对此有很深刻的认识。例如：西汉扬雄说：“言，心声也；书，心画也；声画者，君子小人之所以动情乎？”即通过一个人的笔迹，可以知道他品德的优劣和心地的善恶。唐代韩愈在评论张旭的草书时说：“喜怒窘穷，忧悲，愉逸怨恨，思慕，酣醉，无聊，不平，有动于心，必不草书焉发之。”清代文学家刘熙载在《艺概》中断言：“书，如也。如其学，如其才，如其志。总之曰：如其人而已。”这就是著名的“书如其人”的观点的来历。在我国民间，也流传着“相人不如相字”、“见字如见面”的说法。可见，笔迹学在我国的流传既久远又普遍。

（资料来源：http://baike. baidu. com/link？url）

由于笔迹是人类书写活动的结果，书写是大脑的反射活动，因此笔迹是大脑活动的反映。再由于笔迹与人的社会环境、生活经历、年龄阶段、文化水平等有密切的关系，能反映一个人的个性特征和心理活动，如一个从小生活优越的人与一个从小在艰苦环境下长大的人的字，其字体在字态、字势、风格等多方面存在着差异。即使是同一个人，在不同的时期，笔迹特点也不同。一般来说，学生时代的字，由于还没有定型，笔画稚嫩、工整、拘谨；中年时期的字，笔画熟练、流畅、个性突出；老年时候的字，笔画老辣，略显僵硬。心态平和时，所写笔迹端庄秀丽；心情急躁时，笔迹也浮躁潦草等，但在相当长的时间内，字体的主要特征是不变的。只是近期的字更能反映书写者最近较稳定的个性特征、情绪变化、心理特点等。

【课堂讨论】

（一）资料

一次，唐太宗临写书法大家虞世南的字，写“戬”字时，正好看见虞世南走来，便只写了“晋”，让虞世南补上“戈”字。第二天，太宗把字拿给魏征看，想听听他的意见。魏征看后说：“圣上之作，惟戈法似世南。”太宗听了，自叹与虞世南相距很远。明末清初的著名医家、书法大家傅山的大儿子擅长书法，并一直学习父亲的字体，达到了乱真的地步。一天，他的大儿子故意将自己所写的一幅字放在桌上，看其父能否辨别。傅山看到后，误认为是自己所写，暗暗吃惊：笔力沮丧，中气已绝，莫非大去之日不远？傅山因此心情非常不安。过了不久，他的大儿子突然死了，悲伤之余，他又拿起那幅字，细细分析，才知道是儿子所写。

（资料来源：http://www. docin. com/p-885466000. html）

（二）讨论

魏征为什么看后判断出“戈”像虞世南所写，傅山为什么会判断出大去之日不远？依据是什么？你能通过笔迹识别出他人的心理吗？如果不能，你计划从哪些方面提高？

九、综合判断，整体识人

要正确地、科学地识人，就要运用整体性思维来认识人，就是将事物经分析之后的各部分、各方面、各层次联系起来，形成统一整体去认识，得出结论。从多角度来认识人就会产生不同的结果，把不同角度的结果进行分析综合，就会得到一个符合实际的总体的认识。

从整体上来识人，就是要按人才所构成基本要素的总体来识人。人才要素概括为德、识、才、学、体五个方面。德，指思想、伦理道德与心理品质。德是人才的灵魂。识，指见识。才，指才能。学，指各科知识。体是身体。人应该是德、识、才、学、体五个方面全面发展。但在实际生活中，没有十全十美的全才，我们只能用其长避其短，做到人尽其才。

总之，所有的识人方法都不能生搬硬套，要灵活运用，结合环境、情景和识别对象的特征进行识别，要综合运用才能更好地认识人。

【案例简析】

面对要价百万的人才

麦克·利奇是石油的销售员，他通过自己的关系，与石油商做成了一笔大生意，使菲利浦·所罗门公司成为世界上最大的一家石油商。根据协议，公司应该付给麦克·利奇100万美元，可是公司总裁杰尔森犯下大错——不遵守诺言，拒绝兑现，致使麦克·利奇离开了菲利浦·所罗门公司。后来麦克·利奇利用关系，仅一个电话就获利1 000万美元，利用这笔钱办起了公司。经营这家公司时，麦克·利奇吸取了杰尔森的教训，严格兑现对员工的承诺，公司迅速成长，逐渐成为菲利浦的对手。

直到此时，杰尔森才感叹道："为了100万美元，我失去了一个可以为公司赚来以亿计财富的干将，还树立了一个难以对付的竞争强敌。"在各种失误中，决策失误是最大的。在决策失误中，用人失误是最大的。

（资料来源：赵知易，《怎样识人不走眼》，北京：北京东方影音公司，2012）

问题：杰尔森为什么会失去一个人才？试分析他的失误之处。

【实训项目】

实训内容：请识别你最感兴趣的一位异性同学，通过表情、言谈举止、神态、仪表、衣着等来进行综合识别。

实训指导：

1. 采取先观察后分析的方式进行。

2. 可以通过提问、设置情景或其他方式进行观察识别。

【学中做　做中学】

请为你的虚拟公司从全班同学中招聘一个总经理。要求：

1. 在全班范围内进行招聘，小组成员作为董事会一级的代表来招聘，总经理是董事会决策的执行者。

2. 要综合分析判断这些应聘者，通过简历、声音、仪表等各种途径来进行识别，然后共同分析判断结果的正确性。

◎ 思考题：

1. 什么是识人？识人与人力资源各职能有什么样的关系？

2. 中国历代有哪些识人方法？对现代人力资源管理有何借鉴之处？

3. 在现代人力资源管理中主要有哪些识人方法？你认为最重要的是哪些方法？

第六章　面试技巧

◎ 知识目标：

1. 面试的内容。
2. 面试的程序。

◎ 能力目标：

面试的技巧与运用。

【导入案例】

广东科龙有限公司人力资源部长张育新谈面试官的要求

作为我们专业招聘人员，首先一点，必须要具有一个职业的操守，具有一种专业的技能，同时应该说多多少少还有一点心理学的知识，因为我面对的是很多的应聘的人员，我要在最短暂的时间内了解他，分析他，要客观地把他内心中一些东西真实地给他挖掘出来，然后把我们的真实情况反馈给所应聘的专业公司，给他们提供一个第一手的参数，我想在这方面可能你并不是学人力资源管理的，但是我想你应该在最短的时间能学会识别一个人，你应该经常在生活中跟人沟通，有一个主动沟通意识，有一个跟人主动交流的欲望。再一个，你应该或多或少能够有所总结，就跟医生看病一样，每诊断一个病人，都有一个病例，我们每面试一个特殊群体或者特殊人员都给我们脑子里面留下一个很深的印象，这种印象或多或少对你有益处。可能我们很多学生都会学组织行为学，我建议还要多读读心理学，可能这方面会对你个人有所帮助。这是我个人一种浅显的体验。

（资料来源：http：//www.sina.com.cn 2004/11/26 21：44，新浪教育）

第一节　面试内容与流程

【知识要点】面试的含义；面试的目标；面试的分类；面试过程；面试内容。

一、面试的含义

面试是一种经过组织者精心设计，在特定场景下，以面试官对应聘者的面对面交谈与观察为主要手段，由表及里测评应聘者的知识、能力、经验等有关素质的一种考试活动。面试是组织挑选员工的一种重要方法。

二、面试的目的

1. 考核求职者的动机与工作期望。主要是观察求职者的求职态度、工作态度，从态度取向上来识别求职者的工作动机，是否能为组织带来较高的绩效。

2. 考核求职者仪表、性格、知识、能力、经验等特征。通过面试中的提问、观察和测试等手段，来识别求职者的仪容仪表、个性特征、知识技能、素质能力以及以往的经验是否符合组织用人的标准，这些特征通过简历和电话是很难识别的。

3. 考核笔试中难以获得的信息。求职者的世界观、个性特征、素质能力等很难在笔试中获得，而这些又是对工作绩效起主导作用的因素，因此必须通过面试来进行识别。

【课堂讨论】

（一）资料：面试中的游戏

这是一场新鲜刺激的面试。主考官宣布，“下面我们来做一个游戏，我手中有一本书”，他将一本32开的书指给考生，“假如出现了洪水，其他所有的地方全部被水给淹了，你们十个人要在这本书大小的地方躲过这场灾难，你们将会怎样做?”那本小小的书吸引了众人的目光，“要在这么小的书上站十个人，这怎么可能?”每个人的脑袋里充满了问号，“这十个人中，有身材高大的男性，也有身材瘦弱的女性”。一位女应聘者想出一个好方法：“我想我们应该将我们十个人分成不同等级，体积较大的站在最外层，稍小的次之，最小的被大家包围在最里层。”她的建议立即得到了大家的认可，在她的组织下，十个面试者在这小小的书本上站了下来，在这个过程中，大家也建立了友好的关系，形成了互相帮助的氛围。

（资料来源：http：//wenku. baidu. com/link？url = W_ TfUPorb77z7NJTjYDhSyrCPk6P）

（二）讨论

这个游戏主要是考查应聘者的哪个方面？从这个游戏中你判断出这位女应聘者是哪类人才？设计这个游戏对面试有什么好处？

三、面试的分类

按照不同的标准，可以将面试划分为不同类型：

1. 按照面试的结构化程度，可以分为结构化面试、非结构化面试和半结构化面试。

结构化面试是按照事先设计好的问题进行提问。非结构化面试是根据实际情况随机进行提问的方式，体现高度的灵活性，但不利于横向比较。半结构化面试就是上述两者的结合。

2. 按照面试的组织方式，可以分为陪审团式面试、集体面试、一对一面试。陪审团式面试是多个面试者对一个应聘者进行面试，相对耗费的时间较多。集体面试是一位面试者对多名应聘者，它可以节约时间，但是观察相对困难。一对一面试是一位面试官面试一位应聘者。

3. 按照面试的过程，可以分为一次性面试和系列面试。

4. 按照网上视频的同步时间，可以分为同步视频面试和异步视频面试。同步视频面试是通过即时性视频聊天软件进行在线同步的视频面试方式。异步视频面试是利用异步视频面试系统，面试者只需要简单地用短信或者邮件将面试邀请发给应聘者，应聘者就可以通过手机、摄像头等设备录制并上传视频答卷，然后面试官就可观看、评价和比较，轻松完成筛选。

四、面试的程序

不同的企业对面试过程的安排有所不同，但是为了保证面试的效果，一般来说都要按照下面几个步骤来进行面试：

（一）准备阶段

准备阶段的基本工作包括：选择和培训面试考官；了解需求岗位的要求；阅读和研究应聘者材料；设计面试流程；设计面试评价表；约定面试时间；准备面试场地；确定评估方式。

（二）实施阶段

1. 关系建立阶段。这个阶段先观察，再提出问题，问题一般是封闭性问题。

2. 导入阶段。是为达到面试目的而有预设地提出针对性的问题，问题一般是开放性的。

3. 核心阶段。是识别应聘者是否符合企业用人标准的关键阶段，提出的问题是行为性的，以行为性的问题来识别应聘者的个性特征和能力、价值观等。

4. 确认阶段。是面试官进一步验证自己的判断是否正确，问题一般是开放性的。

5. 结束阶段。是面试官最后判断识别人才的环节，提出的问题是开放性、行为性的。

（三）面试结果处理阶段

1. 综合面试结果。面试结束后要立即整理记录，核对资料，分析汇总，得出最终评价结果。

2. 面试结果的反馈。一是由人事部门将人员录用结果反馈到组织的上级和用人部门；二是逐一将面试结果通知应聘者本人，或者是“录用通知”，或者是“辞谢书”。

3. 面试结果的存档。要注意将面试资料存档备案，以备查询。

五、面试的内容

（一）仪表风度

这是指应聘者的体型、外貌、气色、衣着举止、精神状态等。一般来讲，仪表端庄、衣着整洁、举止文明的人，其做事亦有规律，注意自我约束，责任心强。

（二）专业知识

面试要了解应聘者掌握专业知识的深度和广度，以及其专业知识更新是否符合所要录用职位的要求，作为对专业知识笔试的补充。面试对专业知识的考查更具灵活性和深度，所提问题也更接近空缺岗位对专业知识的需求。

（三）工作实践经验

一般根据查阅应聘者的个人简历或求职登记表，做些相关的提问。查询应聘者有关背景及过去工作的情况，以补充证实其所具有的实践经验，通过工作经历与实践经验的了解，还可以考查应聘者的责任感、主动性、思维力、口头表达能力及遇事的理智状况等。

（四）综合能力

面试可以更好地考查应聘者的各种能力，包括口头表达能力、综合分析能力、反应能力与应变能力、人际交往能力。

（五）自我控制能力与情绪稳定性

判断一个人是否是人才，是否能为企业所用，更多的是看对方的情商。情商高的人在遇到上级批评指责、工作有压力或是个人利益受到冲击时，能够克制、容忍、理智地对待，不致因情绪波动而影响工作，也可以此识别其是否有耐心和韧劲。

（六）工作态度

通过面试要了解应聘者对过去学习、工作的态度，从而考查其对现报考职位的态度。

（七）求职动机

了解应聘者为何希望来本单位工作，对哪类工作最感兴趣，在工作中追求什么，以此判断本单位所能提供的职位或工作条件等能否满足其工作要求和期望。

（八）业余兴趣与爱好

考查应聘者休闲时爱从事哪些运动，喜欢阅读哪些书籍，喜欢什么样的电视节目，有什么样的嗜好等，可以了解一个人的兴趣与爱好，这对录用后的工作安排非常有好处。

【课堂讨论】

（一）资料：你最喜欢的菜？

一场面试在紧张地进行中，应聘者保持高度紧张的状态。突然，主考官问了一个让人摸不着头脑的问题。“下面我问大家一个问题：你最喜欢吃的菜是什么？”“菜？”应聘者不禁泛起嘀咕，“我最喜欢……”大家各自说出了自己的最爱。

（资料来源：http：//wenku. baidu. com/link？url=W_ TfUPorb77z7NJTjYDhSyrCPk6P）

（二）讨论

这个问题是用来识别考查应聘者哪个方面的特征？好处是什么？

（九）单位介绍与回答应聘者问题

面试时面试者还会向应聘者介绍本单位及拟聘职位的情况与要求，讨论有关工薪、福利等应聘者关心的问题，以及回答应聘者可能问到的其他一些问题等。

【案例简析】

某外事局的面试

“大家好，今天我演讲的题目是‘假如我有三天的生命’。假如我有三天的生命，我不会选择在亲人朋友的呵护中远去，也不会选择在沉沦中自我摧残……”简单而又朴实，小王的精彩演讲赢得了听众的阵阵掌声。她紧张的心理一下子放松了许多，不禁为自己刚才的恐惧和紧张感到后悔。是啊，冷静是解决难题最有效的办法。

演讲结束后，便是自由辩论的时间。十位考生共分成两个小组，在主考官宣布完辩论规则后，正式的辩论便开始了。小王所在的小组辩论的题目是“物以类聚，人以群分”，初看这样的题目在日常生活中习以为常，仅作为一句口头禅，不会对其内部的含义细加推敲，而拿到辩论赛上就不同了，不仅要对此句话的内涵把握准确，而且要准备相当充分的论据来支持自己的论断。小王被分在了正方，也即是对此话赞同，在脑海中迅速地收集完论证的资料后，她悬着的心稍微平静了下来。精彩的辩论正进行到白热化的程度，主考官此时一句“暂停”，打断了这个精彩而又激烈的场景，所有的目光聚集到主考官，“下面我们互相交换论题”，大家都为这个突如其来的要求而大吃一惊。在这么短的时间内调换角色，转换思路，简直是强人所难。小王对主考官的聪明佩服得五体投地，但又为自己即将进行的角色万分着急，她快速在脑海中收集反方论据，以最快速度整理出思路，开始下一轮的辩论。

（资料来源：魁网考试通：公务员考试试题专栏）

问题：交换式方法在招聘中很常见，请问此方法考查应聘者哪些素质能力？有何好处？

【实训项目】

实训内容：设计一份企业人力资源部助理面试的活动方案。

实训指导：

1. 请草拟招聘广告、面试通知书；设计面试提纲、面试评价表、录取和辞退通知书。

2. 在活动方案中注意设计一些游戏类或者角色扮演类等的测试，以提高识人的准确性。

【学中做　做中学】

请为你的虚拟公司招聘业务人员设计一份结构化的面试问题。要求：

1. 要具有逻辑性，由简单到复杂，让应聘者的心理能适应。

2. 问题要全面，能详细考查应聘者的知识、经验、能力和个性特征。

第二节 面试方法技巧实务操作

【知识要点】面试的准备；面试的方法；双方交流过程中的方法与技巧；回答应聘者的方法与技巧；面试结束时的方法；面试常见的误差。

面试是识别所需员工的重要方法之一。面试方法很多，在准备阶段、面试阶段、结束阶段都有一定的方法与技巧，同时面对不同的应聘者也有不同的方法。一个完整的面试包括五个步骤：面试准备、建立和谐气氛、通过提问全面识别应聘者、结束及回顾总结。面试的过程由面试者掌握，成功地做好一次面试，要讲究方式方法。下面按面试的步骤进行介绍。

一、面试准备要充分

面试准备工作很多，主要有面试时间安排、地点安排、面试官的安排、面试方案的设计。

(一) 时间安排

时间安排既要保证应聘者做好充足准备，又要保证面试者安排好工作。

1. 将入选简历进行编号，与面试时间对应。

2. 介绍公司的到达方式，便于候选人准时到达。

3. 如果是系列面试，尽量安排在同一个半天内；上午开始时间不早于 8 点 30 分，结束时间不晚于 11 点 30 分；下午结束时间不晚于 17 点 30 分。

4. 如果候选人需要较长的交通时间，开始时间延后，结束时间提前。

5. 如果面试要耽误候选人用午餐，一般安排工作餐。

6. 面试当天企业不要有重大活动。

7. 面试不要安排在行业旺季。

8. 避开气候恶劣的时间。

9. 面试时间的通知要落到实处。

面试通知一般采用电话通知方法，好处是可以当场确定是否来应聘，还可以进行其他信息的沟通。注意通知时要使用礼貌用语。

(二) 面试环境设计

1. 面试当天办公环境要整洁，卫生间、楼道、电梯要打扫干净。

2. 要有明显的欢迎牌和指示牌。

3. 事先通知保安和门卫。如果门卫要登记，面试通知时告诉应聘者。或用指示牌等。

4. 面试现场要安排专门等候的休息室；面试在不被打扰的房间进行；面试官和应聘者的座位一样高；面试官和应聘者的座位距离最好在 1 ~ 1.5 米之间；墙上要挂一个时钟；面试中如有笔试，另外安排适合笔试的房间。

5. 面试物品：指示牌；休息室准备纸杯、饮用水；张贴企业介绍和文化介绍；录音、录像设备。面试官桌面应放置应聘者的简历或求职信、招聘岗位详细资料、面试评估表、白纸、面试记录本和笔等。

（三）面试者人员构成

1. 组织一次完整的面试，需要各部门的协调配合，在面试前要对面试人员进行必要的培训，一般来讲，面试人员的组成有两部分：

(1) 服务接待人员。门岗负责迎接应聘者；前台负责引领应聘者到等候室；接待人员负责引位、倒水、记录、协调和服务、回答应聘者的询问和处理各种问题等。

(2) 面试小组成员。包括主持人、主考官和一般面试官。可以是一位主考官、多位评估人，也可以是多位提问人、多位评估人。

2. 面试者要求。

(1) 素质要求：面试者的素质代表着公司的形象，应注意仪容仪表、言谈举止。着装要职业化，表情要严谨亲切，提问要有礼貌，交流要有亲和力，具备过硬的专业知识和招聘工作经验。

(2) 能力要求：要求具备沟通能力、信息收集能力、布局能力、判断能力和情绪控制能力。

(3) 专业知识要求：面试者要熟悉面试程序，明确录用标准，掌握适用于不同招聘目的的面试程序，使面试过程既流畅，又重点突出；既能让应聘者充分展示自我，又能为其提供充足的招聘决策信息。

（四）面试方案的设计

面试者应该根据应聘表上的内在次序，设计面谈的过程、提纲和问题。

面试问题的设计要有利于缓和气氛、调动情绪，使应聘者尽可能充分地表现自己。面试内容的设计包括如结构化面试的题目、题目的前后顺序、追问的内容等。

二、面试的方法要科学灵活

（一）面试开始前的准备

10 分钟准备，前 5 分钟阅读简历，阅读简历后至少留出 5 分钟时间准备。手机、电话设置静音。

（二）看应聘表、迎接应聘者

1. 通过应聘表的笔迹识别。字迹漂亮说明自我管理能力好；字型偏大说明思想不复杂，具有自我中心倾向；字型偏小说明谨慎小心；行距大说明不易与别人接近；行距小说明容易与人接近；字距小而行距大，预示内心的矛盾，渴望交往又怕伤害。字体规矩预示严谨；圆润预示灵活；笔力重预示严谨刻板；笔力轻预示善交际不稳定；字体向左倾斜预示有自信心不足的倾向。

2. 通过应聘表的内容识别。如：是否有未填项；是否有涂改，涂改的方式和频率；填表时间；简历和应聘表内容是否一致；证明人是否填写完整；最后是否签名等。

3. 通过简历识别。如果提前没有看到简历，那么要尽快浏览：简历的外观是否整洁、规范，有无语法和文字错误；工作经历的时间是否具有连贯一致性；工作经验如何，过去做过什么，是完成、执行还是参与；教育培训经历，具有哪些证书，相关性如何等。

（三）建立和谐气氛

面试官要充分利用自己的人格魅力和能力，与应聘者建立和谐气氛。气氛的营造包括握手、寒暄、就坐、介绍、说明等几个环节。

应聘者进门前，面试官准备好微笑；进门后，面试官起立与之握手；握手要真诚、有力度；寒暄应简短真诚。在安排座位时，应该淡化双方的地位差异。送上茶水以冲淡紧张气氛。

提问前的说明。面试官要先自我介绍；确认应聘者的职位；预先告诉应聘者会有书面记录；需要录音录像，需征得应聘者同意；事先说明每个单元的时间，告诉面试过程大体的时间长度，面试时间最短不少于10分钟；欢迎应聘者提问；如有资料上交，要用双手去接。

【知识链接】

标准的开场白

××先生/女士，很高兴见到您，请坐。

首先要感谢您对我们公司招聘信息的关注。更要感谢您抽出时间来参加本次面试。

请问您是在哪里看到我们公司的招聘信息的？

接下来我们就要开始正式面试了，面试的过程中，我们会有记录。请问我们可以开始吗？

(四) 通过观察识别

观察应聘者一般在应聘者进门时就开始了。经验丰富的面试官从应聘者进门到就座，短短十几秒，就能基本识别出应聘者是否适合岗位需求。随后的提问只是进一步验证。

首先观察仪态。如走路的速度、步幅，站姿、坐姿，视线、表情。从中识别其个性特征。

其次观察着装。要结合职位来判断着装风格。一般应聘者的着装应倾向职业化、成年化和中性化。如过于随意，说明重视程度不够；过于个性化，说明社会化程度不够；过于昂贵，可能对薪酬要求较高，或者自信心不强；过于时尚，工作的稳定性可能不强；过于突出性格，可能表现欲较强；服装色彩鲜艳，可能说明自我意识较强；服装风格明显小于实际年龄，可能依赖较强；风格倾向青少年，可能叛逆性较强等。

(五) 通过提问识别

面试小组成员提前要明确主持人，明确谁提什么问题，明确评估负责人。一般先让应聘者介绍自己，介绍后就要通过提问来综合识别。

1. 提问的内容分工。提专业问题的一般是用人部门，提素质能力问题的是高层，对其进行验证的是其他面试官。

2. 提问者的要求。提问者的年龄应当大于应聘者，由亲和力强的面试官提问，做到同一面试官以相同的笑容、语气和语速提问。

3. 提问方式的技巧。提问有很多形式，依据面试的内容与要求，大致可以分为以下几种：

（1）问题式提问。按照事先拟订的提纲对应聘者进行发问。目的在于观察应聘者在特殊环境中的表现，考核其知识与业务，判断其解决问题的能力，从而获得第一手资料。

（2）压力式提问。这种提问方式带有某种挑战性目的，在于创造压力情景以观察应聘者的反应。压力式提问大多会从应聘者的谈话矛盾中引出。由面试官有意识地对求职者施加压力，就某一问题或某一事件发问，详细具体且追根问底，直至其无以对答。此方式主要观察应聘者在特殊压力下的反应、思维敏捷程度及应变能力。

（3）连串式提问。就某一问题或某一事件进行一连串的发问，使应聘者处于紧张状态下，从而识别其应变能力、思维能力、情绪的稳定性和记忆力。

（4）随意式提问。即招聘者与应聘者海阔天空、漫无边际地进行交谈，气氛轻松活跃，无拘无束，招聘者与应聘者自由发表言论，各抒己见。目的是在闲聊中观察应试者谈吐、举止、知识、能力和人品，对其做全方位的综合素质考查。

（5）情景式提问。事先设定一个情景或提出一个问题，请应聘者进入角色模拟完成，目的在于考查应聘者知识面、快速应变能力、危机应对能力、分析解决问题的能力。

（6）综合式提问。通过多种方式考查应聘者的综合能力和素质，如用外语与其交谈，要求即时作文，或即兴演讲，或要求写一段文字，甚至操作一下计算机等。

以上是根据面试种类所做的大致划分，在实际面试过程中，招聘者可能一种或几种面试方式同时进行，也可能就某一问题进行更广泛、更深层次的考查，目的是选出优秀者。

4. 提问的内容重点应多问过去的行为表现，过去的工作行为可以预示将来的行为。看过去做过什么、做成过什么、怎么做成的。做过是经验，做成是能力，怎么做成是思维方法。问过去的工作行为时，一般以开放式问题引出一个场景，然后用追踪式问题促使应聘者为情境、目标、行为和结果提供具体的细节。这种方法叫行为面试法，由于由情景（Situation）、目标（Target）、行动（Action）、结果（Result）构成，也称STAR面试法。

【知识链接】

STAR面试法

在招聘面试中，仅仅通过应聘者的简历无法全面了解应聘者对知识、技能的掌握程度及其工作风格、性格特点等。使用STAR技巧则可以对应聘者作出全面而客观的评价。

首先要了解应聘者工作业绩取得的背景（Situation）。通过不断提问与工作业绩有关的背景问题，可以全面了解该应聘者取得优秀业绩的前提，从而获知所取得的业绩有多少是与应聘者个人有关，多少是和市场的状况、行业的特点有关。

其次，要详细了解应聘者为了完成业务工作，都有哪些工作任务（Target），每项任务的具体内容是什么样的。通过这些了解其工作经历和经验，以确定他是否适合所空缺的职位。

再次，继续了解该应聘者为了完成这些任务所采取的行动（Action），即了解其是如何完成工作的，所采取的行动是如何帮助他完成工作的，以此了解其思维方式和行为方式。

最后，关注结果（Result），即每项任务在采取了行动之后的结果是什么，是好还是不好，好是因为什么，不好又是因为什么。

这样，通过STAR式发问的四个步骤，一步步将应聘者的陈述引向深入，一步步挖掘出应聘者潜在的信息，为企业更好的决策提供正确和全面的参考，既是对企业负责，也是对应聘者负责，能帮助他尽可能地展现自我，推销自我，获得双赢局面。

STAR面试问题举例：请讲出一件你通过学习尽快胜任新的工作任务的事。追问：

（1）这件事发生在什么时候？——S

（2）你要从事的工作任务是什么？——T

（3）接到任务后你怎么办？——A

（4）你用了多长时间获得完成该任务所必须的知识？——深层次了解

（5）你在这个过程中遇见困难了吗？——顺便了解坚韧性

（6）你最后完成任务的情况如何？——R

（7）在你最近的零售服务中，你有遇到过焦虑不安的客户吗？你是如何处理的？

（8）在你最近的零售服务中，你有过设身处地为顾客着想的情况吗？

（资料来源：http：//baike. baidu. com/view/1887275. htm？ fr=aladdin）

5. 提问的顺序。应先提结构化问题，再提非结构化问题；先提中立或积极的问题，后提消极的问题。多追问细节问题，少问大而泛的问题。

一般面试先提事先设计好的问题，即结构化问题，再根据应聘者的回答提非结构化问题。提问时要求应聘者描述相对中立情景中的行为，避免求职者对不成功经历的搪塞。消极问题应放在后面问。细节可以考查其能力，更能验证其真实性，因此一定要追问细节。

6. 如何提个性特征类问题。如考查其是否具有独立性，以后在工作中能否独挡一面，可提诸如是否喜欢阅读、写作或跑步等这样的爱好问题。下面是一些个性特征的问题提示：

独立类可以提阅读、写作、跑步等问题；对手类可提下棋、乒乓球、羽毛球等问题；

集体类可提生活类中的逛街、现场看球等问题；合作类可提足球、排球等问题；抽象型可提阅读、听音乐、艺术欣赏等问题；具体型可提电脑、机电等问题；发展型可提书法、钢琴等问题；竞争型可提足球、乒乓球等问题；表现型可提唱歌、角色扮演游戏等问题；创造型可提写作、画画等问题。

7. 提问时的注意事项。避免以审问的语气提问；避免讽刺或漫不经心的态度；不要漫无边际地提问；不要让应聘者支配整个面试；多问开放性的问题，并倾听其回答，鼓励他们充分表达自己的看法，当应聘者回答正确时点头或微笑。

8. 注意把握面试时间。面试者应该注意整个面试的时间，一个被试者一般面试的时间最多不超过半小时，时间太长会造成招聘双方效率低下，达不到面试效果。

三、通过交流进行识别

1. 认真辨别应聘者的表达方式。如回答问题时是否音量偏小、语调偏低、语速偏慢，内容大于形式，表达是否具有条理性，是否没有很强烈的好恶、用词偏中性，是否单音节的词汇少，非语言内容与语言表述内容是否一致等，以此判断其个性特征。

2. 仔细观察应聘者的肢体语言。注意非语言信息，如手势、面部表情、语速、眼神等。如缓慢地点头和快速地点头，手心向下的手势和手心向上的手势，目光接触与适当的微笑，少量的言语以示赞许，坐直身体、向前微倾等，以此判断其心理特征。

3. 认真聆听应聘者的回答。面试者除了善于引导和控制外，还须做一个好听众，为了做到有效地倾听，必须要少说、多听，善于提取重点，善于进行阶段性总结，尽量排除各种干扰，在听的同时要思考。不要打断谈话、心不在焉，要听他表达完，不要只挑想听的听。

4. 做好完整面试记录的技巧。在面试计划上直接做记录；用简短的话把回答的案例、故事记录下来；让候选人知道你在记录，但看不到写什么；不要犹豫不定，左涂右改；在下一位应聘者进来前整理记录；可用缩写以保证速度；不可当场下结论；不要边听边做判断，只记事实。面试记录的方式有纸笔、头脑、录音、录像。做好面试记录有助于面试结束后做必要的参考和备案。

【课堂讨论】

（一）资料：忙碌的面试经理

这是一位应聘者面试时遇到的情景：

“那天我到一家著名的高科技公司应聘，经过面试后，被推荐到生产部下属的制造部考核。这家公司的生产部真气派，从二楼跑到一楼，又从一楼爬到三楼，问了七八个人，才找到了部门。我进去时，部门的李经理正和一个员工谈话，我足足站着等了二十分钟，李经理才抽出时间与我交谈。交谈中他桌上的电话不时响起：有人告诉李经理某种材料缺料，要求尽快到位；有人通知李经理下午那个会很重要……还有他的秘书拿来一堆单子让他签字。我们的谈话不时中断，再加上过道上货车走过的轰隆隆声，旁边打字机的声音，我变得心烦意乱，想尽快结束这断断续续的面试。”

（资料来源：http://www.docin.com/p-298720047.html）

（二）讨论

这次面试说明了什么问题？此公司给应聘人员留下了什么样的形象？作为面试官你怎么想？如果你是应聘者，你希望有一个什么样的面试环境？

四、应聘者回答应聘者的方法与技巧

面试官在回答应聘者问题时要注意保密，企业的经营范围，与经营相关的事实与数据等不可泄露。可多介绍企业概况，描述公司的历史，描述空缺职位，描述工作环境，描述职业生涯发展机会。不可暗示结果，不可承诺实现不了的条件，不可欺骗、说大话。

五、面试结束时的方法

在结束面谈之前，一定要留一些时间给应聘者。面谈结束时尽量用一种积极的语气，感谢应聘者的配合。告诉应聘者答复的时间，送应聘者出公司，目送应聘者背影离去。面试结束及后续评估要等面试完所有应聘者后统一评判，每个职位挑选 2 ~ 3 位候选人，按从高到低或不同标准的顺序推荐给部门。

当面试官对某一应聘者进行评估时，如果产生分歧，不要急于作出录用决策，可以再组织进一步面试。结束后要互相交流意见，分享不同角度看到的人才信息，分享应聘者个人与工作、企业文化、价值观的匹配程度，总结面试中做得好和需要提升的地方。

【课堂讨论】

（一）资料：如何拒绝不合适的人员？

1. 一位大专毕业的应聘者到某公司应聘研究开发岗位，把应聘材料恭恭敬敬地递给主考官，主考官一看其学历是大专，便对其大声说道：“研究开发系统只要本科以上的，你先走吧！”

2. 某公司招聘人员到高校招聘应届毕业生，前来应聘的有本科生、研究生，当时场面很混乱，这时招聘人员对应聘者大声喊道：“我们只招研究生，不招本科生，本科生都走开。”

（资料来源：http://www.docin.com/p-906639082.html）

（二）讨论

1. 如果你是案例中的应聘者，受到这种拒绝后有何感想？

2. 作为面试官，你应怎样处理以上遇到的情况？

六、避免面试中的误区

（一）缺乏事前定向

面试一定要有明确的目的：面试的目的是什么，招聘的范畴是什么，我想了解什么样的信息，目前的团队需要什么样的人。

（二）常见的面试偏差

1. 晕轮效应。又叫成见效应。当一个人对某人产生了良好印象或不良印象后便以偏概全，以点概面，认为这个人一切都很好或一切都很差，形成了某种成见，好像月晕一样，把月亮的光扩大化了。

2. 投射效应。假定别人与我们有相似的行为和想法，因此会主观地判断别人。这样使人们倾向于按照自己的特征来判断他人，而不是按照真实情况进行判断，从而形成误差。

3. 刻板效应。又称定型效应，指人们用刻印在自己头脑中的关于某人、某一类人的固定印象，以此固定印象作为判断和评价人依据的心理现象。

4. 对比效应。也称感觉对比。即同一刺激因背景不同而产生的感觉差异的现象。两种不同的事物同时或继时呈现，比它们各自单独呈现所得到的效果要强烈。

5. 首因效应：也叫第一印象效应。第一印象由于先入为主，因此能给人留下深刻的印象，而这一印象往往不准确，容易被表面现象所迷惑。

6. 近因效应：指交往中最后一次见面给人留下的印象，这个印象在对方的脑海中也会存留很长时间。因为时间较近，记忆犹新，所以会存留较长时间。

（三）语言方面的误区

1. 试图改变或教育对方。应避免将招聘会变成“公司介绍会”；或用教育语气，试图影响或改变对方；或者说话太多，令对方无开口机会；或者花费大量时间解释或评价。

2. 泄漏出问题的答案。暗示对方应该作肯定性或选择性回答，与应聘者争辩问题答案，问题没有目的性、逻辑性与关联性，不知道要问什么，随便问、重复问，或问题之间毫无关联。

【课堂讨论】

（一）资料：面试官应如何传递相关信息？

小B到一家公司应聘调测工程师，经笔试，得了92分，从人力资源部至用人部门的面试，均认为他专业基础尚可，素质较好，建议试用。但当这家公司通知录用他时，他却已经在别处上班了。原因是他觉得那天面试自己的几个问题没答好，面试经理的脸也很严肃，他认为自己肯定没戏了，尽管他很想加入这家公司。

（资料来源：http://www.docin.com/p-452938926.html）

（二）讨论

在面试结束后，如果应聘人员不合适，面试官该如何做？如果合适，面试官又该如何做？

（四）行为方面的不当

不停地记录暗示应聘者“你所说的将成为以后证词”，制造紧张气氛，不利于对方发挥。或者只听不看，不善于观察对方的体态语言。还有的面试官不停地看手表，或直盯对方的眼睛，这些都会影响到应聘者的心理，从而影响面试结果。

【案例简析】

情景模拟面试

某企业集团聘请招聘专家为其下属百货公司选拔总经理。在最后阶段，招聘专家对一路过关的四位候选者使用了情景面试法。四位候选者被安排同时观看一段录像，录像内容如下：画面的镜头聚焦于一家百货商场，时间是上午9时30分。这时，商场的正门入口处出现了一位小伙子。他走进商场，径直走向日用品柜台。柜台里是一位三十岁出头的女售货员。小伙子向女售货员购买中华牙膏。

小伙子掏出钱包，取出一张一百元的人民币，女售货员找给他96元2角。然后，小伙子将钱和牙膏收好，走出了商场。

画面重新回到了百货商场正门，时间显示是上午10时整。这时，又一位小伙子出现在门口，并径直向日用品柜台走去。他向同一名女售货员买一支牙刷。

小伙子取出一张十元钱递给女售货员。女售货员给小伙子一支牙刷并找回7元2角钱。这时，小伙子突然说：“同志，你找错钱了，我给你的是一百块钱！”

“你给我的明明是十块钱呀！”女售货员吃惊地说道。

“我给你的就是一百块，赶快给我找钱，我还有事！”小伙子提高了嗓门，语气也相当严厉。

女售货员急了，声音也提高了八度：“你这人怎么不讲理呢？你明明给的是十块钱，为什么偏要说是一百元呢？你想坑人啊？”

这时已经聚拢了很多顾客看热闹。小伙子向整个人群说道：“大伙都瞧瞧，这是什么态度！你们经理呢？我要找你们经理。”说来也巧，经理正好从楼上下来，看到有人围观，便走了过来。“怎么回事？”总经理问道。

女售货员看到总经理来了，像来了救兵一样，马上委屈地向总经理告状：“经理，这个人太不讲理了，他明明给我的是一张十块钱，硬说是一张一百块钱。”经理见她着急的样子，立即安慰她说：“别着急，慢慢讲，他买了什么？你有没有收一百块钱一张的人民币？”

这位被经理称为张姐的女售货员心情似乎平静了些。回答道：“他买的是牙膏，哦——，不，他买的是牙刷。对了，我想起来了，今天我没收几张一百元，有一位高个儿给了我一百块钱，他买的是牙膏。这个人给我的就是十块钱。”

总经理听了女售货员的话，转身走向小伙子，礼貌地说道：“很不好意思出现了这种事情。您能告诉我事情的真实情况吗？”小伙子也似乎恢复了平静，同样有礼貌地坚持自己付给女售货员的是一张一百块钱，是女售货员将钱找错了。这时总经理继续有礼貌地说：“这位先生，根据我对这位售货员的了解，她不是说谎和不负责任的人，但是我同样相信您也不是那种找茬的人。所以为了更好地将事情弄清楚，我可否问您一个问题？”

“您说您拿的是一张一百块钱，请问您有证据吗？”总经理问道。

小伙子的眼睛一亮，马上提高了嗓门说：“证据？还要什么证据？不过我想起来了，昨天我算账的时候，顺手在这张钱的主席像一面的右上角用圆珠笔写了2 888四个数字。你们可以找一下。”总经理立即吩咐张姐在收银柜中寻找，果真找到了写有2 888的一百块钱纸币。这时，小伙子来了精神，冲着人群高喊：“那就是我刚才给的一百块钱，那个2 888就是我写的。不信，可以验笔迹。”人群开始骚动，顾客们明显表示出对商场的不满。镜头在人群、小伙子、张姐和总经理的脸上之间切换……这时录像结束，并在屏幕上弹出两个问题：

假如您是该百货商场的总经理，您将如何应付当时的局面？作为总经理，您将如何善后？

四位候选者被要求准备10分钟，然后分别向专家组陈述自己的答案，时间不超过5分钟。四位候选者分别给出了自己的答案：

第一位候选者的答案：他首先向那位小伙子道歉，承认他的下属工作失误，然后当众批评女售货员，并如数找给小伙子97元2角。理由是，90多块钱是小事，影响正常营业、损害公司形象是大事。持续时间越长，对公司越不利。至于女售货员的委屈，事后进行安抚。

第二位候选者的答案：首先诚恳地向小伙子和在场的顾客道歉，因为冒犯了顾客。其次将97元2角钱如数找给小伙子，但并不是承认自己的员工错了，而是奉行顾客永远是对的这一理念。并向在场的顾客承诺将继续追查此事。另外诚恳要求小伙子配合，留下联系方式。

第三位候选者的答案：他认为只要在小伙子耳边说两句话就行。他的话是“哥们儿，请跟我到后面看一看，我们有内部录像系统”。理由是整个事件明显是欺诈，对付欺诈要以毒攻毒。

第四位候选者的答案是：他要当众揭穿骗子的伎俩，并与公安部门相配合对之进行打击。首先私下吩咐保安人员报警，然后向小伙子发问，既然支付的是上面写有2 888的一百元钱，那么这张钱上应该有他的指纹。既然没有支付十元钱，那么收到的十元币上就不会有他的指纹。如经查证十元纸币上有他的指纹，又如何解释呢？

（资料来源：http://wenku.baidu.com/view/8093ce4ae45c3b3567ec8bf9.html）

问题：对四位候选者，你认为应录用谁最合适？为什么？

【实训项目】

实训内容：如何面试大学生。

实训指导：

1. 大学生刚走出校门，面试经验不丰富，要设计出适合的面试问题，不要让其有压力感。

2. 大学生具有一定的潜质，如何识别其内在潜质？请设计出识别其潜质的问题。

3. 大学生较单纯，不免犯各种各样的错误，因此要对这些错误进行识别，根据其情景判断其性质，不要以偏概全。

【学中做　做中学】

请为你的虚拟公司组织一次总经理公开招聘面试。

要求：将五种提问方式都设计进去，并且要进行情景模拟。

◎ 思考题：

1. 面试的内容有哪些？程序是什么？
2. 面试中提问的形式有哪些？如何设计问题？
3. 面试时观察的重点是什么？如何全面详细地观察应聘者？

第三篇　选　人　篇

人才选拔是企业为了发展的需要，从那些既有能力又有兴趣到本企业任职的人员中挑选出合适人员予以录用的过程。但能力强、业绩佳、认同组织文化的人才，并不一定就是组织拟聘任的合适人选。在选聘人才的过程中，除了关注人才的素质外，还应认真分析人才拟任职岗位的特点，强调人才与其拟任职团队的兼容性，因此，如何选对人是用好人的前提。选人在人力资源管理活动中主要在招聘环节进行，选人方法很多，主要有人员素质测评技术。

第七章 选拔录用

◎ **知识目标：**

1. 员工招聘的意义。
2. 员工招聘和选拔的程序和主要内容。

◎ **能力目标：**

1. 招聘的来源与方法。
2. 选拔测试的主要方法。
3. 面试技术。

【导入案例】

两块钱的招聘

在一次招聘会上，某著名外企人事经理说，他们本想招一个有丰富工作经验的资深会计，结果却破例招了一位刚毕业的女大学生，让他们改变主意的起因只是一个小小的细节：这个学生当场拿出了两块钱。

人事经理说，当时，女大学生因为没有工作经验，在面试一关即遭到了拒绝，但她并没有气馁，一再坚持。她对主考官说："请再给我一次机会，让我参加完笔试。"主考官拗不过她，就答应了她的请求。结果，她通过了笔试，由人事经理亲自复试。

人事经理对她颇有好感，因为她的笔试成绩最好，不过，女孩的话让经理有些失望。她说自己没工作过，唯一的经验是在学校掌管过学生会财务。找一个没有工作经验的人做财务会计不是他们的预期，经理决定收兵："今天就到这里，如有消息我会打电话通知你。"女孩从座位上站起来，向经理点点头，从口袋里掏出两块钱双手递给经理："不管是否录取，请都给我打个电话。"

经理从未见过这种情况，问："你怎么知道我不给没有录用的人打电话？"

"您刚才说有消息就打，那言下之意就是没录取就不打了。"

经理对这个女孩产生了浓厚的兴趣，问："如果你没被录取，我打电话，你想知道些什么呢？"

"请告诉我，在什么地方我不能达到你们的要求，在哪方面不够好，我好改进。"

"那两块钱……"

女孩微笑道："给没有被录用的人打电话不属于公司的正常开支，所以由我付电话费，请您一定打。”

经理也笑了：“请你把两块钱收回，我不会打电话了，我现在就通知你：你被录用了。”

记者问：“仅凭两块钱就招了一个没有经验的人，是不是太感情用事了？”

经理说：“不是。这些面试细节反映了她作为财务人员具有良好的素质和人品，人品和素质有时比资历和经验更为重要。第一，她一开始便被拒绝，但却一再争取，说明她有坚毅的品格。财务是十分繁杂的工作，没有足够的耐心和毅力是不可能做好的；第二，她能坦言自己没有工作经验，显示了一种诚信，这对搞财务工作尤为重要；第三，即使不被录取，也希望能得到别人的评价，说明她有直面不足的勇气和敢于承担责任的上进心。员工不可能把每项工作都做得很完美，我们接受失误，却不能接受员工自满不前；第四，女孩自掏电话费，反映出她公私分明的良好品德，这更是财务工作不可或缺的。”

（资料来源：http：//wenku. baidu. com/search?）

第一节　员工招聘选拔概述

【知识要点】员工招聘的定义、因素；招聘录用的内容及程序；招聘的渠道和方法。

现代企业的竞争归根到底是人才的竞争，而企业获取优质人才以增强其核心竞争力就必须通过员工招聘这项职能来实现。员工招聘工作质量如何，对企业的影响往往是根本性的、长期的，甚至有时是决定性的。

一、招聘的含义

招聘是根据组织人力资源规划和工作分析的数量与质量要求，制定相应的职位空缺计划，通过信息的发布和科学甄选，获得本企业所需合格人才，并安排他们到企业所需岗位工作的过程。招聘的目标就是成功地选拔和录用企业所需要的人才，实现所招人员与岗位的有效匹配，以期为组织作出最大的贡献。

二、影响招聘的因素

招聘是在一定的环境中进行的，招聘是否有效，会受到各种因素的影响。归纳起来，影响招聘活动的因素有外部因素和内部因素两大类。

（一）外部影响因素

1. 政治因素。政府主要是通过法律、法规和政策的形式来实现对人力资源合理配置的宏观调控责任，我国和招聘相关的法律主要是《劳动法》、《劳动合同法》、《女职工禁忌劳动范围的规定》等，这些法律法规的颁布和执行使我国的人力资源管理从制度上得到了进一步完善。

2. 经济因素。一个国家和地区的经济发展水平直接影响着劳动力的质量和价格。一般而言，经济发展程度越高，劳动力的质量和价格越高。

3. 教育因素。教育和培训是使人力资源成为现实的重要途径，同时也是人力资源的价值保值增值的重要保障。一个国家和地区的教育水平高低，直接影响着劳动力资源供给的数量和质量。

4. 劳动力市场因素。外部劳动力市场在三个方面影响着组织的招聘活动：第一，劳动力市场的规模直接影响了企业人力资源招聘的数量。第二，劳动力质量影响着组织招聘的质量。第三，劳动力市场交易成本的高低以及交易的便利性决定了组织招聘活动的成本和效率。

5. 竞争对手。现代社会，企业之间的竞争是全方位的，组织必须全面了解竞争对手在招聘方面的策略、做法，采取针对性的措施，以保证自身在人才市场上具有足够的吸引力。

（二）内部影响因素

1. 组织自身的形象。良好的组织形象会对求职者产生积极的影响，引起他们对组织空缺职位的兴趣，从而有助于提高招聘的效果。

2. 组织的文化和政策。不同的组织文化和政策，往往会形成不同的招聘策略，在具体的招聘实践中也会形成不同的特点。比如，有的组织习惯于从内部提拔人员，而有的组织则更喜欢从外部招聘人员。

3. 组织的招聘预算。为了提高招聘工作的效率和效果，组织不仅需要对招聘渠道和方法进行精心选择，对招聘流程进行科学设计，还需要采取相关的战略举措以提高组织在人才市场上的吸引力。所有这些措施，都必须建立在企业自身的支付能力的基础之上。所以，组织的招聘费用预算也直接影响着招聘活动的开展。

三、招聘的基本程序

一般来说，招聘的基本程序大致分为以下几个阶段：

（一）招聘准备阶段

准备阶段的主要工作如下：

1. 根据企业人力资源规划以及企业现有人力资源配置现状分析，进行人员招聘的需求分析，明确哪些岗位需要补充人员。

2. 根据岗位工作说明书，明确掌握需要补充人员的工作岗位的性质、特征和要求。

3. 制定招聘人员的招聘计划，提出切实可行的员工招聘策略。

4. 确定本次招聘工作的组织者和执行者，明确各自的分工与责任。

（二）招聘实施阶段

招聘工作的实施阶段是整个招聘工作的核心和关键步骤，包括招募、选拔和录用三步骤。

1. 招募步骤。招募阶段主要是根据招聘计划，预测企业所要招聘的人员的生活习惯空间范围、喜欢的传播媒体，利用这些传播媒介发布招聘信息以吸引足够多的应聘者，同时做好准备接受应聘者申请的工作。

2. 选拔步骤。在选拔步骤中，招聘企业需要对众多的应聘者进行甄选，需要用到很多的选拔方法，挑选出最符合企业需求的人员。

3. 录用步骤。录用步骤，主要是对通过选拔的人员按照企业录用决策，确定录用人员名单，通知被录用者，辞谢未被录用者，对录用人员进行体检、岗前培训和安排试用。

（三）招聘评估阶段

在这一阶段，需要对招聘活动的每一个环节进行评价和总结。如招聘活动选择的媒体、招聘方式和测试方法、是否招到了合适的人选、招聘的效率和效果如何等，以便及时发现问题、分析原因、找到解决的对策，为企业的下次招聘提供经验教训。

四、招聘的渠道和方法

企业人力资源部能否招聘、甄选与录用到高质量的合格员工，是关系整个企业员工队伍素质高低的关键。其中，员工招聘的途径和方法将直接影响到所招收员工的素质与企业的经营效益。这部分将在下节详细讲解。

【案例简析】

一次失败的行政助理招聘

北京某外资SP公司因发展需要从外部招聘新员工。

公司背景：此公司是一家国外SP公司在中国投资的独资子公司，主营业务是为电信运营商提供技术支持，提供手机移动增值服务、手机广告。该公司所处行业为高科技行业，薪水待遇高于其他传统行业。公司的位置位于北京繁华商业区的著名写字楼，对白领女性具有很强的吸引力。总经理为外国人，在中国留过学，自认为对中国文化很了解。

被招聘的员工背景：

A，23岁，女，北京人。专科就读于北京工商大学，后转接本就读于人民大学。做过一年少儿剑桥英语教师。

B，21岁，女，北京人。学历大专，就读于中央广播电视大学电子商务专业。在上学期间曾在两个单位就职：一个为拍卖公司，另一个为电信设备公司。职务分别为商务助理和行政助理。B曾参加瑞丽封面女孩华北赛区复赛，说明B的形象气质均佳。

招聘流程：1. 公司在网上发布招聘信息。2. 总经理亲自筛选简历。筛选标准：本科应届毕业生或者年轻的，最好有照片，看起来漂亮的，学校最好是名校。3. 面试：如果总经理有时间就由总经理直接面试。如果总经理没时间就由HR进行初步面试，总经理最终面试。新员工的工作岗位、职责、薪资、入职时间都由总经理定。4. 面试合格后录用，没有入职前培训，直接进入工作。该公司先后招聘了这两位行政助理，结果都失败了。具体情况如下：

第一位A入职的第二天就没来上班，没有来电话，上午公司打电话联系不到本人。经她弟弟解释，她不打算来公司上班了，具体原因没有说明。下午，她本人终于接电话，不肯来公司说明辞职原因。三天后又来公司，中间反复两次，最终决定不上班了。她的工作职责是负责前台接待。入职当天晚上公司举行了聚餐，她和同事谈得也挺愉快。她自述的辞职原因：工作内容和自己的预期不一样，琐碎繁杂，觉得自己无法胜任前台工作。HR 对她的印象：内向，有想法，不甘于做琐碎、接待人的工作，对批评（即使是善意的）非常敏感。

第二位 B 工作十天后辞职。B 的工作职责是负责前台接待、出纳、办公用品采购、公司证照办理与变更手续等。自述辞职原因：奶奶病故了，需要辞职在家照顾爷爷。但是当天身穿大红毛衣，化彩妆，透露家里很有钱，家里没有人给人打工。HR 的印象：形象极好，思路清晰，沟通能力强，行政工作经验丰富。总经理印象：商务礼仪不好，经常是小孩姿态，撒娇的样子，需要进行商务礼仪的培训。

（资料来源：http：//wenku. baidu. com/search?）

问题：招聘行政助理连续两次失败，作为公司的总经理和 HR 觉得这不是偶然现象，在招聘行政助理方面肯定有重大问题。问题出在什么地方？

【实训项目】

实训内容：请为学校学生会纳新设计一套纳新方案。

实训指导：

1. 调查学生会的组织结构、岗位职责、成员数量、素质要求等，了解学生会的管理制度。

2. 制定的纳新方案要具有针对性，做出具体的岗位要求、职责分工要求、能力要求以及任职资格要求等，确实能为纳新活动提供可行性方案。

【学中做　做中学】

请根据你的虚拟公司的人力资源部门编制的人力资源规划和工作岗位，做出招聘计划。要求：

1. 明确招聘计划的内容；2. 人员需求清单，包括招聘的职务名称、人数、任职资格要求等；3. 招聘信息发布的时间和渠道；4. 招聘小组人选，包括小组人员姓名、职务、各自的职责；5. 应聘者的考核方案，包括考核的场所、大致时间；6. 招聘的截止日期；7. 新员工的上岗时间；8. 招聘费用预算；9. 招聘工作时间表。

第二节　员工招聘选拔流程

【知识要点】制订招聘计划；选拔测试的方法；招聘评价的方法。

员工招聘流程是一个完整的招聘活动，是由一系列活动组成的。详细来说基本由以下几个步骤组成：确定招聘需求，选择招聘渠道，制定招聘计划，初步筛选，选拔甄选和评价招聘效果。如下图所示。

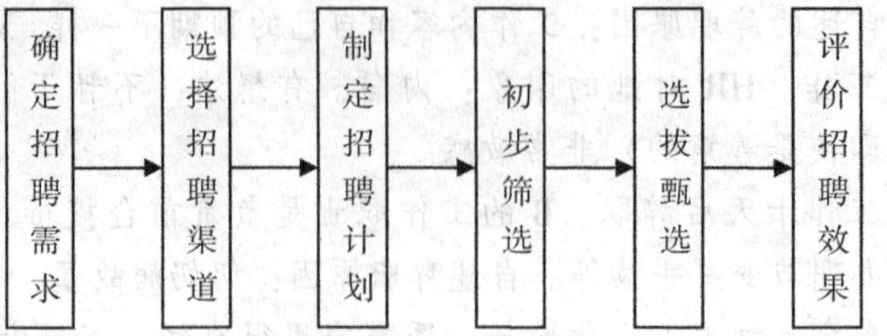

招聘流程图

一、确定招聘需求

根据企业人力资源规划以及企业现有人力资源配置现状分析，确认企业人力资源需求。具体分为以下几种情况：

1. 为满足新建企业的战略目标、技术、生产、经营等方面的需求，要招聘在数量、质量和结构上合适的或优秀的员工。

2. 企业现有战略规划的调整、组织结构的改变、业务发展的调整等会造成更多的岗位空缺，需要及时填补。

3. 企业现有岗位上的人员不称职，对企业的整体绩效提高有阻碍，需要及时补充绩效优秀人才。

4. 现有职工队伍结构不合理，在裁减多余人员的同时，需要及时补充短缺的专业人才。

5. 企业内部因为原有员工调任、离职、退休或升迁等原因而产生职位空缺，需要弥补职位的空缺，以免造成工作上的延误。

二、选择招聘渠道

招聘的渠道总的来说可以分为企业内部招聘和企业外部招聘两大类：

（一）企业内部招聘

内部招聘的主要目的是从内部提拔人才，让企业内部的人员感觉到在企业中有发展，是激励内部员工进取心的有力手段。比较适合基层员工及对企业忠诚度高的中层管理人员。

内部招聘的主要方法有内部提升、调动、工作轮换、返聘和员工推荐五种。

（二）企业外部招聘

外部招聘主要是为企业提供更多的新鲜血液，企业外部招聘时主要引进技术与管理人员，还有销售人员。企业外部招聘的方法按照应聘者的来源渠道主要可分为广告招聘、人才中介机构招聘、校园招聘、招聘会招聘、互联网招聘、自荐和员工推荐七种形式。

（三）企业内外部招聘优缺点比较

企业内部招聘和外部招聘各有利弊。应综合考虑内外部招聘的优缺点，选择适合企业自身状况的、特定时期和特定条件下适合不同职位的招聘方式和渠道，不能简单固定于某一种招聘方式。企业内外部招聘优缺点的比较如下表所示。

企业内外部招聘优缺点比较

方式	优 点	缺 点
内部招聘	1. 可提高被提升者的士气 2. 可更准确地判断员工的能力 3. 可降低招募的风险和成本 4. 可调动员工的积极性，充分利用内部资源 5. 成功的概率高	1. 易出现思维和行为定势，缺乏创新性，从而使组织丧失活力 2. 未被提升的人可能士气低落 3. 易引起内部争斗或“近亲繁殖” 4. 选择范围有限，组织中最适合的未必是职位中最适合的
外部招聘	1. 新鲜血液有助于拓宽企业视野 2. 方便快捷，且培训费用少 3. 在某种程度上可平息或缓解内部竞争者之间的紧张关系	1. 可能引来窥探者 2. 可能未选到适应该职务或企业需要的人 3. 影响内部未被选拔的候选人士气 4. 新员工需较长的“调整适应期”

三、制订招聘计划

招聘计划书是指用人单位对聘用新员工的程序、时间、要求等作出安排的文书。招聘计划书的内容主要包括以下几个方面的内容：组成招聘小组、招聘的规模、招聘的范围、招聘的时间、招聘工作的流程和招聘的预算。

（一）组成招聘小组

招聘小组由以下几种人员组成：用人部门主管、人力资源管理部门人员、企业高层人员、外聘专家。招聘小组成员负责发布招聘信息，解答求职者的咨询，组织笔试、面试等筛选工作，对候选人进行背景调查，组织体检，对招聘工作进行评估。

（二）招聘的规模

招聘的规模就是指企业期望通过招募活动吸引求职者的数量。应该按照每类职位招聘的实际数量来吸收合适数量的简历，以免给后续的筛选增加工作量。

（三）招聘的范围

理论上说吸引应聘者的数量越多越好，招聘的范围越大也越有可能吸引足够多的优秀的应聘者，但范围太大容易增加成本，因此范围应当适度。

（四）招聘的时间

招聘工作本身需要耗费一定的时间，再加上选拔录用和岗前培训的时间，因此填补一个职位空缺往往需要相当长的时间。一般来说，一次正规的招聘，将每个阶段工作的时间加在一起，招聘时间都在40~60天左右。

（五）招聘工作的流程

招聘工作的流程方案是整个招聘工作的具体操作实施过程，包括招募方案、筛选方案和录用方案。招聘方案制定后，招聘工作人员应该明确每个阶段的具体工作任务、所需要的时间，使招聘工作按部就班地进行。

（六）招聘的预算

在招聘计划中，要对招聘的预算作出估计，招聘的成本一般由以下几项费用组成：

1. 人工费用：工资、福利、差旅费、生活补助以及加班费等。

2. 业务费用：通信费、专业咨询与服务费、广告费、资料费以及办公用品费等。

3. 一般管理费用：临时租用设备、场地等。

四、初步筛选

（一）简历筛选

在识人方法中我们讲到了简历识人，实际上通过简历识别人才的过程，也是我们从中筛选人才的过程，二者在操作中密不可分。

（二）申请表筛选

应聘申请表是应聘者所填写的由企业提供的应聘申请表格。通过对求职者申请表的审核，剔除一些明显的不合格者，这样有利于企业就其所关心的问题进行横向比较。

五、选拔测试

经过初步筛选，入选者要进入甄选面试阶段，在这个阶段要采用各种方式，包括笔试、面试、心理测试、评价中心等多种形式，对入选者的知识、智力、技能、能力和人格特征等进一步进行筛选，主要看其是否适合组织和岗位的需求，以决定下一步是否录用。

（一）选拔测试的主要内容

1. 知识。知识测试主要指通过纸笔测试的形式了解被试者的知识广度、深度和知识结构的一种方法。这种测试主要是用来衡量求职者是否具备完成职位职责所要求的知识。

2. 智力。智力测试主要是通过词汇、相似、相反、算术等类型的问题进行测试，用于检测被试者在思维能力、想象力、记忆力、推理能力、分析力、空间关系以及数字识别和语言表达等方面的能力。

3. 技能和能力。技能是通过练习获得的能够完成一定任务的动作系统，主要测试被试者是否具备岗位所需的技能。能力是指个人顺利完成某种活动所必备的心理特征。能力测试包括一般能力测试和特殊能力测试两种。

4. 人格特征。人格测试多用来衡量求职者情绪的稳定性等方面的基本状况，人格测试的方法主要有问卷调查法和影射法。做人格测试的同时，专家一般还要求对求职者做兴趣测试，将人格测试和兴趣测试两者的结果相结合，来判断求职者适合做什么工作。

（二）选拔测试的方法

1. 笔试：是一种与面试对应的测试，是用以考核应聘者特定的知识、专业技术水平和文字运用能力的一种书面考试形式。这种方法可以有效地考查应聘人的基本知识、专业知识、管理知识、综合分析能力和文字表达能力等素质及能力的差异。

2. 面试。前面一章已详讲，此处略。

3. 心理测试：是指用科学设计的量表来测量观察不到的人格结构，也被称为潜变量测试。也就是通过一系列的科学方法来测量被评者的智力水平和个性方面差异的一种科学方法。

4. 评价中心测试

在选拔录用环节，企业对应聘者的实际工作能力进行考查，通常还会用到评价中心测试的方法。评价中心测试就是通过情景模拟的方法来对应聘者作出评价。主要形式有文件筐测试、无领导小组讨论、管理竞赛、角色扮演法等。

六、评价招聘效果

招聘效果评估的目的是发现招聘过程中存在的问题，提高以后招聘的效果。对招聘效果进行评估，一般要从以下几个方面来进行。

（一）职位填补的及时性

职位填补的及时性是指招聘部门能否在用人部门所要求的时间内发现候选人、完成筛选程序并最后录用合格的人选。

（二）用人部门对招聘工作的满意度

用人部门对招聘工作的满意度包括对新录用员工的数量、质量的满意度，对招聘过程的满意度，对所用人员绩效的满意度等。

（三）招聘成本

招聘成本可以用招聘总成本和招聘单位成本两个指标进行衡量。招聘总成本由直接成本和间接成本构成。直接成本包括招聘费用、选拔费用、录用员工的家庭安置费用和工作安置费用、招聘人员差旅费、应聘人员招待费及其他费用。间接费用包括内部提升费用、工作流动费用。

（四）应聘比率、录用比率和招聘完成比

1. 应聘比率是对招聘效果数量方面的评估。

应聘比率＝（应聘人数/计划招聘人数）×100%。其他条件相同时，应聘的比率越高，说明招聘的效果越好，该比例越大，则招聘信息发布的效果越好。

2. 录用比率。这是对招聘效果质量方面的评估。

录用比率＝（录用人数/应聘人数）×100%。其他条件相同时，录用的比率越高，说明招聘的效果越好；而录用比率越小，则说明录用者的素质可能越高。

3. 招聘完成比是对招聘结果的考核。

招聘完成比＝（录用人数/计划招聘人数）×100%。当招聘完成比大于100%时，说明在数量上全面完成招聘任务。

（五）成本效用评估

成本效用评估是对招聘成本所产生效果进行的分析。主要包括招聘总成本效用分析、招聘成本效用分析、人员选拔成本效用分析、人员录用效用分析等。它们的计算方法如下：

总成本效用＝录用人数/招聘总成本

招聘成本效用=应聘人数/招聘期间的费用

选拔成本效用=被选中人数/选拔期间的费用

人员录用效用=正式录用的人数/录用期间的费用

(六) 招聘收益-成本比

招聘收益-成本比既是-项经济评价指标，也是对招聘工作的有效性进行考核的指标。招聘收益-成本比越高，说明招聘工作越有效。

招聘收益-成本比=所有新员工为组织创造的总价值/招聘总成本×100%

【案例简析】

索尼公司的内部招聘

一天晚上，索尼公司董事长盛田昭夫按照惯例走进职工餐厅与职工一起就餐、聊天。他多年来一直保持着这个习惯，以培养员工的合作意识和与他们的良好关系。这天，盛田昭夫忽然发现一位年轻职工郁郁寡欢，满腹心事，闷头吃饭，谁也不理。于是盛田昭夫就主动坐在这名员工对面，与他攀谈。

几杯酒下肚之后，这名员工终于开口了："我毕业于东京大学，有一份待遇十分优厚的工作。进入索尼之前，对索尼公司崇拜得发狂。当时，我认为我进入索尼是我一生的最佳选择。但是，现在才发现，我不是在为索尼工作，而是为课长干活。坦率地说，我这位科长是个无能之辈，更可悲的是，我所有的行动与建议都得由科长批准。我自己的一些小发明与改进，科长不仅不支持、不解释，还挖苦我癞蛤蟆想吃天鹅肉有野心。对我来说，这名课长就是索尼。我十分泄气，心灰意冷。这就是索尼？这就是我的索尼？我居然要放弃那份优厚的工作来到这种地方！"

这番话令盛田昭夫十分震惊，他想类似的问题在公司内部员工中恐怕不少，管理者应该关心他们的苦恼，了解他们的处境，不能堵塞他们的上进之路，于是产生了改革人事管理制度的想法。

之后，索尼公司开始每周出版一次内部小报，刊登公司各部门的"求人广告"，员工可以自由而秘密地前去应聘，他们的上司无权阻止。

另外，索尼原则上每隔两年就让员工调换一次工作，特别是对于那些精力旺盛、干劲十足的人才，不是让他们被动地等待工作，而是主动地给他们施展才能的机会。

(资料来源：http：//wenku. baidu. com/search?)

问题：你怎样看待索尼公司的内部招聘？这种制度能否在中国企业行得通？

【实训项目】

实训内容：请学生调查学校周围一家企业，了解企业人力资源招聘录用的方式。考察企业招聘的相关规定。

实训指导：

1. 锁定目标企业，关注其招聘录用的计划和实施过程。

2. 深入企业进行调查。关注企业招聘渠道的选择、招聘的流程、招聘测试的方法以及企业招聘活动的评价。

3. 做出书面的分析报告。

【学中做 做中学】

为你的虚拟公司设计一套完整的招聘测评方案。要求：

1. 招聘测评的方法很多，心理测评、笔试、面试、评价中心技术、系统仿真等都可以作为测评手段。其中，心理测评、笔试、评价中心技术的应用最为普遍。在实际应用中，可以根据需要选择合适的测评方法。

2. 招聘测评方案设计有四个步骤：第一步，确定测评的重点维度；第二步，选择和开发能够测评以上维度的工具；第三步，实施测评，反映测评结果；第四步，跟踪反馈。

第三节 选拔录用方法实务操作

【知识要点】 履历筛选、笔迹筛选、笔试筛选、心理测验筛选和评价中心测评筛选实务操作。

选拔测试是人力资源管理活动中的一项基本技能，选拔测试有各种各样方法，在此介绍几种常见方法的实务操作。

一、履历筛选

即根据履历或档案中记载的事实，了解一个人的成长历程和工作业绩，从而对其人格背景有一定的了解，在此基础上进行筛选。履历筛选一般可从简历和应聘申请表中进行分析。

简历的筛选有以下常用技巧：第一，分析简历的结构，结构严谨、条理清楚者预选合格；第二，重点关注客观资料，看看这些内容有没有虚假成分，无虚假成分者合格；第三，判断简历是否符合职位技术和经验的要求，符合要求者合格；第四，审查简历中的逻辑性，逻辑混乱才可能有作假的成分，要剔除；第五，看简历的整体印象，整体印象好者合格。

应聘申请表的筛选也一样。不论是简历还是应聘申请表，有些材料会或多或少地存在内容上的虚假。如果能证实这些虚假信息，可以直接把应聘者筛选掉。而对不能证实的部分，则可以用铅笔标明这些质疑点，在面试时作为重点提问的内容之一加以询问。

二、笔迹筛选

笔迹筛选是通过各种笔迹特征来对应聘者个性素质进行识别筛选的过程。由于笔迹与应聘者的视觉、动作协调、情绪、注意、思维，乃至个性和能力等心理活动相关，其中含有很大的信息量值得我们去研究。笔迹筛选一般可以凭借经验和借助专业工具技术两种方法进行筛选。凭借经验筛选一般由具有丰富识人经验的人力资源管理者运用，针对的岗位是非重点岗位人才；借助专业工具技术往往针对骨干人才和重点岗位人才。

借助的工具一般有电脑软件和手机软件。电脑软件是借助电脑强大的计算能力，快速进行笔迹分析。现在有“最新版笔迹分析测试程序”，是中文笔迹分析软件，简单易用而且分析细致；还有一个“MB Free Graphology”英文笔迹分析软件，界面简洁，分析结果翔实。使用手机应用分析笔迹更加便捷、容易传播、趣味性强。现在主要有中文笔迹分析应用“笔迹心理学”，直接在手机屏幕上写字，然后计算速度、大小、连笔、字形等特征的量化数值，最后给出对应的性格特征；还有一个英文笔迹分析应用“Handwriting Analysis”，以选择题的形式，让用户勾选符合自己的笔迹特征，然后给出性格分析。

三、笔试筛选

笔试是一种与面试对应的测试，是用以考核应聘者特定的知识、专业技术水平和文字运用能力的一种书面考试形式。这种方法可以有效地测量应聘者的基本知识、专业知识、管理知识、综合分析能力和文字表达能力等素质及能力的差异。

（一）笔试的形式

笔试形式主要有七种：多种选择题、是非题、匹配题、填空题、简答题、回答题、小论文。前六种形式为客观题，可以测出应聘者的记忆力，试卷易于评阅。论文笔试为主观题，易于编制试题，能测验书面表达能力，易于观察应聘者的推理能力、创造力及材料概括力。

（二）笔试的优缺点

笔试的优点是在员工招聘选拔中有相当大的作用，尤其是在大规模的招聘中，适用面广，费用较少，花时间少，效率高，报考人的心理压力较小，较易发挥水平，成绩评定比较客观，可以大规模地运用。缺点是不能全面地考查应聘者的工作态度、品德修养以及组织管理能力、口头表达能力和操作技能等。一般来说，在企业组织的招聘中，笔试作为应聘者的初次竞争，成绩合格者才能继续参加面试或下一轮测试。

四、心理测验筛选

心理测验是通过观察人的具有代表性的行为，对贯穿在人的行为活动中的心理特征，依据确定的原则进行推论和数量化分析的一种科学手段。

（一）心理测试的内容

1. 能力测试。能力测试一般包括普通能力测试、特殊职业能力测试、心理运动机能测试。普通能力测试主要包括思维能力、想象能力、记忆能力、推理能力、分析能力、数学能力、空间关系判断能力、语言能力等方面的测试。特殊职业能力测试是针对岗位需求的能力的测试。心理运动机能测试主要包括两大类，即心理运动能力测试和身体能力测试。

2. 人格测试。人格测试的目的是为了了解被试者的人格特质。

3. 兴趣测试。兴趣测试揭示了人们想做什么和喜欢做什么，从中可以发现被测对象最感兴趣并从中得到最大满足的工作是什么。

（二）心理测试的优缺点

心理测试的优点是能比较科学迅速地在较短的时间内了解一个人的心理素质、潜在能力和各种指标；比较公平，过程和结果客观公正；具有可比性。通过智力测试以后，测试结果可以比较。缺点是可能被滥用。比如在员工招聘中滥用不合格的量表，这样得出的结论可能被曲解。

五、评价中心测评筛选

（一）评价中心的特点

评价中心技术是现代人事测评选拔的一种主要形式，是主要针对高级管理人员的最有效的测评方法。严格来讲，评价中心是一种程序，是组织选拔管理人员的一项人事评价过程，由多个评价人员，针对特定的目的与标准，使用多种主客观人事评价方法，对被试者的各种能力进行评价。主要特点是注重情景模拟，在一次评价中心中包含多个情景模拟测验，可以说评价中心既源于情景模拟，但又不同于简单情景模拟，是多种测评方法的有机结合。

（二）评价中心的实施

一次完整的评价中心通常需要两三天的时间，对个人的评价是在团体中进行的。被试者组成一个小组，由一组测试人员对其进行包括心理测验、面试、多项情景模拟测验在内的一系列测评，测试人员与被试者的数量为一般为 1：2。

（三）评价中心的优缺点

评价中心的优点：

1. 突破了传统测评方法的局限，开创了人才测评技术的新局面。它综合了管理学、心理学、社会学、行为科学和人类学等各门学科的最新研究成果，主要针对管理人员，注重现场研究和实践性，着重考查被试者解决实际问题的能力。

2. 测评的效度以及测评带来的效益较高。评价中心的每个情景测试都是从工作样板中挑选出来的经典，并经过技术处理，使许多与测评内容无关的因素得到控制。经过组合加工，还可以把不同时段和不同工作中的活动综合在一起，提高了测评的全面性与准确性。

缺点：

1. 测评费用较高。需投入很大的人力、物力，且时间较长。

2. 操作难度大。通常情况下，评价中心要使用 4～6 种测评方法和练习来进行测评。实施过程需要 2～3 天。对主试人的要求很高，需有相当的管理经验并受过专门训练。同时测评需要的案例和材料需花费相当时间和精力。

3. 当模拟工作的内容与实际有误差时，测评中的能力表现与实际工作能力存在差距。

4. 测评的内容主要是管理技能和心理素质，难以全面真实地反映被试者的思想品德等内容。

面试选拔前面章节已做详细介绍，此处略过。

【知识链接】

我国历代选拔人才的制度

1.“禅让”制。在原始氏族社会中，氏族继承人的选拔主要是通过民主选举的方式进行，即“禅让”制。据《史记》记载，尧、舜、禹皆是民主选举而产生的。禅让制开辟了人才选拔公正公开、选贤任能的选拔方式。

2. 任人惟贤，因功受禄。春秋前后，在选举制上以“任人惟贤，因功受禄”作为手段，使人才选拔进入高度飞跃期，通过不拘一格的选拔方式，壮大了封建地主阶级的力量。

3. 秦朝以前，采用“世卿世禄”制度。到战国时期，采用军功爵禄制选拔人才，即以军事治国才能来选拔人才，为下层阶级的人才打开了通道。

4. 两汉时期的察举、征辟制等。汉代建立和发展了一整套选举统治人才的选官制度。包括察举、皇帝征召、公府与州郡辟除、大臣举荐、考试等方式。察举制也就是选举，以“乡举里选”为依据，中央政府官员、地方郡守等高级官员根据考察，把选出的品德高尚、有才能的平民或下级官吏推荐给朝廷，授予官职或提高官位，是一种由下向上推选人才为官的制度。征辟制，征是皇帝征聘社会知名人士到朝廷充任要职，是由上到下的一种选拔制度。

5. 三国时的“九品中正制”。即在朝官中推选有声望的人担任各州、郡的“中正官”，负责察访本地士人，按其才德声望评定九个等级（上上，上中，上下，中上，中中，中下，下上，下中，下下）。再根据士人的品级，向吏部举荐。吏部依据中正的报告，按品级授官。

6. 科举制。科举制在隋朝时萌芽，到唐代得以完善并发展。科举是通过考试选拔官吏。采用分科取士的办法。此制度自唐朝确立起一直沿用至清朝末期。

7. 中华人民共和国成立初期实行的是部队转业制和劳模提拔制。部队转业人员由于在战争中的贡献被提拔为官员。由于国家百废待兴，特别需要建设人才，于是对表现突出的劳动模范进行提拔。

8. 高考制度。进入20世纪80年代后，随着高考的恢复，大学毕业生开始大规模进入各级政府机关和国有企业，这种状态一直持续到20世纪90年代末。

9. 公务员考试制度。20世纪末21世纪初形成的企业人事管理制和政府公务员制。企业有权自主选拔人才，国家则采用公务员考试制度来选拔人才，逢进必考使选拔趋向公平公正。

（资料来源：根据 http://wenku. baidu. com/link？url 资料整理）

【案例简析】

一次较典型的评价中心的测评日程及内容

一、第一天

1. 情况介绍：简要介绍一下测评的程序和安排，说明测评中的注意事项，评价中心技术流程和要求，为正式开展测评作准备。

2. 面试：测试者通过与被测者交谈、问答，观察评价被测者的言谈举止、气质风度等外部行为特征和表达能力、应变能力等智能要素以及工作动机、经历、个性等，对其作出初步评价。

3. 管理游戏：游戏的题目是“组建新的集团公司”。将被测者按4人一组分成几个小组，形成若干个公司董事会，给各董事会一些关于市场状况和本公司下属各单位情况的资料，要求他们进行内部结构调整优化，并做好计划与组织工作。与其他公司董事会进行谈判，转让影响公司发展的部门，买进需要的企业或单位，组建一个结构合理、有发展潜力的新集团公司。

4. 案例分析讨论。讨论的题目是“管理问题”。测试者给4人小组提供4个不同类型的小型案例，分别考查被测者不同方面的能力，如决策、计划、组织、控制等能力。要求他们作为高级管理顾问，在1小时内分析讨论、解决案例中所提出的问题，并提交书面建议。

5. 角色扮演。主题为“研究预算”。被测者被任命为部门经理，接替突然离职的原经理。新经理收到情况介绍，内容是最近其前任拒绝继续给一项研究提供资金，然而项目负责人一直要求经理改变这个决定，继续提供资金以便完成该研究。被测者有15分钟进行提问，以深入了解信息，发现和分析问题。被测者要作出具体决策，还要口头说明理由，并回答问题。

二、第二天

1. 公文处理。被测者模拟某公司部门经理，处理各种信函、报告、备忘录等公文。要浏览所有文件，分清各工作的重要性和紧迫度，依次处理，并按权限情况分别对待。同时做好计划、组织、监控工作，使文件得到相应处理。测试者在观察公文处理过程和审阅处理办法及处理意见后，同被测者进行1小时的面谈，详细了解其想法和理由，以获得更多的信息。

2. 分角色小组讨论。内容为薪金委员会如何为下属加薪。公司董事会决定每月拿出8 000元钱非指定性地给公司内部5个中级管理人员加薪。被测者分别模拟公司各个部门（如生产、销售、财务、人事部门）的主管，组成薪金委员会，评选出5名加薪的中级管理人员。要求各部门主管尽最大努力为本部门的人员争取奖励，并使委员会最合理有效地分配奖励基金。

3. 无领导小组讨论。讨论内容为“财务问题”。被测者作为某食品公司的高级顾问解决两个问题。一是该公司一个分支机构由于财务混乱，出现资金流失问题；二是根据公司的财务状况和市场调查报告，是否应该扩大生产规模，怎样筹集扩大生产所需资金。测试者给出该公司的各种财务资料和其他有关信息，要求被测者提出解决问题的办法和方案，并在8分钟内口头说明，然后再将被测者分成小组进行讨论，最后形成统一的建议报告。

三、第三天

各个测评项目的测试者集中在一起，研究讨论每一名被测者的评价结果，对测评内容的评价形成一致意见后，写出书面报告，对被测者进行综合评价。

（资料来源：http：//baike. baidu. com/view/1519166. htm？ fr=aladdin）

问题：评价中心测试的特点是什么？涵盖了哪些方面的测试？主要用于选拔哪类

人才？

【实训项目】

实训内容：模拟一次企业人力资源部助理招聘活动。

实训指导：

1. 请草拟招聘广告、面试通知书；设计面试问话提纲、面试评价表、录取和辞退通知书。

2. 制作一份人力资源助理岗位招聘方案。请按招聘选拔要求对各环节进行精心设计。

【学中做　做中学】

为你的虚拟公司选拔一位优秀的销售员。要求：

1. 选拔范围为整个班级，方式为层层选拔。

2. 选拔方法可以采用各种方法与手段，但一定要针对销售岗位选择。

3. 每一次选拔都要设计好方案。有针对性地选拔具备销售潜质的人员。

◎ 思考题：

1. 简述招聘的程序。

2. 招聘的渠道有哪些？各有什么优缺点？

3. 比较各种员工选拔方法。

第八章　人员素质测评

◎ 知识目标：

1. 人员素质测评的含义。
2. 人员素质测评的流程。

◎ 技能目标：

1. 人员素质测评方案的编制。
2. 素质测评的具体实施。

【导入案例】

管理人员素质测评

A集团人力资源总监王先生最近压力非常大，因为公司内部出了大问题：前段时间总部的销售总监突然辞职，并带走了大量高端客户，投奔竞争对手。这名销售总监是王先生参与招聘进来的，刚刚上任不到一年，个人能力很强，到任后很好地带领销售团队为公司的快速发展作出了很大贡献。正在管理层庆幸遇到一个好帮手的时候，毫无预警地出现了上面的事情。总部领导非常重视这件事，责令人力资源部对招聘和人才培养工作作出检讨。

王先生几天来一直在思索，自己制定的招聘流程到底哪里出了问题呢？一般来说，公司的中高层管理人员招聘会经历以下几个阶段：联系猎头公司，提出职位要求；随后根据猎头公司提供的简历，对候选人进行初步筛选；通过初筛的候选人会接受首轮素质测试，测试的内容包括相关专业知识、对工作相关信息的掌握更新情况等；随后，公司会对所有候选人进行评价中心考核，对人员素质进行全面评价；第三轮的面试则主要了解应聘者的先前工作经历，以及一般人际沟通等情况。对该销售总监的招聘过程也正是如此，应该说整个招聘考虑得非常周全，对应聘者的素质可以进行较好理解，招聘的准确性一直较高。该集团管理人员素质测评可能存在的问题有哪些？

（资料来源：http：//wenku. baidu. com/link？url=kLN7e_ 8_ y2kmRYSREJeRvloA7_）

第一节 人员素质测评概述

【知识要点】人员素质测评的含义；人员素质测评的基本程序；人员素质测评作用；人员素质测评的内容；人员素质测评的原则。

人员素质测评是系统研究对各类人员的素质及其功能行为进行科学的测量与评定的原理、规律和方法的科学，是现代人力资源管理的一门新兴学科。国外专家研究了60多年，并有了比较成熟的人才测评体系。在中国，人员测评工作在20世纪80年代中期开始于三资企业，最初是由企业主从国外聘请专家进行，以后国内的一些心理测量学者凭借着自己的努力并以优良廉价的服务赢得了他们的信任，以至于取代了他们。

一、人员素质测评的含义

人员素质测评，是指测评主体从特定的人力资源管理目的出发，运用各种测量技术，收集受测人在主要活动领域中的表征信息，对人的素质进行全面系统的评价，以求对人有客观、全面、深入的了解，从而为人力资源开发和管理提供科学的决策依据。

人员素质测评的目的一般是针对特定的人力资源管理目的，如招聘、安置、考核、晋升、培训等，运用的测量技术大多是心理测量技术，以心理测量为基础，采用科学的测评方法，对人的素质做出量值判断和价值判断的过程，为人力资源管理和开发提供依据。

人员素质测评分为两部分：一是测评主体采用科学的方法，收集被测评者在主要活动领域中的表征信息；二是采用科学的方法，针对人力资源管理的某一目标做出量值与价值判断，或者直接从表征信息中引发与推断出某些素质特性。

二、人员素质测评的程序

（一）确定测评的目的和内容

根据不同的测量目的确定具体的测量内容是人事测量的第一步。测量内容根据所选拔岗位的任职素质要求，通常以工作分析、职务说明为依据，针对不同职务、不同岗位、不同企业特征的特殊要求来确定所需要的测量内容。

（二）选择测评的形式和工具

测量的形式和工具根据测量内容的不同而不同。不恰当的测量方法会使测量结果不能满足测量目的，甚至会导致收集到虚假信息，误导决策的制定。

（三）进行测评实施与数据采集

在测量的实施过程中，要注意做到客观化、标准化，保证收集到的测量结果能够公平、真实地反映应聘者的状况。在收集测量资料的同时，要注意将实施测量的过程中相关的信息及可能对决策产生影响的细节记录下来，作为决策的辅助材料。

（四）搭建能力素质模型

搭建能力素质模型要从核心能力、职业意识、专业技能等多个维度对人员进行评价，对具体测评指标要根据不同等级的关键行为点进行等级划分，在搭建科学、有效的能力素质模型的基础上，为员工提供提升的方向。

（五）分析测评结果

对测评结果的分析通常包括对测量结果的计分、统计和解释。计分和统计需要测评者按照测验手册的说明进行操作，解释是对计分和统计的结果进行解释说明。

（六）提出决策或建议

决策与测量的目的联系紧密，以选拔为目的的测量，其决策内容为候选人名单；以安置为目的的测量，其决策内容为岗位与应聘者的匹配；以评价为目的的测量，其决策内容为对应聘者素质的评价；以诊断为目的的测量，其决策内容为应聘者的问题和特长或应试团体的状况和管理问题；以预测为目的的测量，其决策内容为应聘者将来的绩效和工作表现。

（七）跟踪检验和反馈

在多数情况下，需要对测评结果及聘用结果进行跟踪，主要是根据工作绩效对测评结果和聘用进行检验，这就为此前的工作提供了重要的反馈，为测量取得经验性资料，为进一步矫正测量以达到更大的精确度提供依据。到这一阶段才真正完成了素质测评的作业系统。

【课堂讨论】

（一）资料：如何测评员工的人际关系技巧

要想测评员工的人际关系，一般采用行为题或情景题。如：在工作中，常有与同事协作完成某项任务，或由一人牵头负责组织完成任务的情况。假设上级要求与你共同完成任务的是一位经验丰富的同事，上司出于某种考虑让你牵头负责，而那位同事对此却有些不满，你会怎么处理这个问题？这道情景题就是考查一个人的人际关系应对技巧。

（资料来源：http://www.docin.com/p-95573237.html 广东公务员面试命题）

（二）讨论

请你参考上面的题目设计一道考查员工人际关系应对技巧的题目。

三、企业人员素质测评的内容

企业对员工进行素质测评，一般是在选聘员工时进行，或对在职员工进行的与其工作有关的素质测量评估。企业的人员素质测评应该是定性与定量相结合测评，即心理学、管理学、统计学等方面相结合的人才素质测评。

现代人员素质测评可以分为心理测试和智能测试两类，心理测试又可以分为个性能力测试、职业能力测试、价值观测试、职业兴趣测试和情商测试。智能测试包括智力测试、技能测试、专业知识测试和情景模拟测试。

企业的人员素质测评主要集中在三个方面：一是认知能力；二是社会成熟程度；三是

行为风格因素，这也就是更多地关注了成就、智力、个性、兴趣、价值观等与工作效率相关的心理特征。对上述心理特质做更进一步的划分以及分析，发掘出新的与工作相关的心理特质，尤其结合该组织的文化、风格与所针对的职位的工作分析进行映射，是现代人员素质测评的重要特征。

【知识链接】

智商的等级

韦克斯勒根据智商分布所列的智力等级如下：130以上为极优秀；120~129为优秀；110~119为中上智力，聪颖；90~109为中等，普通智力；80~89为中下，迟钝；70~79介乎迟钝与低能之间，低能边缘；69以下智力缺陷。世界名人的智商，意大利文艺复兴时期艺术家达芬奇为200以上，意大利物理学家伽利略为180以上，英国物理学家牛顿为190，奥地利音乐家莫扎特为165，德国科学家爱因斯坦为160左右，微软创始人比尔·盖茨为160以上，英国理论物理学家斯蒂芬·霍金为140。

（资料来源：根据 http://wenku.baidu.com/link？url 资料整理）

四、人员素质测评的原则

客观公正原则：测评必须以人员素质及其功能特性为客观基础，在确定测评对象、掌握测评标准及实施测评时，应贯彻平等公平观念，实事求是地进行测评。

统一标准化原则：由于人员素质测评的结果很容易受到各种主观因素影响，因此更应强调标准化，具体包括测评程序标准化、实测条件标准化、实测工具标准化、测量方法标准化。

可行性与实用性原则：任何一次测评方案所需时间、人力、物力、财力要为使用者的客观环境条件所允许，并应根据测评目标合理设计方案，对测评方案进行可行性分析。

比较性原则：人员测评的重要目的就是依据测评分数对不同的素质特征的人以及其工作行为进行比较分析，以便为人力资源管理决策提供科学的依据，因此测评分数具有可比性。

【案例简析】

积极挖掘自己身上的潜能

哈林斯百货商店在美国各地有36个销售点。人力资源职能由9个人组成，这个人力资源班子负责每个店的经理的雇用。当一个新的店铺开张时，一位人力资源职员到店铺所在地为其雇用一名经理。然后这位新店铺的经理被赋予责任。一位人力资源专业人员迈克·巴克最近为一家在迈肯市新开业的店铺挑选了卢·约翰孙作为经理。在开始经营的头6个月，店铺中人员流动率达120%。助理经理的职位换了3茬，一般的销售人员平均只待两个月。迈克被派往迈肯市调查这个问题。迈克询问并让卢描述他在挑选人员时的做法，卢做了以下答复："我做出的挑选是依据我个人对每个求职者的面试。我向所有的求职者提问某些基础问题，如他们是否乐意在周末工作并且是否乐意加班。除此之外，我并不按事前确定的问题顺序去发问。在面试之前，我反复阅读了求职者的简历与申请表格以便熟悉他们的背景与过去的经历。通过这方面信息，我确定他们是否符合工作的最低资格，然后对那些至少满足最低资格的人进行面试。在面试过程中，我试着确定该求职者是否是喜欢与别人一道工作的性格外向者。当面试助理经理时，我也寻找他有无领导技能。"然后迈克问卢，他是如何确定哪一位求职者可以被雇用的，卢做了如下陈述："求职者给我的第一印象是相当重要的。一个人如何介绍自己、如何开口谈论以及他的服饰都很重要，并且确实对我的最后决策有一些影响。然而，可能最具影响力的因素是与求职者目光的接触，当与某个人目光接触时，那就是他在聆听并且是诚恳的信号。微笑、一次坚定有力的握手、两脚平放地面的笔直的坐姿也都是我作出决策的重要因素，最终如果一个求职者得到雇用，他必须对为哈林斯工作感兴趣。我的第一个问题是：你为什么想要为哈林斯工作？我对那些已知道很多哈林斯事情的求职者印象很深。"迈克现在必须对卢的雇用实践作出评价，以确定它们是否是员工流动的关键因素。

（资料来源：http://wenku.baidu.com/link? url=CeC0ca0pAj3MIFLhpRlnG2CpsrDiHq3QZaaR5u_50）

问题：假如你是迈克，对卢的雇用实践你会得出什么结论？你会向卢提出什么建议？

【实训项目】

实训内容：请学生调查学校周围一家大中型企业（公司、饭店、工厂、商场等），了解企业的基本状况，考察其人力资源的特点，包括人员的数量，人员的质量（身体素质、智力水平、非智力水平）。了解各种人力资源管理规章制度。

实训指导：

从网上或根据自己的社会关系锁定一家有规模、有实力的企业，最好在当地有一定的知名度，原因是此类企业的人力资源管理较规范系统，便于考察。

【学中做　做中学】

分小组进行创造力的测评，测评完毕，请结合平时观察进行判断，并将测评结果与每个人进行交流，以此判断小组成员的创造力。

以下30题请按实际情况回答。你认为符合自己情况的计1分，不符合的计2分。

1. 往往应用他人想出来的办法	16. 有时一下冒出许多想法
2. 不依赖常识和习惯来判断	17. 马上去做突然想到的事情
3. 根据一点暗示和启发便思考起来	18. 爱好并实行坐禅和奇想
4. 对各种事物产生兴趣后马上行动	19. 快速阅读完许多书后马上得出结论
5. 多角度地思索事物	20. 无论做什么事情总觉得能妥善解决
6. 平时喜欢动脑筋	21. 喜欢各种各样的想象
7. 把要做的事情一直做到底	22. 常常偶然得到所需要的图书资料
8. 喜欢改变房间里的器具位置	23. 言语变化很快
9. 什么事都要有计划地进行	24. 常常夜间突然起床做笔记
10. 家里摆有表现出创造力的东西	25. 情绪多变
11. 喜欢合理改变事物	26. 非常注意别人忽略的事情
12. 总要对已完成的成品做点加工	27. 不愿意受时间的约束
13. 做什么事都想到提高效率	28. 习惯于直言不讳地说出自己的想法
14. 喜欢分析调查事实真相	29. 常常在睡梦中得到解决问题的启示
15. 常常做事着迷忘了时间	30. 习惯于直观地理解事物

评价要点：前15题检验逻辑创造性，即从逻辑出发进行各种合理的思考和钻研创造事物的能力；后15题反映了人的创造灵感，是一种直观创造性。

创造力评价表

类别	低	稍低	一般	高	很高
	1	2	3	4	5
1. 逻辑创造性	0~2	3~5	6~9	10~12	13~15
2. 直观创造性	0~3	4~7	8~10	11~13	14~15

第二节　人员素质测评的流程

【知识要点】 准备阶段；实施阶段；反馈与运用阶段。

人员素质测评的流程一般包括三个阶段：测评的准备阶段，测评的实施阶段，测评的反馈与运用阶段。准备阶段包括确定测评目的，制定测评方案；实施阶段包括实施测评，分析和处理测评结果，撰写测评报告；反馈与运用阶段主要是测评结果的反馈与运用。

一、测评的准备阶段

（一）确定测评目的

1. 以选拔为目的。组织为了选拔人才，对应聘者按照岗位要求进行有针对性的素质测评，根据测评结果来选拔人才，目的是为组织招聘到合适的人才。

2. 以诊断为目的。组织在发展过程中出现了人员素质上的问题，如绩效不高，氛围不好，因此要找出问题的症结，对员工进行测评，从测评结果中分析发现问题，以求对症下药。

3. 以培训为目的。为了提高员工的素质，需要有针对性的培训，因此素质测评就成为必要的环节，以求培训更加有效，有的放矢。

4. 以配置为目的。把合适的人才放到合适的岗位，是每个组织力求实现的目标。什么类型的员工才能适合岗位的要求，必须对员工的素质能力进行综合把握，因此必须借助于素质测评。

5. 以考核为目的。组织为了提高绩效，或为了激发员工的积极性，会不断进行考核，以求了解员工的能力水平，因此在考核中会进行素质测评，以求分配的公平或提高积极性。

（二）制定测评方案

测评方案是实施测评活动的基础，也是保证测评活动顺利实施的总体安排和布局。测评方案是减少测评过程中评估误差的一种手段。一般来讲，测评方案包括以下几个方面：

1. 测评的目的。在方案的开头用总结概括性的语言将测评的目的介绍清楚。

2. 测评对象。针对测评目的，选定测评对象，即受测人员或被测评人员。

3. 测评的指标体系。针对测评的对象目的，设计和审查员工素质能力测评的指标与参照标准，建立起科学的测评指标体系。第一次测评，首先要按照测评指标体系的设计程序、设计方法和必须遵循的原则建立指标体系和参照标准。如果不是第一次，就要对一切使用过的指标体系进行审查、编制或修订。

4. 测评的方法和工具。选择合理的测评方法和工具时，一定要针对测评的目的进行选择，方法和工具选择科学有效，测评结果才会准确，信度和效度才会高。

5. 测评的组织管理。组织管理阶段是对测评实施过程的综合安排。确定组织者和监督者，一般成立一个专门的测评小组进行分工负责。

6. 测评的实施。包括测评的实施负责人、实施者、组织者，以及每个阶段的要求和结果。

7. 测评活动的日程安排。按照测评实施的过程进行日程的具体安排，具体安排时一定要综合考虑人员的调配、组织业务的开展等具体情况，以避免干扰或落实不到位。

8. 注意事项。注意事项一般有临时不可预见情况、接替人员的安排、时间的延误安排等。

二、测评的实施阶段

（一）实施测评

1. 在测评实施阶段，首先要进行测评前的动员，以保证员工的积极配合，从而达到目的。

2. 要对测评时间和环境进行选择，保证测评的效度和信度，使测评顺利进行。

3. 测评操作具体程序

（1）报告测评指导语。要求讲清员工素质测评的目的，说明填表前的准备工作和填表要求，举例说明填写要求、测评结果保密和处理、测评结果反馈等注意事项。

（2）具体操作。单独创作。逐个对被测对象进行测评花费时间较多。对比操作。将被测对象进行分组，根据测评标准，采用对比的方式，对组内每个测评对象进行对比测评。

（二）测评数据的处理与结果分析

首先，对测评到的数据分析其效度和信度是否高，分析引起误差的原因有哪些：

1. 测评的指标体系和参照标准不够明确。

2. 晕轮效应。亦称点盖面效应，是指由于某人某方面的品质和特征特别明显，使观察者容易产生清晰明显的错觉，忽略其他的品质和特征，从而做出片面的判断。

3. 近因误差。以近期的记忆代替整个测评时期的全部表现，导致产生评测结果的误差。

4. 感情效应。

5. 参评人员训练不足。

其次，测评结果处理的常用分析方法有：

1. 集中趋势分析。是指在大量测评数据分布中，测评数据向某点集中的情况。最常用的集中趋势量数有算术平均数和中位数。

2. 离散趋势分析。描述数列的分散程度，最常用的差异量数是标准差。

3. 相关分析。是一种描述测评数据之间相互关系的方法。相关情况有正相关、负相关、零相关。

4. 因素分析。因素分析法一般应用于分析受多个因素影响的现象，这类现象的量一般表现为若干因素的乘积。其中每个因素的变化都会使总量发生变化。因素分析的目的就是要确定这些影响因素的作用方向和程度。

5. 测评数据处理。即对测评结果的数据进行统计归类，以说明与测评目的之间的关系。

（三）撰写测评报告

撰写测评报告可以用数字描述，也可以用文字描述，一般涉及的总结性的结果用数据说明，涉及基本素质、技术水平、业务能力、工作成果等用文字描述。

三、测评结果的反馈与运用阶段

测评的最后阶段是将测评结果准确地反馈给测评对象本人、上司或其他相关人员。并根据测评的目的，利用测评结果开展工作。

组织实施人员素质测评活动往往与人员招聘、内部晋升、培训开发、绩效考核等活动相结合。测评结果得出后，要根据测评目的，将测评结果应用于实际工作中，如招聘用人决策、培训需求调查、职业发展规划等。

【案例简析】

职业能力倾向测试

如果你是本公司的业务员，你在一辆载着一车过期面包的可口可乐公司的卡车上，准备到偏远地区把这些面包销毁，但在半路遇见了一群难民，他们十分饥饿，难民把路给堵住了，当场还有刚刚赶来的记者，那些难民知道车里有吃的。请问你会怎样处理这件事情，不让记者报道我们公司把过期的面包给人吃，又让难民可以吃掉这些不会影响身体的面包？注：车不可以回去，车上只有面包，不可以贿赂记者。

（资料来源：http://www.docin.com/p-526453588.html）

问题：这道情景题是测评哪方面的能力，主要考查业务员哪些方面的能力？

【实训项目】

实训内容：请设计一份测评办公室文员的素质测评方法。

实训指导：

1. 选择测评办公室文员的方法。
2. 设计具体的测评试题。
3. 对小组成员进行实际测评，分析其信度和效度。

【学中做　做中学】

请为你的虚拟公司制定一份中层管理人员素质测评的方案。要求：

测评方案要有测评的目的、测评对象、测评的指标体系、测评的方法和工具、测评的组织管理、测评的实施、测评活动的日程安排和注意事项等几项。

第三节　人员素质测评实务操作

【知识要点】素质测评的方案制定；测评活动的实施；测评结果的反馈运用与评价；测评效果的评估与改进。

一、素质测评方案的制定

测评方案也称测评计划，它是对某一测评活动所涉及的诸方面的总体设计、部署和安排。测评方案直接关系到测评工作的顺利开展和测评结果的有效性。制定测评方案的难点和重点包括：测评标准体系的设计；确定测评方法；选用和研制测评工具；制订实施计划。

（一）测评标准体系的设计

测评标准体系是对测评对象的数量与质量进行测评时的“标尺”。人员的素质特征只有通过测评标准体系，才能表现它的相对水平和内在价值。因此标准体系设计是人员测评活动的中心环节，它把测评主体、客观对象、方法和结果连为一体。测评标准体系由测评指标（要素）、测评标志和测评标度三个要素组成。如下表所示。

测评指标	测 评 标 志	测评标度		
交往协作能力	1. 流畅地表达自己的观点	流畅	一般	混乱
	2. 善于同各类人建立广泛沟通和联系	善于	一般	不善于
	3. 合理协调上下级间的关系	合理	一般	不合理
	4. 善于赢得他人的支持	善于	一般	不善于

（二）确定测评方法

目前，常用的测评方法包括履历分析、笔试、面试、心理测验、评价中心等。

1. 履历分析：根据履历或档案中记载的事实，了解一个人的成长历程和工作业绩，从而对其人格背景有一定的了解。

2. 笔试：主要用于测量人的基本知识、专业知识、管理知识以及综合分析能力、文字表达能力等素质及能力要素。

3. 面试：通过测试者与被试者双方面对面的观察、交谈等双向沟通的方式，收集有关信息，从而了解被试者的素质状况、能力特征以及动机的一种人员甄选与测评技术。

4. 心理测验：通过观察人的具有代表性的行为，对贯穿在人的行为活动中的心理特征，依据确定的原则进行推论和数量化分析的一种科学手段。

5. 评价中心：是在情景模拟和角色模拟测评方法的基础上发展起来的，评价中心技术是现代人员素质测评的一种主要形式。

【知识链接】

各种测评方法的比较

方法	效度	公平度	可用性	成本
智力测验	中	中	高	低
能力测验	中	高	中	低
心理测验	中	高	中	低
面试	低	中	高	中
履历分析	高	中	高	低
同行评价	高	中	低	低
自我介绍	低	高	中	低
评价中心	高	高	低	高

（资料来源：http://wenku.baidu.com/link？url）

选择测评方法要本着成本节约的原则、有效性原则、相互验证的原则进行。

（三）选用和研制测评工具

由于不同测评活动的测评目的、内容、对象、方法存在诸多差异，因此可借助和使用的测评工具也有所不同。在已有的测评工具中，有的是可以直接使用的，如标准化的心理测验量表；有的则需要修正后才能使用，如情境模拟和公文筐测试可借鉴并加以调整和修订；而有些测评中，则需要测评人员开发和研制测评工具。

（四）制订实施计划

1. 测评人员的选择。

2. 测评时间和场地的确定。测评人员要按照测评活动的特点合理安排时间，确定不同测评项目的先后顺序以及时间间隔。测评环境应较宽阔、安静、光线充足，使测评对象注意力集中、思维敏捷，从而提高测评的准确性。测试人员态度要温和，让被试者放松心情，从容应对。

二、测评活动的实施

测评的实施是测评人员对测评对象进行测评以获取个体素质数据的过程。在这一过程中，测评人员按照一定的测评程序，运用特定的测评方法和专门的测评工具，对测评对象进行定性和定量的描述。它是整项测评活动的核心。

测评的实施由三个阶段组成：测评计划的实施阶段；测评数据处理与结果分析阶段；测评报告的撰写阶段。

（一）测评计划的实施

测评计划的实施是在测评计划的指导下，进行具体施工。在实施过程中，要严格按照测评计划进行，同时还要具有一定的灵活性，能够妥善处理各种突发情况。具体包括如下两点：

1. 测评前的准备。包括人员准备和物品准备两部分。要求测评人员具有测评方面的专业知识和经验，熟悉待测岗位的素质要求与具体评分标准，了解待测人员的基本背景情况，具有较好的口头表达沟通、应变与观察能力，善于独立思考，处事公正。物品主要是实施过程中涉及的各种物品，如测评表、笔、电脑等。

2. 测评的操作。包括从测评指导语到实际测评，直到回收测评数据的整个过程。测评的指导语要求讲清员工素质测评的目的，说明填表前的准备工作和填表要求，举例说明填写要求、测评结果保密和处理、测评结果反馈等注意事项；具体操作是由测评人员对被测评人员按照测评要求进行测评；回收测评数据，指测评人员对测评到的数据进行回收统计。

（二）测评数据的处理与结果分析

测评数据的处理包括对测评结果的计分、统计和分析解释。测评结果处理的常用分析方法有集中趋势分析、离中趋势分析、相关分析、因素分析。

测评结果的分析包括两个部分：个体结果分析和整体结果分析。个体结果分析是根据每名被试者在一项素质测评中的得分，参照测试中的常模和标准，对分数进行解释，并对被试者的各项测评指标作出评价。整体结果分析是指个体测评结果之后，还应从整体上进行分析。只有从总体中、个体与个体的相互关系中，才能真正把握与认识个体的素质水平。

(三) 测评报告的撰写

测评报告的撰写是测评活动中重要的一个环节，一项测评活动的设计、操作、分析和建议都需要通过测评报告展示出来。素质测评报告分为个人报告和总体报告两种。

1. 个人报告。一份良好的个体测评结果报告要具有结构性、逻辑性、详尽性和客观性等特点，以便令测评对象和相关人员能够充分理解报告的内容，并能够依据报告作出相应的人事决策，提高决策的科学性和有效性。

2. 总体报告。如果一个企业有大量员工参加了某一项人才测评，就需要对这个企业提交一份总体报告。

三、测评结果的反馈运用与评价

测评活动的最后阶段是将测评结果准确无误、适时地反馈给测评对象、上司等人，并根据最初的测评目的，帮助他们利用测评结果制定人事决策。

在选拔人才时，及时将测评结果反馈给用人部门，可以更好地招聘到合适的人才。在使用人才时，根据年度、任期或试用期进行考核测评，可以进行素质现状诊断、分岗定薪人员安置等，测评结果可以提供较为准确的依据。在培养人才方面，素质测评的结果可以对后备人才进行筛选与培养，并对实施的培训活动进行诊断。在留下人才方面，测评结果可以为员工设计职业生涯规划提供依据，使之能更好地发挥作用。

四、测评效果的评估与改进

对测评结果进行评估时，可采用有效性、成本评估、公平性与可用性四项指标进行衡量。

测评活动的改进是指测评人员通过对被试者及组织人事决策的长期跟踪分析，对素质测评的流程、技术、结果的有效性、科学性、准确性作出评估，并据此完善素质测评的操作流程、测评技术和工具等，提高今后测评活动的准确性和有效性。

【案例简析】

江苏省领导干部的公推公选

一、背景

2007年4月，江苏公开选拔20位省管干部和省属企业高级经营管理人员，其中包括9个副厅（局）长、6个高校副校（院）长、5个省属企业高管。这也是江苏首次定向公选非中共党员干部和女干部。

二、选拔职位与人数

2010年8月7日，中共江苏省委决定，公推公选20名省级机关和省直单位副厅职干部、10名高等学校副校（院）长。

三、选拔范围

省级机关和省直单位副厅职干部职位面向全省选拔。高等学校副校（院）长职位面向全省及省外“211工程”重点建设高校选拔。

四、资格条件

符合《党政领导干部选拔任用工作条例》和《公开选拔党政领导干部工作暂行规定》等文件规定的基本要求。

(一) 省级机关和省直单位副厅职干部职位 (略)

(二) 高等学校副校 (院) 长职位 (略)

五、职位具体要求 (略)

六、选拔程序

(一) 发布公告和简章 (略)

(二) 报名和资格审查 (略)

(三) 适岗评价、笔试、民主推荐和面试。

1. 适岗评价。内容包括学历学位、领导岗位经历、专业背景、基层工作经历、年度考核及奖励情况等，满分100分。

2. 笔试。闭卷考试时间150分钟，满分100分。(略) 合格者参加笔试。

3. 民主推荐。适岗评价得分与笔试成绩以3∶7的权重计分，根据得分确定每个职位进入民主推荐的人员，按姓氏笔画排序向社会公告。参考人数30人以下的职位取前15名，31~50人的取前20名，51~80人的取前25名，81人以上的取前30名。民主推荐得票数以本职位最高票为100分的比例折算成民主推荐综合得分。

4. 面试。适岗评价、笔试成绩综合得分与民主推荐得分以7.5∶2.5的权重计分，根据得分确定每个职位前5名参加面试，按姓氏笔画排序向社会公告。进入面试的人员到职位所在单位开展为期1天的驻点调研，在此基础上采用半结构化方式进行面试，满分100分。

(四) 组织考查

适岗评价、笔试、民主推荐综合得分与面试得分以6∶4的权重计分，根据得分每个职位确定前3名进行体检，合格的确定为考查对象，按姓氏笔画排序向社会公告。对考查情况进行量化计分，满分100分。

(五) 差额票决

适岗评价、笔试、民主推荐、面试综合得分与考查得分以7∶3的权重计分，根据得分确定前2名为差额票决人选。进行差额票决，决定拟任人选。

(六) 公示

拟任人选在媒体进行公示，时间7天。

(七) 办理任职手续

公示结果不影响使用的，按有关规定办理任职和提名手续。

除选任制职位外，被任用者试用期一年，试用期间按该职位享受待遇。试用期满后经考核胜任的，正式任职；不胜任的，免去试用职务，按有关规定办理。

8月22日，笔试。试卷更加侧重考查应试者分析解决实际问题的素质能力。(略)

8月26日，省公选办组织实施了公推公选领导干部的民主推荐。上午进行的省级机关及直属单位职位集中推荐，有省级机关各厅局主要负责同志、各省辖市委负责同志、来自基层的省党代会代表、省人大代表、省政协委员等共110人参加。他们从入围推荐的共430名人选中，推荐出5个他们认为最合适的人。下午的分散推荐，则是在本次公选各职位所在单位进行，一般由职位所在单位副处长以上干部、省辖市局的正职，从入围人选中推荐出5人。两组推荐的得票数，按一定权重合成为百分制得分。

高校职位的民主推荐只进行一场集中推荐。入围高校10个职位民主推荐的总人数是175人。参加推荐会的人员，有省委办公厅、省人大办公厅、省政府办公厅、省委教育工委等有关部门的负责人，本科院校、省属高职院校的党委书记、校（院）长，约140人。每个职位也只能推荐5人，各人的得票数也按百分制折算成分值。

8月29日，公推公选领导干部进行了面试。这次面试采用了半结构化方式，以便更加真实、准确、全面地考查考生的综合能力。面试试题仍由专家封闭命制。按照"干什么、考什么"的原则，共命制22套题本，即省级机关20个职位各一套题本，高校10个职位两套题本。面试满分为100分，4道题由专家命制，1道题由现场特邀评委提出。4道专家出题，公共题和专业题各为两条，其中一题，可由主考官在考生答题过程中追问。每个考生的面试时间为30分钟左右。

考生参加面试前，到职位所在单位进行驻点调研。由所在单位领导介绍本单位的情况，包括主要职责、机构设置、主要工作情况及发展目标等。入围人选可提问。职位所在单位还要提供近三年来的工作总结、工作要点及领导讲话等资料。

面试考场共15个，按照职位的关联度，每个考场承担2个职位的面试任务（上下午各一个职位）。配备一个考官组、一个特邀评委组和若干工作人员。每个面试考官组由7人组成，分别为省有关部门、高校、各市委组织部的领导和专家，各职位单位也派1位领导参加。主考官由专家担任。考场工作人员包括监督员（省纪委选派）、计分及电脑操作人员、摄像人员、引导人员各一人。

面试考官和工作人员均提前一天上交一切通信工具，进入封闭考点。参加面试的考官集中培训。省委副书记、组织部长、省公推公选领导小组组长及小组成员看望考官，并检查考场准备工作。考生则提前封闭在另一个住处。

设立特邀评委组，是公推公选的一个新亮点。每个特邀评委组由10人组成，（略）参加面试的特邀评委不仅可现场监督面试情况，而且可以参与考试评分，可以现场提问考生。为确保考试过程的公平和规范，特邀评委的出题在本职位开始面试前议定。面试考官和特邀评委对考生的评分，按8∶2的比例合成为考生面试得分。面试现场考完后就拿到了面试得分。

本次公选《简章》规定，"适岗评价、笔试、民主推荐综合得分，与面试得分以6∶4的权重计分，根据得分每个职位确定前3名进行体检"。

（资料来源：http://news.qq.com/a/20070421/000786.htm）

问题：江苏省这次公选干部的亮点是什么？从哪些方面体现了公开公正公平的三公原则？对选拔的干部主要测评了哪些方面？信度和效度如何？

【实训项目】

实训内容：请学生考察一家大中型企业员工素质测评现状，了解这个企业素质测评的制度、内容、方法和工具等，以此判断此企业人员素质测评方面有哪些可取之处，有哪些不足之处，需要在哪些方面进行完善和提高。

实训指导：

1. 被考察的企业一般要选择名企，因为名企在素质测评方面较成熟，有一定的经验。
2. 重点考察测评标准体系的设计和测评方法与工具的选择。
3. 做出考察报告，分析其优势与不足，提出其改进方法与建议。

【学中做 做中学】

请你代表你所在虚拟公司人力资源部为公司的中层人员进行素质测评。要求：

1. 设计测评标准体系。针对测评的对象和目的，设计和审查员工素质能力测评的指标与参照标准，建立起科学的测评指标体系。
2. 根据指标体系实施测评。注意测评时间和场所的选择，不要有人为的干扰。

◎ 思考题：

1. 什么是人员素质测评？人员素质测评的流程有哪些？
2. 如何制作人员素质测评的方案？
3. 人员素质测评的实施要点是什么？

第四篇　育　人　篇

组织招聘选拔到高素质的人才，但不意味着这些人才就能为企业发挥作用，因为被选拔的人才必须经过培养训练，才能成为组织和岗位要求的专门人才。同时随着组织的发展，员工的素质也要随之不断培训提高。因此在育人环节，员工的培训与开发是人力资源管理与开发的重要组成部分和关键职能，是组织人力资源资产增值的重要途径，也是组织效益提高的重要途径。

第九章 员工培训

人才必须经过培养训练，才能成为组织和岗位要求的专门人才。同时随着组织的发展，员工的素质也要随之不断培训提高。因此在育人环节，员工的培训与开发是组织人力资源资产增值的重要途径。

◎ 知识目标：

1. 员工培训的含义。
2. 员工培训的流程。

◎ 能力目标：

1. 员工培训计划书的编制。
2. 员工培训方法的实施运用。

【导入案例】

摩托罗拉公司：百年大计　培训为本

摩托罗拉公司对雇员的培训需要投入大量的财力和物力。公司已向所有雇员提供了每年至少40小时培训，这在美国已属于较高的培训要求。公司希望再将这一培训时间增加4倍。美国首席经济学家安东尼·卡内维尔说，这种做法“将使他们走上一条超常规发展道路”。这一做法也许一年要花费6亿美元，相当于一个大型芯片工厂的费用。公司甚至在公立学校推广公司的培训方法，为公司准备和培养下一代雇员。

摩托罗拉如此热心培训，与其高层领导的支持分不开。1993年12月以铁腕著称的加里·L. 图克提任新总裁，他继任时明确表示，他将继续摩托罗拉公司的培训事业。他说，“如果知识更新和淘汰的周期越来越短，我们就别无选择，只有在教育上投资。谁说这就不会成为一个竞争武器呢？”公司敢于对培训作出上述的承诺和投入，是因为更新知识的培训已使公司获益匪浅。公司在1985年时发现60%的雇员达不到美国7年级的数学水平，大约从那时开始，当时的董事长罗伯特·盖尔温下令将工资额的1.5%用于培训。这一比例后来上升到4%。公司还成立了培训中心——摩托罗拉大学，而且对聘用雇员的要求也更严格了。

（资料来源：根据 http：//cache. baiducontent. com 整理）

第一节 员工培训概述

【知识要点】 培训的含义；培训的地位与作用；培训的内容和类型及基本程序。

进入知识经济时代后，企业竞争的焦点集中在人力资本的创新能力。面对外界环境的严峻挑战，企业必须保持持续学习的能力，不断追踪日新月异的先进技术和管理思想，才能在市场竞争中占有一席之地。因此，加强对员工的教育培训，提高员工的素质，持续提升企业业绩和实现战略目标，成为企业界的共识。

一、培训的含义和特点

（一）含义

员工培训是指有组织、有计划地使员工获得或改进知识、能力、态度和技能，达到提高组织的工作绩效，促进员工与组织共同发展的系统化的教育训练活动。

注意：培训对象是全体员工，而不是某部分员工，但并不意味着每次培训都必须是全体员工。培训内容应当全面，凡与工作有关的内容都属于培训的范畴，应紧密结合工作内容进行。如工作所需的知识、技能、态度、规章制度等。培训目的是提高绩效，通过改善员工的工作业绩提升组织的整体绩效，因此要对培训成本和收益进行准确分析，评估它对组织目标实现的价值。培训的主体必须是组织。有些培训虽然客观上实现了培训的目的，但不是组织实施的，就不属于培训，如员工自学不是培训，但如果自学是由企业组织的，那么就属于培训。

（二）员工培训的特点

1. 培训是组织开展的有目的、有计划、针对性强的系统管理行为。组织培训必须确立培训目标，提供特殊的资源条件，遵循科学的方法，进行专门的组织和管理，建立完善的培训体系，只有这样，才能确保培训目标的实现。

2. 培训的直接任务是提高员工的知识、技能、能力和态度。知识是工作所必备的各种业务知识，技能是指员工为完成某项任务通过练习可获得的动作系统。能力指员工能顺利完成某一工作所必需的主观条件。态度是员工对工作和对组织的工作态度。这四项内容的提高是员工培训活动的主要内容，也是直接任务。

3. 培训是员工职业发展和实现个人价值的需要。有效的培训不仅能促进组织目标的实现，而且能提高员工的职业能力，拓展他们的发展空间，实现自身价值。

4. 培训的目的是多层次的。培训可以建立和完善优秀的企业文化；增强组织或个人的应变和适应能力；满足员工自身发展的需求；更新员工知识，改善绩效水平。

二、培训的地位

员工培训是人力资源开发和管理的基本核心。员工培训与人力资源管理其他职能有着密切的关系，培训工作贯穿于人力资源管理的各个环节。

1. 培训与人力资源规划。培训的基础是根据人力资源规划方案进行，其中包括组织长期或短期人力资源目标，培训内容要依据人力资源目标而进行，这是出发点。

2. 培训与工作分析。培训的主要依据是工作分析的最终结果——工作说明书，根据说明书中的职责和任职要求来确定是否培训。

3. 培训与招聘录用。开展培训首先进行培训需求分析，而需求分析的内容可作为人员招聘的基本标准；同时被招聘的员工必须接受不同层次类别的岗前导引培训，以建立相应的职业观念、规范和技能，内化员工为组织的一分子。

4. 培训与绩效管理和薪酬管理。培训活动从评价开始，以评价结束。绩效评价结果不能满足工作需求时就要培训，然后再以工作绩效来考核培训效果。薪酬管理更要考虑到员工的素质能力，如果培训效果未能达到目标，薪酬福利势必受到影响。

5. 培训与员工关系管理。员工的提升、降职和劳动合同的签订必须依据员工自身的能力水平。如能力水平达不到要求，需根据培训结果做出决策，以确定其服务时限的长短。

6. 培训与职业生涯管理。员工进行职业生涯设计，主要依据员工的自身素质与潜质，如果员工具有某种内在潜质，这种潜质是组织所需要的，组织就要根据其潜质进行培训，使其发挥出功效，既可帮助其实现自身价值，又可帮助组织实现目标。

【知识链接】

国家对企业培训的政策

《国务院关于加快发展现代职业教育的决定》（国发〔2014〕19号）第二十一条规定，一般企业按照职工工资总额的1.5%足额提取教育培训经费，从业人员技能要求高、实训耗材多、培训任务重、经济效益较好的企业可按2.5%提取，其中用于一线职工教育培训的比例不低于60%。除国务院财政、税务主管部门另有规定外，企业发生的职工教育经费支出，不超过工资薪金总额2.5%的部分，准予扣除；超过部分，准予在以后纳税年度结转扣除。对不按规定提取和使用教育培训经费并拒不改正的企业，由县级以上地方人民政府依法收取企业应当承担的职业教育经费，统筹用于本地区的职业教育。

中共中央办公厅、国务院办公厅《关于进一步加强高技能人才工作的意见》（中办发〔2006〕15号）第十六条第二款规定，企业应按规定提取职工教育经费（职工工资总额的1.5%~2.5%），加大高技能人才培养投入。企业进行技术改造和项目引进，应按相关规定提取职工技术培训经费，重点保证高技能人才培养的需要。对自身没有能力开展职工培训，以及未开展高技能人才培训的企业，县级以上地方人民政府可依法对其职工教育经费实行统筹，由劳动保障等部门统一组织培训服务。

【课堂讨论】

（一）资料：英特尔：给新员工人情味的帮助和支持

英特尔有专门的新员工培训计划，比如上班第一天会有公司常识的培训：各部门规章制度，在什么地方可以找到所需要的东西等。然后由经理分给新员工一个“伙伴”，新员工不方便问经理的随时都可以问他，这是很有人情味的一种帮助。英特尔会给每位新员工一个详细的培训管理计划，第一周、第二周、第一个月、第二个月新员工分别需要做到什么程度，可能需要什么样的支持，都可以照着这个去做，公司也会随时追踪。新员工在三到九个月之间，会有一周关于英特尔文化和在英特尔怎样成功的培训。另外，公司会有意安排许多一对一的会议，让新员工与自己的老板、同事、客户有机会进行面对面的交流，尤其是和高层经理的面谈，给了新员工直接表现自己的机会。

（资料来源：《学习世界500强企业如何培训员工》，经理人论坛，2009年10月20日）

（二）讨论

1. 英特尔公司对新员工的培训重点是什么？对公司以后的管理有什么作用？
2. 英特尔公司的培训计划有什么特点？主要目的是什么？

三、培训的原则

（一）战略高度原则

许多组织将培训看作只见投入不见产出的赔本买卖，只考虑当前利益，不重视组织长远发展，当组织在适应外部环境而进行改革调整时，员工素质不能与组织同步进行，不能实现组织的目标。因此必须树立战略观念，根据目标及战略制定培训规划，使培训与企业的长远发展紧密结合。

（二）针对性原则

员工培训应当有明确的针对性，从员工实际岗位需要出发，做到与工作实际紧密结合，与员工的知识结构、能力结构、工作态度紧密结合，为提高组织的绩效服务。

（三）统筹兼顾原则

培训的内容要兼顾两方面。一方面要对员工进行知识和技能的培训，另一方面还应兼顾员工的理想、信念、价值观等，这样才能使员工全面符合企业要求。

（四）全员与重点结合原则

全员培训就是有计划、有步骤地对所有在职员工进行培训，目的是提高组织全体员工的素质。但为了提高培训投入的回报率，培训必须有重点地进行，即对企业有重大影响的管理和技术骨干，特别是中高层管理人员，更应该有计划地进行培训。

（五）注重实效原则

员工培训的实际效果主要体现在专业知识的拥有、工作能力的提高、工作态度的转变、工作技能的熟练等方面。

(六) 反馈与强化原则

反馈是指培训后对员工进行检验，作用在于巩固员工学习的技能、及时纠正错误和偏差，反馈的信息越及时准确，培训的效果就越好。强化则是指由于反馈而对员工进行的奖励或惩罚。目的是奖励接受培训并取得绩效的人员。

【课堂讨论】

(一) 资料：惠普公司“不仅用你，而且培养你”

初到惠普，首先是新员工培训，这将帮助员工很快熟悉并适应新环境。通过培训，让员工了解公司的文化，确立自己的发展目标，清楚业绩考核办法，明白该如何规划自己的职业生涯。在这一阶段，课程主要是与工作紧密相关的技术类培训，比如编程、系统管理等。当员工通过公司内部招聘成为一线的经理，这个阶段的课程主要包括沟通、谈判以及基本的管理培训。员工进一步升迁为部门负责人后，需要参加什么培训就主要由他本人决定了。为了帮助年轻的经理人员成长，惠普有一个系统的培训方案——向日葵计划，帮助较高层的经理人员从全局把握职位要求，改善工作方式。

(资料来源：http：//wenku. baidu. com/link？url)

(二) 讨论

1. 惠普公司的培训特点是什么？

2. 惠普公司如何通过培训让员工对自己的职业有更为深刻的了解？对员工的职业探索有什么借鉴意义？

四、培训的类型

员工培训的类型从不同的角度有着不同形式的划分，在不同形式的类型划分中，我们可以认识员工培训的内容、对象、途径和不同层次等。

(一) 按培训内容分

1. 知识培训。通过培训使员工具备完成本岗位工作所需基本知识，了解组织的基本情况，如组织的发展战略、目标、经营状况和规章制度等。

2. 技能培训。目标是使员工掌握从事本岗位工作的必备技能，如操作技能、人际关系的技能和谈判技能等，并以此培养、开发员工的潜能。

3. 能力培训。通过培训员工身上的潜质，挖掘员工的潜在能力，使员工经过进一步的学习和训练后在工作能力上能发挥出更高水平。

4. 态度培训。增强组织与员工之间的相互信任度，培养员工对组织的忠诚度，使员工的精神状态和工作态度达到组织要求，增强组织观念和团队意识。

5. 创新能力培训。创新能力是在创新活动中表现出来的各种能力的总和，是人的所有能力中最重要、最宝贵、层次最高的一种能力。创新能力培训是为满足员工自身或组织需要，促使员工努力改善自身的任职条件与行为，进行创新性的活动。

6. 团队精神培训。培训团队精神就是培训员工的大局意识、协作精神和服务精神。目的是提高员工的向心力、凝聚力，使员工个体利益和组织整体利益相统一。

7. 形象与心理培训。形象培训指对员工的外貌服饰、形体健康、举止风度等进行培训，使其符合组织标准。心理培训指以员工的自然心理素质为基础，通过教育实践等使员工适应组织的环境需要。

（二）按培训的形式分

1. 工作导向培训。又称新员工培训，指使新员工的精神状态和工作态度，尽快内化和融合到新组织中，对工作条件、人际关系、工作职责和规章制度等有所了解。

2. 在职培训。指员工不脱离工作岗位，在实际工作中直接对员工进行培训，一般通过有经验的员工、管理人员或专职教师指导员工边学习边工作。

3. 脱产培训。指员工在一段时间内脱离原工作岗位，进行专门的业务学习与提高。主要形式有举办技术训练班，选送员工到正规院校、知名企业或国外进修等。脱产培训花费较高，一般被实力雄厚的大型企业和组织严密的机关事业单位采用。

（三）按培训对象分

1. 纵向培训。也称各层次培训，指对高层、中层和基层人员的培训。高层管理人员主要是丰富工作经验和提高领导才能。中层管理人员主要是转变观念意识、提高管理技能。基层员工是培训知识技能，或明确职责权限，改变工作态度与行为习惯等。

2. 横向培训。也称各职能培训，指对经营及管理的各职能部门所进行的培训，目的是使员工明确各职能部门的职业分工、操作规程、权责范围。

【案例简析】

米拉日湖度假村拥有并经营着3家娱乐公司，每年吸引着3 000万左右的游客，过去几年中投资者获得的回报率每年达22%，公司被称为美国最令人羡慕的企业之一。据12家商业出版社称，该度假村在赌博业和酒店业中的生产效率是最高的，该公司的酒店始终保持着98.6%的入住率，而当地其他酒店则为90%，米拉日湖成功的关键是以高质量的服务来赢得回头客。

除了招聘最好的雇员，让他们从事感兴趣的工作并为他们营造良好的工作环境外，米拉日湖度假村将培训放在公司的首要位置上，为开发自己的人力资源（包括培训），公司研究了两百多家其他企业的人力资源管理活动，包括酒店、赌场和生产型企业，以探索哪些行为有效，哪些行为无效，从而拟定培训基准。研究的结果使公司认识到培训的重要性，为此每年用于培训上的支出大约在800万美元。米拉日湖度假村之所以投资于培训，不仅是要提高雇员的专业技能，而且要为他们在米拉日湖内的职业生涯发展做好准备。举例来说，通过培训可以使雇员掌握事业成功所必须的关键和战略，以此来取悦客户，公司还投资旨在提高雇员非工作时间里的生活质量的培训。

（资料来源：http://wenku.baidu.com/link? url《现代企业管理》案例复习题）

问题：米拉日湖度假村通过培训提高服务质量从而取得成功对我们有什么启发？

【实训项目】

项目一：请学生考察一家大中型企业员工培训状况，了解这个企业员工培训的制度、内容、方式、培训对象等，以此判断此企业培训工作方面有哪些可取之处，有哪些不足之处，需要在哪些方面进行完善和提高。

实训指导：

1. 被考察的企业可选择重视培训的企业，如保险公司、酒店、商场等，这些公司进行培训活动有一定的经验，比较规范，已基本形成制度，培训方式具有创新性，对以后从事培训活动有借鉴意义。

2. 调查时以小组为单位进行，要从高层管理人员、中层管理人员和基层员工三个层次进行调查，调查培训方式、培训内容、培训地点及培训效果等，要全面翔实。

3. 写出调查报告，在课上进行交流讨论。调查报告包括三个方面的内容：

（1）企业的总体概况，重点了解员工的素质水平特点。

（2）培训情况：总的培训特点；高、中、基三个层次的培训内容、培训方式、培训地点、培训效果、工作态度等。

（3）你进行调查的方式和过程，员工的欢迎和配合程度。

项目二：某商城经过几年的发展，原来的老售货员因年龄或升迁等原因，所剩无几，并且服务质量也有所下滑。商城最近新招了一批售货员，计划对新老售货员进行分期分批培训。人员：200 人，其中新员工 150 人，老员工 50 人。总公司有一个能容纳 200 人的大型会议室，商城距离总公司大约 6 公里，商城有一辆能容纳 55 人的旅游大客车。请参照以上培训计划及培训方案内容，拟定一份此商城培训售货员的培训计划书和培训方案。

【学中做　做中学】

请你代表你所在虚拟公司人力资源部为你们小组成员进行培训需求分析。要求：

1. 在进行培训需要分析时，要从这个角度来考虑：假如虚拟公司要正式运作，小组成员最需要了解哪些知识，掌握哪些技能，必备哪些能力，具备什么样的工作态度，采取何种合作方式才能运转起来？要进行认真细致调查，将调查方法列出来。

2. 请每个小组成员讨论你调查分析的结果是否符合本人的特点，是否与虚拟公司的业务有直接联系，如果不符合，请重新调查，直到取得一致意见。

3. 在进行详细培训需求分析的基础上，有针对、有重点、分步骤地制订出业务开始运作前的培训计划。

第二节　员工培训流程

【知识要点】员工培训流程；培训计划书的编制；培训的实施操作；培训的控制；培训效果评估。

培训流程一般包括制定岗位培训制度、开展培训需求分析、制订培训计划、培训的实施操作、培训过程的控制、培训效果评估等几个主要方面。

一、制定岗位培训制度

组织根据战略目标，结合岗位要求制定组织的培训制度和政策，内容包括新员工入职制度、培训激励制度、培训考核与评估制度、员工奖惩制度、培训风险制度等。

二、开展培训需求分析

培训需求分析一般分为四个流程：

1. 建立员工背景档案。

2. 制订培训需求调查计划：确定工作目标；制订行动计划；选择调查方法；确认调查内容。

3. 实施培训需求调查工作：提出培训需求动议；调查、申报、汇总动议；分析培训需求；汇总需求意见，确认培训需求。

4. 分析与输出培训需求结果。从组织层次分析组织的人力资源需求、劳动效率和企业文化方面的差距；从岗位层次分析员工从事的岗位所需要的知识、技能和态度；从员工层次分析员工具备的实际工作能力、素质、技能和现有的绩效水平。同时要针对不同的培训活动进行分析。主要有新员工培训需求分析、在职员工培训需求分析、目前培训需求分析、未来培训需求分析等。

在认真分析的基础上，对培训需求做出报告，为下一步制订培训计划打好基础。

三、制订培训计划

制订培训计划要综合考虑确定培训项目、制定培训内容、设计实施过程、制定培训控制措施和培训经费预算五项任务。

（一）确定培训项目

经过培训需求分析后，指出员工培训的必要性及期望达到的效果。培训项目要从培训目的、培训对象、培训层次、培训任务几个方面来考虑。

1. 培训目的要从技能完善、技能提高、前瞻性和综合素质四个领域来确定。

2. 培训对象要从管理人员、专业人员和一般人员三个层次来确定。首先要对工作任务、绩效标准与现状、绩效差距与成因进行分解。其次对获取的信息进行分析以确认培训标准，然后预测可解决的问题以及可利用的培训资源，最后确定培训对象。

3. 培训层次指按照整体发展规划、培养管理计划和部门培训计划三个层次来确定培训级别。

4. 培训任务是指要完成哪些要求，达到何种效果，对组织起何任用，作出何贡献。

（二）制定培训内容

这是将培训目标具体化和操作化的阶段，根据培训对象、培训目标及要求，确定培训项目的形式、学制、课程设置方案，拟定培训大纲、培训内容、培训时间、培训方式及教学方法，选择教科书与参考教材、任课教师、辅助培训器材与设施等。

（三）设计实施过程

首先要设计各阶段的任务。包括培训准备阶段、培训实施阶段、培训结束阶段的主要任务，以及负责人、时间表、预期效果等。其次要选择为学员提供具体的日程安排，落实到详细的时间安排。最后设计科学的培训方法，使培训效果达到最理想状态。

（四）制定培训控制措施

为保证培训工作的有序进行，应采取一定的措施约束员工行为，保障培训秩序，监督培训工作的开展。常见的控制手段有签到登记、例会汇报、流动检查等。

（五）培训经费预算

如派员工参加组织外部的培训，费用按培训单位的收费标准来支付。组织内部培训的经费预算主要有确定培训经费的来源是由企业承担还是由企业与员工共同承担；确定培训经费的分配和使用；进行培训成本-收益的核算，制订培训预算计划。

【课堂讨论】

（一）资料：员工培训计划怎么写？

南方电器公司由最初总资产几百万元，发展成为现在总资产为两百多亿元的大型电器公司。但最近公司遇到了麻烦。公司经常出现熟练工人短缺的问题，原因是公司从国外引进了世界上最先进的生产设备，而且生产的产品品种也比以前更多，这些变化要求生产工人掌握更先进的技术，而从人才市场上招进的员工很难能在短期内达到需要的水平。

于是公司总经理要求人事部写一个生产工人的短期培训计划，以满足公司对人力资源的需要，人事部经理把此事交给了张亮，张亮是由技术人员提拔上来的人事管理者，对人事管理工作也是刚接触。

（资料来源：http://wenku.baidu.com/link? url 培训开发案例分析题）

（二）讨论

人事部经理应该怎样指导张亮做好这个培训开发计划？

四、培训的实施操作

（一）确定培训师

培训师可以是组织部培养的，也可以从外部聘请。组织要培养一名培训师成本很高，因此组织一般只培养技能方面的培训师，其他大部分从外部聘请。确定培训师要从知识经验、培训技能、人格特征三个维度来判别其水平高低。

（二）确定培训教材或大纲

一般由培训师确定教材，教材来源主要有四种：公开出售的教材、组织内部教材、培训公司开发的教材和培训师编写的教材。教学大纲要根据培训计划，具体规定课程的性质、任务和基本要求，规定知识与技能的范围、深度、教学进度，提出教学和考核的方法。教学大纲要贯彻理论联系实际的原则，对实践性教学环节做出具体规定。

（三）确定培训地点

培训地点一般有企业内部的会议室、外部的会议室。要根据培训的内容来布置培训场所，包括视觉听觉效果、温度控制、教室的大小、座位安排、交通条件等。

（四）准备好培训设备

根据培训计划事先准备好培训所需设备，例如投影仪、摄像机、黑白板等。一些特殊的培训还需要特殊的设备。

（五）选择培训时间

培训时间的合理分配要依据训练内容的难易程度和所需时间而定。内容简单的、短期的培训可集中学习。内容复杂、难度高、时间较长的学习，则采用分散学习。在时间选择上也要考虑是在白天或晚上、工作日或周末、生产淡旺季等因素。

（六）发出培训通知，使每个人都确知时间、地点与培训的基本内容等

五、培训过程的控制

培训过程的控制是指在培训过程中根据目标、标准和学员的特点，矫正培训方法和进程。培训控制的主体是培训工作的负责人及管理人员，组织中的高层领导亦可监督检查。培训控制可以分为训前控制、训中控制和训后控制。

（一）训前控制

1. 制定培训制度与纪律，包括作息时间、员工工资、奖惩办法等。

2. 考评培训师。采取试讲、提交培训大纲等方式对培训师的能力与水平予以考评。

3. 审核培训内容与方法，以组织讨论、试培训以及向专家咨询的方式对培训内容与方法进行核实与调整。

4. 训前动员。向学员说明培训目的、内容及期望达到的效果，激发学习的主动性。

（二）训中控制

1. 学员先测。对学员的知识技能进行测量，以便有清楚的定量认识，为培训效果的检验提供基础。

2. 训中测验与考核。包括每门课讲授过程中的测验和课程的结束考核，定期的测验与考核结果是改进培训方法的有效依据。

3. 建立例会讨论制度。定期让学员集会总结，解决遇到的问题，交流经验与心得，在互动中学习，管理者以此确定与调整培训控制策略。

4. 与培训师交流。聆听培训师的意见与建议，及时对培训工作提出要求。

5. 加强培训考勤和纪律检查，做好培训记录。

（三）训后控制

1. 训后考评总结。根据学员的成绩、态度、考勤等进行系统总结，以各种奖励对表现突出的学员进行表彰，同时对达不到要求者提出批评。

2. 培训效果评估，采用科学的评估手段与方法对培训的效果进行分析，看是否达到培训目标，并总结经验与教训，为下一轮培训积累经验。

3. 培训结果转移。引导学员将学到的知识技能应用到实际工作中，提高组织绩效。

六、培训效果评估

指将员工在培训中所获得的知识、技能等应用于工作中的程度。通过评估可以了解培训项目是否达到了目标和要求，也可考查学员技能的提高或得益程度。

（一）实施培训评估

反应评估，主要测量学员对培训的主观感觉或满意度。

学习评估，主要测量学员对培训内容、技巧、概念的掌握和吸收程度。

行为评估，关注学员培训后的行为是否因培训而改变。

结果评估，衡量培训给组织的业绩带来的影响。

（二）撰写评估报告

评估报告包括：介绍评估的目的与评估的性质；评估实施的背景；分析与说明；阐明评估结果；解释评估结果并提出建议。

【案例简析】

名企培训实例——肯德基的企业大学化培训

作为一家餐饮名企，肯德基在中国的发展壮大离不开员工的集体贡献。那么肯德基是如何凝聚起全体员工的力量的呢？在此方面，肯德基对员工开展的培训可谓功不可没。

肯德基在中国特别建有适用于餐厅管理的专业训练系统及教育基地——教育发展中心。基地成立于1996年，专为餐厅管理人员设立，每年为来自全国各地的2 000多名餐厅管理人员提供上千次的培训课程。中心大约每两年会对旧有教材进行重新审定和编写。培训课程包括品质管理、服务沟通、有效管理时间、领导风格、人力成本管理和团队精神等。

据了解，肯德基最初的培训课程有来自于国际标准的范本，但最主要的是来自于当地资深员工的言传身教及对工作经验的总结。每一位参加培训的员工既是学员，也是执教者。这所独特的“企业里的大学”，就是肯德基在中国的所有员工的智囊部门、中枢系统。

首先，内部培训制度：分门别类。

1. 职能部门专业培训。肯德基隶属于世界上最大的餐饮集团——百胜全球餐饮集团。中国百胜餐饮集团设有专业职能部门，建立了专门的培训与发展策略。职员进入公司之后要去餐厅实习7天，以了解餐厅营运和公司企业精神的内涵。职员一旦接受管理工作，还须接受公司企业文化的培训课程，一方面提高员工的工作能力，为企业及国家培养合适的管理人才；另一方面使员工对公司的企业文化有深刻了解，从而实现公司和员工的共同成长。

2. 餐厅员工岗位基础培训。作为直接面对顾客的员工，从进店的第一天开始，每个人都要严格学习工作的基本操作技能。从不会到能够胜任每一项操作，新员工会接受公司安排的平均近200个工作小时的培训。通过考试取得结业证书。从见习助理、二级助理、餐厅经理到区经理，每一段的晋升都要修习5天课程。粗略估计，训练一名经理要花上好几万元。

3. 餐厅管理技能培训。目前肯德基在中国有大约5 000名餐厅管理人员，针对不同的管理职位，配有不同的学习课程，学习与成长的相辅相成，是肯德基管理技能培训的一个特点。

当一名新的见习助理进入餐厅，将要学习进入肯德基每一个工作站所需要的基本操作技能、常识以及必要的人际关系的管理技巧和智慧，随着管理能力的增加和职位的升迁，公司会再次安排不同的培训课程。当一名普通的餐厅服务人员经过多年的努力成长为区经理时，他不但要学习领导入门的分区管理手册，同时还要接受公司的高级知识技能培训，并具备获得被送往其他国家接受新观念以开拓思路的资格和机会。

其次，横纵交流：传播肯德基理念。为了密切公司内部员工关系，肯德基还举行不定期的餐厅竞赛和员工活动，进行内部纵向交流。在肯德基的餐厅，学到的最重要的东西就是团队合作精神和注重细节的习惯。

另外，肯德基从1998年6月27日起开始强化对外交流，进行行业内横向交流。和中国国内贸易局共同举办了数届“中式快餐经营管理高级研修班”，为来自全国的中高级中式快餐管理人员提供讲座和交流机会，由专家讲述快餐连锁的观念、特征和架构，市场与产品定位，产品、工艺、设备的标准化，快餐店营运和配送中心的建立等。对技能和观念的培训除了提高员工工作能力，也促进了中国快餐业尽快学习国际先进的快餐经营模式。

在肯德基在中国开出第700家店的上海庆祝活动中，他们没有打广告也没有搞庆祝仪式，而是把自己的培训课堂搬进了复旦大学的校园，让学生体验肯德基的培训。肯德基上海有限公司王奇解释这一现象为“企业大学化”。把企业的培训理念引进校园，一方面高校为企业的培训提供着良好的专业背景，同时企业也通过这样的形式将自己对人才素质的需要及来自于管理实践的最新经验反映给学校，这是一个互动的过程。

（资料来源：《学习世界500强企业如何培训员工》，经理人论坛，2009年10月20日）

问题：肯德基在培训方面有哪些可借鉴之处？对我们提高企业凝聚力有什么启示？

【实训项目】

实训内容：请为你所在的虚拟公司制订一份完整的培训计划。

实训指导：

1. 培训计划要具有可操作性，符合公司的实际。

2. 培训计划的内容有：培训目标；培训课程及进度表；培训项目的形式，包括课程设置方案、培训大纲、培训时间、培训方式及方法，选择教科书与参考教材、任课教师、培训器材与设施；培训控制措施；培训经费预算；培训具体实施步骤。

3. 要求培训的每项工作都要指定小组成员具体负责，责任到人。

【学中做　做中学】

请为所在的虚拟公司人员开发一项有针对性、可操作性强的培训课程，要求做到：

1. 课程的设置要符合公司实际，并对提高小组成员的素质或技能有很大的帮助。

2. 课程的内容最好是为小组成员量身定制的培训课程，以及实施计划。可以是人际沟通、人才观念、领导能力、协调能力、社交礼仪等，只要小组成员感兴趣，能增长知识和能力即可。

3. 课程的内容采用教案形式，将内容写成四至六个课时的教案。

4. 做出开发课程的授课计划。包括课程描述和授课计划两个部分，课程描述主要指课程培训对象、课程名称、课程目的、培训人数、课程时间和设施要求等；授课计划包括课程纲要、内容要点、培训方法、练习项目或案例、时间分配等内容。

第三节　员工培训方法实务操作

【知识要点】各种培训方法的含义类别及其优缺点，选择培训方法的程序。

培训方法的选择要与培训内容紧密相关，不同的培训内容适用于不同的方法。不同培训方法有不同的特点，在实际工作中，应依据公司的培训目的、培训内容以及培训对象，选择适当的培训方法。培训方法主要分为以下几大类。

一、传授型培训法

传授型培训法适用于知识类培训类型，主要包括讲授法、专题讲座法和研讨法等。

（一）讲授法

讲授法是培训师按照准备好的讲稿，系统地向学员传授知识的培训方法。适用于各类学员对理论性知识的掌握。主要有灌输式讲授、启发式讲授、画龙点睛式讲授三种方式。

优点是对培训环境要求不高，易于操作；经济高效，培训费低；能向教师请教疑难问题，有利于发挥教师作用；学员可相互沟通。缺点是单项式教学，学员处于被动接受状态；学员间缺乏相互作用和信息交流；会助长学员学习的被动或抵触情绪，不利于消化和记忆；缺乏实际的直观体验；针对性不强，难以顾及每个学员的具体特点。

（二）专题讲座法

专题讲座法是针对某一个专题知识，一般只安排一次培训。适合于管理人员或技术人员了解专业技术发展方向或当前热点问题等。

优点是不占用大量的时间，形式比较灵活；可随时满足员工某一方面的培训需求；讲授内容集中于某一专题，培训对象易于加深理解。缺点是传授的知识相对集中，内容可能不系统。

（三）研讨法

研讨法是指在教师引导下，学员围绕某一个或几个主题进行交流，相互启发的培训方法。一般由教师提出问题，引导学员做出回答，或不规定研讨任务，就某议题由学员进行自由讨论，目的是激发兴趣，相互启发，进行信息交换，解决问题。

优点是多向式信息交流。有利于取长补短，开阔思路；学员积极参与，有利于培养综合能力；加深对知识的理解；形式多样，适应性强。缺点是对研讨题目、内容的准备要求较高；对教师的要求较高。

二、实践型培训法

即通过让学员在实际岗位或真实工作环境亲身操作体验，掌握工作所需技能。具体包括工作指导法、工作轮换法、行为模仿法。适用于以掌握技能为目的的培训。

（一）工作指导法

工作指导法又称教练法，指由有经验的工人或主管在工作岗位上对学员进行培训。此方法应用广泛；可用于基层生产工人培训，也可用于各级管理人员培训。

优点是新员工在师傅指导下开始工作，可以避免盲目摸索；有利于新员工尽快融入团队；可以消除毕业生开始工作时的紧张感；有利于企业传统优良工作作风的传递；新员工可在指导中获取丰富的经验。缺点是指导者为防止新员工对自己构成威胁，可能会有意保留经验技术；指导者本身水平、工作习惯对学习效果有极大影响。

（二）工作轮换法

即让学员在预定时期内变换工作岗位，使其获得不同岗位的工作经验。优点是能丰富学员的工作经验，增加对工作的了解；使学员明确自己的长处和弱点，找到适合自己的位置；改善部门间的合作，使管理者更好地相互理解。缺点是工作轮换法鼓励“通才化”，适合于直线管理人员，不适用于职能管理人员。

【课堂讨论】

（一）资料：人力资源部的难题

一家大型酒店的餐饮部门抱怨，他们上下班没个正点，工作辛苦，每天为客人陪笑脸，却因为晨会迟到被人力资源部批评罚款，心中不服。职能部门抱怨说，他们每天协调这个，管理那个，为经营部门服务，虽然穿的是管理服装，可拿的资金还没有餐厅的主管多，对薪酬分配不服气。

（二）讨论

作为人力资源部经理，该采取什么方式才能解决这些难题？

（三）行为模仿法

行为模仿法是通过向学员展示特定行为的范本，由学员在模拟的环境中参照示范或者榜样进行模仿，并由指导者对其行为提供反馈，以提高其技能。

优点是使学员的行为符合其职业、岗位的行为要求，提高学员的行为能力；学员能更好地处理工作环境中的人际关系；针对性强。缺点是时间长、成本高。

三、参与型培训法

即每个培训对象积极参与培训活动，从亲身参与中获得知识、技能，掌握正确的行为方式。主要形式有自学、角色扮演法、头脑风暴法、模拟训练法、案例研究法、拓展训练法。

（一）自学

自学适用于知识、技能、观念、思维、心态等多方面的学习。既适用于岗前培训，又适用于在岗培训，新老员工都可以通过自学掌握必备的知识和技能。优点是费用低，不影响工作，学习者自主性强，能体现学习的差异性，有利于培养员工的自学能力。缺点是学习的内容受到限制，学习效果可能存在很大差异，学习中遇到疑问和难题往往得不到解答，容易使自学者感到单调乏味。

（二）角色扮演法

在一个模拟真实的工作情境中，让参加者身处模拟的日常工作环境之中，并按照他在实际工作中应有的权责来担当与实际工作类似的角色，模拟性地处理工作事务，从而提高处理各种问题的能力。

优点是参与性强，能充分互动交流；特定的模拟环境和主题有利于增强培训效果；可及时认识到自身存在的问题并改正；提高学员业务能力，加强其反应能力和心理素质；灵活性较强，培训时间可长可短。缺点是场景是人为设计的，如场景过于简单，学员得不到真正的角色锻炼；实际工作环境复杂多变，而模拟环境却是静态不变的；扮演中的问题分析限于个人，不具有普遍性；由于学员自身原因，参与意识不强；需要准备和组织的时间较长。

（三）头脑风暴法

头脑风暴法是指培训对象在培训活动中相互启迪思想、激发创造性思维，该方法能最大限度地发挥每个参加者的创造能力，提供解决问题的更多、更好的方案。

优点是可解决企业实际问题，提高培训收益；学员参与性强；有利于加深学员对问题理解的程度；集中了集体的智慧，达到相互启发的目的。缺点是对培训顾问要求高；培训顾问扮演引导的角色，讲授的机会少；研究的主题能否得到解决受培训对象水平的限制；主题的挑选难度大，不是所有的主题都适合讨论。

【知识链接】

头脑风暴法的操作程序

一、准备阶段

主持人事先对所议问题进行一定的研究，弄清问题的实质，找到问题的关键，设定解决问题所要达到的目标。同时选定参加会议人员，一般以 5～10 人为宜。然后将会议的时间、地点、所要解决的问题、可供参考的资料和设想、需要达到的目标等一并提前通知与会人员，让大家做好充分的准备。

二、热身阶段

此阶段的目的是创造一种自由、宽松的氛围，让大家得以放松，进入一种无拘无束的状态。主持人宣布开会后，先说明会议的规则，然后随便谈点有趣的话题或问题，让大家的思维处于轻松和活跃的境界。如果所提问题与会议主题有着某种联系，人们便会轻松自如地导入会议议题，效果自然更好。

三、明确问题

主持人扼要地介绍有待解决的问题。介绍时须简洁明确，不可过分周全，否则过多的信息会限制人的思维，干扰思维创新的想象力。

四、重新表述问题

经过一段讨论后，大家对问题已经有了较深程度的理解。为了使大家对问题的表述能够具有新角度、新思维，主持人或书记员要记录发言，并对发言记录进行整理。通过对记录的整理归纳，找出富有创意的见解，以及具有启发性的表述，供下一步参考。

五、畅谈阶段

畅谈是头脑风暴法的创意阶段。为了使大家能够畅所欲言，需要制定的规则是：第一，不要私下交谈，以免分散注意力。第二，不妨碍他人发言，不去评论他人发言，每人只谈自己的想法。第三，发表见解时要简单明了，一次发言只谈一种见解。随后主持人导引大家自由发言，自由发挥，使彼此相互启发，相互补充，真正做到知无不言，言无不尽，畅所欲言，然后将会议发言记录进行整理。

六、筛选阶段

会议结束后的一两天内，主持人向与会者了解会后的新想法和新思路，以此补充会议记录。然后将想法整理成若干方案，再根据可识别性、创新性、可实施性等标准进行筛选。经过多次比较和择优，最后确定 1～3 个最佳方案。

（资料来源：http：//baike. baidu. com/view/47029. htm？fr=aladdin）

（四）模拟训练法

模拟训练法以工作中的实际情况为基础，将实际工作中可利用的资源、约束条件和工作过程模型化，学员在假定的工作情境中参与活动，学习从事特定工作的行为和技能，提高其处理问题的能力。优点是工作技能将会获得提高，有利于加强员工的竞争意识，可带动学习气氛。缺点是模拟情景准备时间长，质量要求高；对组织者要求高，要熟悉各项技能。

（五）案例研究法

案例研究法又称个案分析法，即围绕一定的培训目的，把工作中真实的场景加以典型化处理，形成供学员思考分析和决断的案例，通过独立研究和相互讨论的方式，提高学员的分析及解决问题的能力。优点是案例生动具体，可激发学习者的积极性，促使其思考；能够帮助学员确认和了解解决问题的可行方法。缺点是需要较长的时间，可能同时激励与激怒不同的人，学员需要在课外去完成案例知识的准备。

（六）拓展训练法

拓展训练指通过模拟探险活动进行的情景式心理训练、人格训练和管理训练。以体能训练为主，学员被置于各种艰难的情境中，在面对挑战、克服困难和解决问题的过程中，使人的心理素质得到改善，包括场地拓展训练和野外拓展训练两种形式。

四、科技时代的培训方法

（一）网上培训

网上培训指通过企业内部网或互联网对学员进行培训。在网上培训中，老师将培训课程储存在网站上，分散在各地的学员利用网络进行培训。优点是节省费用；内容易修改，无需重新准备教材或其他教学工具，及时、低成本地更新内容；可利用网络上大量多媒体资源，增强教学的趣味性；培训进程安排较灵活，可利用空闲时间进行。缺点是建立良好的网络培训系统需要大量资金，有些内容不适用于网上培训。

（二）虚拟培训

虚拟培训是指利用虚拟现实技术生成实时的、具有三维信息的人工虚拟环境，学员通过运用某些设备接受和响应环境的各种感官刺激而进行，并可根据需要通过多种交互设备来驾驭环境、操作工具和操作对象，以达到提高技能或知识的目的。优点在于它的仿真性、超时空性、自主性和安全性。学员能自主地选择或组合虚拟场地和设施，可在重复中不断增强训练效果；并可脱离现实培训中的风险，获得感性知识。

除上面的培训方法之外，还有函授、业余进修、读书活动、参观访问等方法，这些方法是通过员工自身努力、自我约束完成的，公司只起鼓励、支持和引导作用。

【案例简析】

李军如何安排

大华公司在全国范围内营销自己的产品，公司推行异地轮训制，西北市场的负责人李军上一年开始负责上海市场，但是上海市场的业务却较低迷，公司财务主管认为需要将李军撤换，而人事主管则认为不能撤换，人事主管认为，李军在西北市场做得很好，且深得业务员们的拥护，而且正是因为李军在西北市场工作时间长，才导致他与上海的发展无形中脱节。如果把李军调开随便安排在一个位置，这显然与公司长期培养人才政策相矛盾。对李军的不当安排，立刻会使公司的异地轮训制度面临信任危机，公司其他员工会认为异地轮训是一种变相的淘汰方法，对公司人员的稳定极为不利，但财务主管坚持认为李军的工作跟不上上海的发展，需要换人，同时推荐李军的副手代替他的位置，但是李军的副手认为自己的临时身份很难发挥作用，委婉地拒绝了这一要求。公司吴经理听到两人的辩论，觉得都有道理。

（资料来源：http://wenku.baidu.com/link? url 第三章培训与开发）

问题：吴经理该采取什么样的行动呢？从该案例中可以得到什么经验教训？

【实训项目】

实训内容：运用角色扮演法，进行情景模拟：

1. 你正在会见一名经常旷工的员工，包括在周末安排他工作时也旷工。把会谈引向：你要他解释，在旷工期间都在干什么？

2. 你正在会见一名员工，他抱怨你刚公布出来的排班表。把会谈的内容引到：你和这名员工已经清楚地表明了抱怨的实质。

3. 你正在与一名对重要工作和程序置若罔闻的员工会谈，这已经是你与该员工第三次讨论这个问题了。你对他清楚地表明了这个问题的实质后，就不再谈论该问题，并一直到会谈结束都不提及此问题。

实训指导：

1. 按小组成员分工，每组给 20 分钟时间练习以上三种情境。

2. 请一组学生上台表演任何一个情境，其他学生则对表演者在角色扮演中运用的技巧进行评论，并写下他们的评论，包括做得好的和需要改进的。

3. 分别对学生的表演进行总结讨论，并可以进行轮换表演。

【学中做　做中学】

1. 讲授法：信息知识的讲解。

你是某大型公司的人力资源部经理，今年为信息部新招来五六名大学生，这些人员有学中文的，有学管理的，有学法律的，有学医药的，有一个是学计算机的。这些人员的教育背景可以满足不同的需要，但遗憾的是他们对信息部的工作一无所知，你有必要先向他们介绍一下信息部的工作及信息的有关知识。请你作为人力资源培训师为新录用的大学生进行 20 分钟的授课。

2. 为你所在的虚拟公司进行某一专题内容的课程设计，就你设计的培训内容在课上采用讲授法或其他方法进行实际演练。

◎ 思考题：

1. 什么是员工培训？员工培训与其他人力资源职能有何关系？

2. 员工培训的流程有哪些？员工培训的具体实施包括哪些内容？

3. 培训方法主要哪些？如何实施讲授法？角色扮演法的优缺点有哪些？

第十章 员工开发

◎ 知识目标：

1. 员工开发的含义。
2. 员工开发的流程。

◎ 能力目标：

1. 员工开发计划书的编制。
2. 员工开发方法实施运用。

【导入案例】

母爱的力量

有位母亲去市场买菜回来，在楼下与人交谈。这时楼上的孩子听到母亲的声音便向窗口爬来，到窗口他并没有停而是继续爬。就在他掉出窗口的瞬间母亲发现了。丢下买的菜冲向孩子。孩子在10楼掉下来，母亲离楼有30米之多。但是孩子却被母亲奇迹般地接住了。之后有人做过这样的实验：把一个与孩子的体重相等的物体丢出窗口，让消防员去接，没有一个消防员能接得住。而母亲却以10米/秒的速度接住了孩子。没有经过训练的人很难瞬间达到此速度。可见人的潜在能力是无穷的，但如果不开发、不挖掘是发现不了的。

（资料来源：http：//wenwen. sogou. com/z/q368793162. htm？sp=1586&pos=0&ch=2013ww. tw. xgzs）

第一节 员工开发概述

【知识要点】开发的含义；开发的地位与作用；开发原则；开发的内容和类型。

潜力是潜在的能力。人的潜在能力是无穷的，但如果不开发、不挖掘是发现不了的。企业既要开发技术人员的潜力，又要挖掘管理人员的潜力，只有把技术人员的技术水平和管理人员的管理水平都提高了，企业才能真正做到持续发展。

一、员工开发的含义

员工开发是指为员工未来发展而开展的正规教育、在职体验、人际互助等活动，以及在学习型组织中为员工未来发展而开展的各种开发活动。特点如下：

1. 广泛性。指员工开发的涉及面较广，凡是在职员工都可开发。

2. 协调性。指员工开发是一个系统工程。

3. 实用性。指员工开发活动应当产生一定的回报。

4. 长期性。指随着科学技术的日益发展，人们必须不断接受和学习新的知识和技术，任何企业对其员工的开发都将是长期的。

二、员工开发与培训的关系

开发是指由组织设计的，旨在给其员工提供学习必要技能的机会，以满足组织当前或未来工作需要的一系列系统性和规划性的活动。

（一）员工开发与员工培训的相同点

1. 员工开发与培训都是一种学习的过程。

2. 员工开发与培训都是由组织来规划的。

3. 开发与培训的最终目的是通过把培训开发的内容与所期望的工作联系起来，从而促成个人与组织的双赢。

（二）员工开发与培训的不同点

1. 目的不同。培训是短期的绩效改进，开发是使员工在未来承担更大的责任。

2. 关注点不同。培训关注现在，而开发关注未来。

3. 与当前工作的相关性不同。培训与现在的工作内容相关，开发可能与现在的工作内容联系并不紧密，更多地与未来的工作相关。

4. 工作经验的运用程度不同。培训对于工作经验要求更多，开发主要针对新工作，对经验要求相对较少。

5. 参与方式不同。有些培训活动是员工必须参加的，带有一定的强制性，而开发活动则更多地与员工的发展意愿相关。

三、员工开发的类型

（一）按开发对象分类

1. 基层员工的开发。主要开发员工学习理解本企业的价值观念和竞争战略，以及完成实际工作所必须具备的能力，从中发现员工自身的特长，挖掘其潜力。

2. 部门管理者开发。让职能部门的高级管理人员参与某项特定职能领域的领导者开发计划，作为该项目的组织部分，管理人员要处理一些实际工作中会面临的业务问题，从中开发其潜力。

3. 新管理者开发。即新上任的管理者在组织中如何进行管理，需要掌握哪些能力，包括管理部门的专业技术。

4. 高层管理者开发。主要是冒险性学习和课题研究，在对高层管理者开发的过程中，开发者提出某个亟待解决的业务问题，高层管理者需要通过会见顾客或竞争者，收集有关背景资料等对该问题提出解决方案。

5. 高级战略开发。是对组织中决策层人员的企业发展战略能力的开发。

（二）按开发内容分类

1. 心智开发。指改变人们根据既定的设想来思考和行动的开发活动。心指心理；智指智慧，是一个人借助经验和思考获得的能力，也就是创造某一成就的行动能力。

2. 潜能开发。指把员工本身具有的但还未表现出的能力，通过科学、专业和系统的指导和训练开发出来。

3. 精神资源开发。指员工健康成长所需要的一种恒久的精神动力支持系统。主要是开发员工的精神、信仰和社会责任感。

【课堂讨论】

（一）资料：百米运动员的故事

一个教练指导一个队员练习百米跑，刚开始，队员成绩不错，一百米只需13秒完成，多加训练便会有所提升。但是训练了几天后，这个队员的成绩不但没提高，反而在朝着一定趋势下降，一次竟跑了15秒。其间，教练对这个队员进行了综合分析，根据这个队员的身体素质来看，其成绩提高到12秒甚至更好完全有可能，教练就对这个队员在训练方法上进行耐心指导，还找他来谈心，希望给以鼓励，但都无济于事。后来教练想了一个办法，他把朋友的狼狗借来，明确地告诉这个队员："你在前面跑，我牵着狼狗在后面追你，如果你跑慢了，狼狗就会咬伤你。"由于担心被狗咬伤，队员便努力地跑，如此努力后，成绩逐步上升，一个月后，竟然在片区运动会上取得了11秒5的好成绩并一举夺得冠军。由此可见，人的内在潜力是需要被挖掘的。

（资料来源：http：//cache. baiducontent. com）

（二）讨论

1. 是不是每个运动员采用这种方法都会提高成绩？为什么？

2. 开发潜力是在什么条件下进行的？除上述方法外还有什么方法可开发其潜力？

（三）按开发层次分类

1. 适应能力开发。适应能力的开发要构建学习型组织，为组织创新提供较强的技术性手段，提高企业生命活力，以及核心竞争力。学习型组织的五项修炼是自我超越、心智模式、团体学习、系统思考、共同愿景。

自我超越是创造一种组织环境，激励组织发展自我，追求自己选择的目标管理，通过学习扩展自身的能力，以获取最理想的结果。

心智模式是指深深植根于人们心中，影响人们认知周围世界，以及采取行动的许多假设、陈见和印象，是思想的定势反映。适应能力开发就是要改变这些旧的模式来开发新的思维的活动。

团体学习是改变交谈和集体思考的技巧，从而发展成超出成员才能总和的智慧和能力。适应力开发就是让员工将这种学习方式修炼成自觉的行为习惯。

系统思考是指对影响系统行为的力量和相互关系进行思考的方式，这一项修炼可更有效地改变系统，让行动和自然与经济的发展过程保持一致。

共同愿景是成员共同勾勒出为之奋斗的将来，确定原则和指导方法，从而在集体中建立起一种奉献精神。适应能力开发就是将这种愿景深深植根于员工心中。

2. 创新能力开发。它是在创新活动中表现出来的各种能力的总和，是人的所有能力中最重要、最宝贵、层次最高的一种能力。开发创新能力的有效途径有增强员工的危机意识、建立有效激励制度、营造创新的工作氛围、构建有效的能力开发机制等。

（四）按开发性质分类

1. 主动式开发。就是员工自己要有开发潜力的意识。首先，员工要有一定的技术基础和工作经验。主要表现在员工在完成本职工作的同时，能主动认真思考，琢磨更加科学便捷的工作方法，以求更有效地提高绩效。其次，员工有了一定的基础，又能主动去探求先进科学的办法，对开发自身潜力有极大帮助。

2. 被动式开发。对于那些有开发潜力但不够主动的员工，组织要给予大力支持和帮助。在某种程度上来说，要采取一定的措施来逼迫这类员工开发。可通过制定相应的考核制度等，要求员工达到相关要求，否则降级使用，减少待遇。这样员工为维持现有的待遇或是为了争取更好的待遇，就会变被动为主动，积极开发自身的潜力，从而把工作做得更好。

3. 提醒式开发。针对在开发潜力方面具有一定基础，但因自信不足而缺乏主动开发潜力的员工，组织要给予他们帮助，为其创造条件，指出方向及着重点。

4. 建议式开发。针对有一定技术经验但理论水平不高的员工，要指定适当的人员帮助他们梳理技术经验，并沿着其本人的技术发展方向，牵引员工开发潜力。这样就可做到事半功倍，较容易开发其潜力。

四、员工开发的作用

一项有效的员工开发可不断地提供称职和经过良好训练的各级管理人才，并使新任管理人员接受组织的价值观和准则。具体来讲，员工开发有以下作用：

1. 在组织层次，为组织培养相当数量的熟练管理者，以满足组织成长的需要；帮助组织确认将来的领导人并加速他们的成长，以确保领导的连续性；同时可提高组织整体素质，增强生产效率。

2. 在团队层次，可设立团队行为标准，解决团队困难和团队内冲突，培养团队合作精神，鼓励建立目标型团队，促进团队成员间的交流和理解。

3. 在个人层次，可帮助员工掌握技能和技术，提高他们的自信，改进他们在现任岗位上的生产力和有效性；鼓励员工自我成长，提升员工的能力，使他们能承担更多责任，发挥所有潜能。

五、员工开发的原则

1. 自我开发原则。员工开发必须是自我开发，组织只提供机会，这样才有效。

2. 与个体的特定需求匹配原则。开发活动应依据员工的背景、当前的需要以及对自己将来在组织中发展的愿望。

3. 与实践结合原则。开发项目应为在工作中应用知识和新技能提供实践的机会。

4. 层次性原则。应清楚开发的优先次序，在何时进行，需掌握何种信息和技能。

5. 企业文化支持原则。企业的氛围和文化必须支持这些刚获得的知识或技能，否则开发效果难以保证。

6. 上级支持原则。上级领导必须全力支持员工的努力，允许其在工作中试验刚学到的知识或技能，并能为其在掌握这些技术方面提供咨询。

7. 长期性原则。开发是一个变化和成长的过程，需要相当长的时间才能成功。开发效果至少要花3~5年的时间才能显现。

六、影响员工开发成功的要素

1. 高层管理者的支持。任何一个开发项目的成功都离不开公司高层的支持。高层要善于利用声望和可信度来支持项目的进行，应了解项目的目的，并能在组织开发的过程中露面并扮演积极角色。

2. 组织的企业文化。企业文化能为员工的行事方式建立规范，减少沟通障碍，而这些正是经常困扰大企业、降低管理有效性的原因。员工开发要保证有效，必须确保它是支持企业文化的，又能对企业文化加以补充。

3. 组织的相关制度。员工开发目标确定后，就需要制定相应的管理开发政策，这能使组织中每个人都了解设计和实施项目的职能负责部门。员工开发不仅是人力资源部的事，所有部门管理人员都有开发下属的职责，组织应在制度上支持开发项目。

【案例简析】

我还能做什么？——能力开发游戏

创新的一个关键性前提就是要打破旧有思维的约束，在本游戏中，通过我们共同发掘自己没有认识到的能力，帮助我们重新审视我们的能力，勇于创新。

参加人数：集体参与；时间：10分钟；场地：不限；道具：无。

应用：(1) 充分认识自己的能力；(2) 突破思维局限。

游戏规则和程序：

1. 开发师问大家，你能做什么？你的能力在哪里？

事实上每个人所具备的能力可能有上百种之多，所以认真地探索你的技能，你会惊讶地发现自己竟然如此多才多艺。

2. 就下列题目，请学员在空白纸上填写：

(1) 在纸上列下你曾经成功完成的工作（比如，办一项社团活动、微积分考90分以上、打电动游戏超过原有纪录），并在之后想想完成这项工作需要有哪些技能，并将之列下。

(2) 回顾你曾受过的教育、所修的课程，在这些过程中学会了哪些技能，将它们列下来。

(3) 再回想平时从事的活动，列下这些活动需要的技能，继续扩充你的技能表。

(4) 请回想一次你在工作（不是单指职业，指你曾做过的事）上曾经历的一次高峰经验（意指很快乐、很感动的一刻），与你旁边的同学分享这次经验，并分析在这次经验中显现出你的哪些能力，把它列下来。

3. 将学员分为4人一组，分享彼此所列的能力表，同时互相讨论与这些能力有关的职业有哪些。

4. 最后开发师告诉每个人都有自己的发光点，切勿妄自菲薄，轻视自己的能力。

问题：

1. 游戏一开始你是否觉得自己的某些技能不值一提？玩了一段时间之后呢？

2. 这个游戏对于我们寻找合适的工作有什么帮助？

（资料来源:《培训游戏全案》,北京:机械工业出版社）

【实训项目】

实训内容：请学生考察一家大中型企业员工开发状况，了解这个企业员工开发的对象、内容方式等，以此判断此企业开发工作方面有哪些可取之处，有哪些不足之处，需要在哪些方面进行完善和提高。

实训指导：

1. 要选择重视开发的企业，如长城汽车这样的重视技术创新的企业。

2. 调查时可以以小组为单位进行，要从三个层次进行调查，即管理人员、骨干员工、新员工的开发方式、开发内容等，调查要全面翔实。

3. 写出调查报告，在课上进行交流讨论。调查报告包括两方面的内容：

（1）企业的总体概况，重点了解员工的素质水平特点。

（2）开发情况：开发特点、开发内容、开发方式、开发效果等。

【学中做　做中学】

请代表你所在虚拟公司人力资源部为你们小组成员进行开发训练。要求：

1. 在进行开发训练时，要从这个角度来考虑：

假如虚拟公司要正式运作，小组成员现在具备什么样的经验和技能？他们最擅长和最感兴趣的是什么？与公司的目标是否有联系？你准备采取何种方式对他们进行开发？

2. 请每个小组成员讨论其他人的个性特点，这些特点自己是否认识到，是否对将来的成功有推动作用，如何将这些特点发扬光大。

3. 在进行详细分析的基础上，有针对、有重点地制订出小组成员的开发计划。

第二节 员工开发流程

【知识要点】 员工开发流程主要有制定员工开发战略、做出员工开发计划、进行员工开发实施，做好员工开发反馈与评估。

一、制定员工开发战略

员工开发战略的目的是为实现组织经营目标提供相应的人力资源保证。其主要内容包括：评估企业现有员工的使用效率，预测未来工作质与量的变化，制订近期和远期的人力资源需求计划，对岗位和个人绩效进行考评，合理分配和使用人力资源。开发战略有以下几种：

（一）以学习型文化为先导的开发战略

以学习型文化为先导的开发战略是指多层面系统的员工开发需求评估战略，主要从三个方面进行分析：组织整体发展战略层面分析；组织的工作层面分析；员工个人层面分析。在分析三个层面的基础上制定员工在学习型文化上的开发战略。

（二）员工能力深度开发战略

深度开发战略是与企业远景、发展目标和价值观相吻合的战略。要求对开发结果进行科学严肃的考评，根据结果进行反馈，不断优化，从而激发员工的学习热情。

（三）开发与组织创新有机整合战略

员工开发要与组织创新结合起来，这样才能保证组织的目标实现，在设计以提高员工的知识技能为基础的制度上，建立有效的开发激励制度，调动员工接受开发的积极性，然后要建立学习型组织，营造企业的创新氛围。

【知识链接】

人的潜力无限

人脑与生俱来就有记忆、学习与创造的莫大潜力。科学研究表明：一般来说，人脑的潜能只发挥了不到10%，而90%以上的潜在能力被浪费掉。一个纽扣大小的电脑芯片可以装下整个大英博物院的所有图书资料。而人类的大脑存储量却远不是一片、两片甚至N片芯片可比。人类迄今为止最聪明的大脑大科学家爱因斯坦的潜能据说都只开发了万分之四不到，可以毫不夸张地讲，人类的大脑可存储人类对宇宙所有已知的信息。组织要考虑如何开发员工的潜力，使其能更好地贡献自己的聪明才智。

（资料来源：http：//cache. baiducontent. com）

二、做出员工开发计划

在员工开发战略的指导下，针对员工的现状，作出员工开发计划。员工开发计划是指根据组织内外环境变化和组织发展战略，考虑员工发展需要，通过对员工进行有计划的开发，提高员工能力，引导员工态度，使员工适应未来岗位的规划。

制订开发计划的内容主要有开发的目标、开发的对象、开发的项目、开发的时间段、开发的责任、标准、行动等。如下表所示：

开发计划	员　工	企　业
机会	我需要怎样改进？	企业提供评估信息，帮助员工认清自身的强项、弱项、兴趣及自身价值。
动机	我愿意投入时间和精力开发个人技能吗？	企业帮助员工确认变革的个人原因和公司原因。经理人员讨论应对开发中的障碍与挑战的步骤。
确定目标	我想要开发什么？	企业提供开发规划指导。经理要同员工共同讨论人员开发的问题。
标准	我如何了解所取得的进展？	经理人员针对标准提供反馈。
行动	我该采取什么行动才能达到开发目标？	企业提供课程教育、人员测评、在职体验和人际互助等开发方式。
责任	我该制定什么样的时间表？该如何向他人征询有关我的进展情况的反馈意见？	经理对于员工在开发过程中的进展进行跟踪，帮助员工制定达到目标的切实可行的时间表。

【课堂讨论】

（一）资料：员工开发计划怎么写？

西门子每年在全球要接收3 000多名大学生。西门子会对这些毕业生进行综合考核，考核内容包括专业知识、工作能力和团队精神，然后根据考核的结果安排适当的工作岗位。此外，西门子还从大学生中选出30名尖子生进行专门领导力开发，培养他们的领导能力，时间为10个月，分三个阶段进行：第一阶段，让他们全面熟悉企业的情况，学会从互联网上获取信息；第二阶段，让他们进入一些商务领域工作，全面熟悉本企业的产品，并加强他们的团队精神；第三阶段，将他们安排到下属企业（包括境外企业）承担具体工作，在实际工作中获取实践经验和知识技能。目前，西门子共有400多名这种“精英”，其中1/4在海外接受培训或在国外工作。

（资料来源：http：//wenku.baidu.com/view/f29c63d176eeaeaad1f33066.html）

（二）讨论

请为人力资源部制订西门子公司的大学生开发计划。

三、进行员工开发实施

员工开发实施过程包括五个环节：了解开发需求，选择开发目标，评价开发目标，明确开发活动，分配开发责任。

（一）了解开发需求

一般来说，组织解决的问题是组织未来对员工的能力素质要求是什么，对不同业务或职能的能力要求是什么，对每个关键管理职位的特殊能力要求是什么，在三个层面上去分析了解组织开发的需求，做到有针对性、有重点性。

（二）选择开发目标

首先对员工个人进行工作界面和现有经验的剖析，然后对人才的适用性进行分析，一般进行四种方式的相关分析，最后选择开发目标。

（三）评价开发项目

在收集信息的基础上，对开发的项目与组织的战略目标的相关度进行评价，同时要分析组织未来对人才的需求与开发项目的紧密度，并预测开发项目的收益情况。

（四）明确开发活动

不管采用什么方法，要使开发项目有效，项目的开发都要遵循如下步骤：

1. 进行需求评估。
2. 营造积极的开发环境。
3. 确保为开发计划做好准备。
4. 明确开发目的。
5. 选择用来实现目标的各种开发活动。
6. 保证工作环境支持计划的实施和开发成果的转化。
7. 开展项目评价。

（五）分配开发责任

在开发过程中，必须明确各级管理者的责任。

1. 管理者责任。企业高级管理层认为必须保证资深高级管理者和高级部门管理者参与制订开发计划。在企业中，有一种人才库叫作“企业财产”，即其职业管理应当满足整个企业的需求而不只是具体业务单位需求。这些人（通常占员工总数的1%左右）的工作安排要由企业层面而非直接上级管理单位去计划。

2. 人力资源部人员责任。在整个开发过程中，人力资源管理人员可以为开发活动提供支持，帮助制订和实施开发计划；可以通过推动工作和委派管理者参与开发活动而直接进入行动；可以设计、实施和监控开发计划的必要程序，也可负责安排与开发计划、企业政策相一致的部门间调动。

（六）组织开发活动

此阶段是开发活动的核心阶段，也是具体落实阶段，组织要提供支持性的开发环境，选择相应的开发方法来实施开发，并落到实处。

四、做好员工开发反馈与评估

由于开发的结果在未来一定的时间内才能显现出来，开发阶段持续的时间也较长，不像培训，在短时间内就能看到实效，因此开发是一项长期的战略任务，它的反馈与评估需要人力资源部和各用人部门不断沟通反馈，及时发现员工的能力变化，善于提供展示能力的平台，并实时作出评估，为下一轮开发提供经验。

【案例简析】

西门子公司的人员开发

西门子的人才开发计划很有针对性和目的性，从新员工培训、大学精英开发到员工开发，涵盖了业务技能、交流能力和管理能力的开发，开发内容也是以企业发展为目标，根据企业在发展中遇到的问题来设定。员工通过学习，最终要达到能够解决企业实际问题的目的，同时为公司员工业务能力的提高、人才储备、员工知识技能和管理能力的更新提供保证，因此西门子长年保持着公司员工具备较高素质状态，这是西门子强大竞争力的来源之一。

西门子的人力资源管理部门通过“与员工的谈话”来了解员工的愿望，结合公司需要，经过客观分析，制定每个员工未来发展领域和方向，并会同员工一起拟订切实可行的开发计划，采用双轨制开发，理论学习和实践操作相结合，能够及时检验培训效果，发现开发中存在的问题并不断加以改进。开发工作与员工个人发展计划结合起来，使员工意识到开发与自己的发展息息相关，极大地提高了开发效果，实现了公司和员工的共同发展。

（资料来源：http：//wenku. baidu. com/view/f29c63d176eeaeaad1f33066. html）

问题：

西门子公司的员工开发措施对我们的人力资源管理有何启示？我们要从哪几个方面来借鉴？请课下上网查找西门子公司的员工培训与开发的其他方法与措施。

【实训项目】

实训内容：请为你所在的虚拟公司制订一份完整的管理者开发计划。

实训指导：

1. 计划要具有可操作性，符合公司的实际。

2. 计划的内容全面，操作性强。

3. 要求开发的每项工作都要指定小组成员具体负责，责任到人。

【学中做　做中学】

请同学为所在的虚拟公司的某位管理人员进行有针对性的分析，然后为其量身定制开发一项可操作性强的课程，要求做到：

1. 课程的内容最好是领导能力、管理能力等，能符合公司长期发展目标。

2. 开发的项目必须征得此管理人员认同，并能为其未来的发展提供帮助。

3. 制定出详细的开发步骤。

第三节　员工开发的方法

【知识要点】员工开发的准备；员工开发的主要方法。

为了留住和激励员工，满足组织和员工的需要，组织需要运用各种方法手段去开发员工，方法手段采取得当，才能有针对性、目的性地将员工的潜力最大限度地开发出来。员工开发方法手段很多，主要从实用性和可操作性方面来介绍几种。

一、员工开发的前期准备

（一）营造良好的开发氛围

优秀的领导者会为员工提供一个良好的工作环境氛围，使他们能发挥自己所长，有机会学习和发挥才能。当今时代，尤其是“90后”的员工进入职场后，已不再愿意为那些只懂得发号施令和评估绩效的领导者工作，他们愿意跟随能够辅导他们、支持他们、帮助他们实现目标的领导。因此创建良好的环境氛围包括以下几个方面；

1. 透明的工作氛围。员工是否能看到自己工作的意义和价值所在，是否与组织及更大的目标有关系，是否明白自己的工作是怎样与整体愿景相联系的，组织文化有什么意义，公司的价值在哪里，如果能创造出以上肯定的工作氛围，员工的积极性会极大增强，能充分发挥出潜力。

2. 良好的合作氛围。员工渴望在充满激励的环境下工作，希望能和其他员工相互合作，获得成功。

3. 公平的制度氛围。员工愿意为公平公正的领导服务，无论是薪资、福利、工作量都公平且公正，希望感受到领导者用同样公平公正的态度来对待他们和客户，员工之间能做到相互尊重。有研究表明员工离职的最大原因是未受到公正和公平的待遇。

4. 自主的决策氛围。员工希望能自主完成工作任务，希望自己有足够的能力和信心来参与自己工作的决策制定。

5. 得到认可的反馈氛围。员工完成工作后，希望得到认可和反馈，任务完成好的员工需要得到领导的表扬。满足了员工的认可心理，其内在的潜力会得到自主的开发。

6. 能够发展的成长氛围。员工进入组织，希望有机会学习、成长、发展技能来实现职业发展，这也是员工的一项关键需求。

7. 和谐的人际关系氛围。员工希望领导能与他们分享信息，并能与他们建立良好的平等伙伴关系。在诚实信任的基础上与员工建立牢固的伙伴关系；同事间良好的关系也能促使员工更加努力地工作。

（二）设立专门的员工开发师

组织要想有效地开发员工的潜力，为组织发展提供人才储备，除营造良好的氛围外，最好设立专门的潜能开发师，由专业的潜能开发师对组织的各层次员工进行开发规划。选择潜能开发师有以下标准：

1. 具有心理学的专业素养，有合格的专业证书。
2. 有人力资源管理的从业背景，至少在不同行业历练五至八年以上。
3. 自我人格健康，自觉自律，家庭和睦，个人诚信记录良好。
4. 自我评价公正客观，被同行认可。
5. 对开发主管的性格特征分析基本准确。

二、员工开发的主要方法

传统的员工开发的方法包括正规教育计划、员工评价、在职体验以及人际互动，更多时候会综合运用四种方法。

（一）正规教育计划

这是指专门为本公司员工设计的各类在岗教育计划和脱岗教育计划，其中包括咨询公司和大学所提供的短期课程及大学课程计划。这些开发计划一般通过企业专家讲座、商业游戏、仿真模拟、冒险学习与客户会谈等开发方法来实施。

（二）员工评价

在收集信息的基础上，为员工提供有关其行为、交流类型、技能等方面的反馈，员工、同事、上级和顾客都可以提供反馈信息。员工评价通常用来开发管理潜能及评价员工的强项和弱项，还可用来确认管理人员的晋升潜能。

当前比较流行的人员评价工具主要有梅耶斯-布里格斯人格类型测试（Myers-Briggs Type Indicator，MBTI）、评价中心、360 度评估、人际关系价值取向量表（FIRO-B）、性格测试工具 DISC 等。

【知识链接】

梅耶斯-布里格斯人格类型测试量表的 16 种个性类型

MBTI 人格理论的基础是著名心理学家梅耶斯-布里格斯关于心理类型的划分，后经凯恩琳·布里格斯和她的女儿伊莎贝尔·布里格斯·迈尔斯研究并加以发展。

这种理论可以帮助解释为什么不同的人对不同的事物感兴趣、擅长不同的工作，并且有时不能互相理解。这个工具已经在世界上运用了将近30年的时间，夫妻利用它增进融洽，老师、学生利用它提高学习、授课效率，青年人利用它选择职业，组织利用它改善人际关系、团队沟通、组织建设、组织诊断等多个方面。在世界500强中，有80%的企业有MBTI的应用经验。这个理论将人的个性划分为四个维度：

外倾（E）—内倾（I）：表示获得与运用能量的方式。感觉（S）—直觉（N）：表示收集与获取信息的方式。思维（T）—情感（F）：表示作出决策的方式。判断（J）—知觉（P）：表示组织生活的方式。

四个维度如同四把标尺，每个人的性格都会落在标尺的某个点上，这个点靠近哪个端点，就意味着个体有哪方面的偏好。如在第一维度上，个体的性格靠近外倾这一端，就偏外倾，而且越接近端点，偏好越强。四个维度组合成16种个性类型。

（资料来源：http：//baike. baidu. com/view/1462757. htm？fr=aladdin）

（三）在职体验

在职体验是指员工体验在工作中所遇到的各种关系、问题、任务以及其他事项。具体有工作扩展，工作轮换，工作调动、晋升和降级。调动指水平调动，即让员工在企业的不同部门工作，它不涉及工作责任或报酬的增加。晋升指员工向一个比前一个工作岗位挑战性更高、所需承担责任更大以及享有职权更多的岗位流动。降级指员工的责任和权力的削减。它包括平行流动到另一职位但责任和权力有所减少（平等降级）；临时性跨部门流动，它使员工拥有了在不同工作部门工作的经验。

（四）人际互助

1. 导师辅导。导师是指公司中富有经验的、生产效率高的资深员工，他们负有开发经验不足的员工的责任。首先要制订导师辅导计划。其次要认清辅导关系的收益。最后要明确导师计划的目的。

2. 教练指导。教练就是同员工一起工作的同事或经理。教练能够鼓励员工，帮助其开发技能，并能提供激励和工作反馈。教练一般可提供三种开发方式：

（1）为员工提供一对一的训练（提供反馈）；

（2）帮助员工自我学习，包括帮助员工找到能协助其解决他们所关心问题的专家，以及教导员工如何从他人那里获得信息反馈；

（3）向员工提供通过导师辅导、开发课程或工作实践等途径无法获得的其他资源。

【课堂讨论】

（一）资料：通用电气公司的开发计划

通用电气公司高级经营管理人员开发计划课程强调的是战略思考能力、领导力、跨职能整合能力、全球竞争能力以及赢得客户满意能力等。目标受众是具有高潜质的资深专业人员和高级经营管理人员，课程包括管理人员开发课程、全球化经营管理课程、高级管理人员开发课程。

核心领导力开发计划：开发职能专家、推动卓越经营管理以及变革管理等方面的课程。目标受众是管理人员，课程是公司初级领导能力开发课程、专业开发课程、新管理者开发课程。

专业开发计划：强调为特定的职业发展道路做好准备的课程。对象是新员工。课程是审计人员课程、财务管理课程、人力资源课程、技术领导力课程。

高层管理人员教育的一个趋势是通过远程学习的方式得到越来越多的应用。

（资料来源：http://blog.tianya.cn/blogger/post_read.asp？BlogID=322915&PostID=54787513）

（二）讨论

通用电气公司的开发计划有什么特点？对我们的工作有什么启示？

三、针对不同对象的开发方法

为更好地进行员工开发，使组织的开发活动更具有可操作性，下面根据开发的对象分别介绍针对不同人员的开发方法。

（一）管理人员开发

管理人员开发是企业为了提高其生产力和盈利能力，确定和持续追踪高潜能员工，帮助组织内部管理人员成长和提高的一系列项目，覆盖了从初级主管到高级管理人员的所有管理岗位。

1. 管理人员开发的类型

按在任时间分为在任管理人员的培养和开发、候任管理人员的培养和开发。

按层次分为高层管理人员的培养和开发、中层管理人员开发、基层管理人员开发。

2. 管理人员开发的常见方法

（1）工作轮换。将有培养前途的管理人员轮流调任到其他岗位任职，以使其全面了解公司生产经营状况和整个组织的不同工作内容，得到各种不同的经验，提供更多的锻炼机会，培养沟通、协调能力和适应能力，从而具备多个岗位的工作经验，以开发多种管理技能，为职位晋升奠定良好的基础。

（2）替补训练。指每一位管理人员都被指定为替补训练者，除原有责任外，他们都要熟悉本部门的上级管理者职责。一旦上级离任，替补训练者即可按预先准备，接替其上级管理者的工作，如果其他上级职位出现空缺，替补训练者也可填补这一空缺。

（3）行动学习法。指由受训者组成团队或工作小组，为团队布置一个实际工作中面临的问题，让他们合作制订一个解决的方案或计划，并负责组织实施的开发方法。

（4）管理顾问。由企业邀请专业人士就企业存在的问题特别是企业战略管理、资本运营、企业文化、企业信息化、公司治理、流程再造等进行全面的分析和评估，在调查分析的基础上以顾问形式进行引导、咨询、答疑，并给予个性化、特色解决方案。

（5）沙盘模拟。体验式学习方法，即将整个企业的运营方式展示在沙盘之上，使得企业的现金流量、产品库存、生产设备、人员编制、银行贷款等指标显得清晰、直观，并把受训者分成3~5个管理团队，每队要亲自经营一家有一定规模的企业，通过参与各种形式多样、生动有趣的互动式游戏和体验项目，互相竞争，通过分析讨论，令每一位参加者通过亲身体验，从中得到经验的一种学习方法。

（6）敏感性训练。又称T（Training）小组法、恳谈小组法或者领导能力训练法。即通过团队活动、观察、讨论、自我坦白等程序，使员工面对自己的心理障碍，并重新构建健全的心理状态的一种训练方法。

（二）骨干员工开发

根据“二八定律”，20%的员工掌握了企业80%以上的技术，创造了80%以上的财富和利润。这些员工有着优秀的业务能力，掌握着企业核心技术，从事企业骨干业务，对企业业绩贡献最大，对企业的发展有着深远影响，他们是企业的骨干和灵魂，是企业生产运营和发展壮大的动力源。

1. 骨干员工的确认。骨干员工是具有劳动力稀缺性和高度的企业价值性的员工。稀缺性表现为劳动力市场上同类人才的数目相对较少，可替代性差，招聘成本和重置开发成本高于普通员工。对于骨干员工的确认，需要根据员工从事的工作对企业战略发展的价值，以及和企业核心竞争优势的关联度，并参照工作评价体系例如工作责任、工作强度、工作复杂性、所需资格条件等进行综合评价，先确定岗位的相对价值，找出企业的关键岗位，然后结合员工个人绩效考核结果，最后确认骨干员工的候选人。

2. 骨干员工的特点。即具有较高的知识或技能，对企业的发展至关重要，有较强的不可替代性，具有较高流动性。

3. 骨干员工的分类。根据骨干员工的价值及特点一般可分为三类，即具有专业技能的骨干员工、具有广泛外部关系的骨干员工、具有管理技能的骨干员工。

4. 骨干员工的角色意识培养。帮助骨干员工进行职业规划和职业管理；加强骨干员工对企业文化的认同感，强化骨干员工的主动忠诚度；适当下放决策权；建立企业与骨干员工之间的“契约”关系。

5. 骨干员工开发的方法。

（1）授课与讨论相结合的训练法。要求骨干员工具有较强的自我控制和约束能力；对公司的发展目标要有强烈的使命感和责任感，并在工作中敢于承担风险、责任，敢于接受富有挑战性的工作；能形成市场竞争能力并凝聚全部力量去求得最好的工作效果；有威信，有魄力，有能力，忠诚而且可以信赖。

（2）单独脑力激荡法。要求骨干员工明确自己的角色和承担工作的责任、使命；分析企业要实现的战略目标，明确自己要努力的方向；分析目前市场状况、顾客需要、竞争对手情况，以便做到心中有数；分析本人工作部门存在的问题和不足，以便提出解决问题的对策。然后提出问题让员工解决：如何工作才能实现企业目标？计划要取得什么样的工作成果？如何选择最适合企业和个人发展的行动方案？

【知识链接】

挖掘员工潜能，发挥个人优势

优秀的经理人通常都具有一个特长——能够发现员工的优势，并使其有用武之地，同时在这一过程中，将员工个人的特长转化为实际的业绩。这注定是一个皆大欢喜的结局：员工在自己本来就擅长的领域工作，游刃有余、愉悦轻松，甚至不需要激励；经理人因为知人善任，收获更多尊重和认可，以及整体部门的高工作效率和业绩。那么，现在让我们先从结局回到开始，作为经理人，该怎样来认识员工的优势，怎样去发现员工的优势？

潜能，是试出来的

杰克·韦尔奇说过："要相信，员工的潜能绝对超乎你的想象，只要你肯挖掘，你就会得到一笔惊人的财富。"在很长时间里，也有不少经理人非常关注发掘员工的潜能，但却普遍不得法。和显在优势不同，潜在优势不是仅通过观察就能发现的，经理人需要提供更多机会让员工去尝试，并允许在尝试中犯错误。这既包括对本职工作的创新做法，也包括本职工作之外的新的挑战机会。

当然，挖掘员工潜能不是个简单的单一环节，经理人还需要去激励员工愿意做新的尝试，以及在发现其潜能苗头之后去投入精力乃至财力帮助其开发，放大潜在优势。如果没有这个决心和准备，就不要抱怨员工没潜能。

相信每个人都有所长

其实"用人所长"已是个熟悉到麻木的词语，但奇怪的是，仍常常有经理人认为自己的员工一无是处，或者，不断地提醒员工改正永远也改正不完的缺点。

但事实上，如果从利用优势的角度来观察，没有人会反对这个结论：每个人总是有长处的，即使是那些看起来能力最差的人。不过，当经理人的视野被员工的那些弱点充斥时，他将没有眼光再去关注员工的长处；而当他想不遗余力地消除员工的那些缺点时，他就更没精力再去思考如何发挥员工的长处。

人力资源管理中有一句名言，没有"平庸的人"，只有"平庸的管理"。高明的主管会首先承认员工的不平庸，进而从每个普通的员工身上发现有价值的东西，并加以引导开发。

从关注现有优势开始

即使你是个非常关注员工长处的经理人，是否也会过于追逐挖掘员工的潜能，而忽略了其现有的优势？要知道，和那些必须经过开发才能具有的优势相比，显然，现有的优势更容易快速转化为效率和业绩。

研究表明：人类通常有24种情绪天赋，这些天赋通过人的思维、感觉与行为体现出来。当一个人对某项事情怀有热情，并且做起来行云流水，无师自通，就证明这是他的优势所在。所以，经理人如果能深入去观察和了解员工，准确地找出他的优势并非难事。比如有人擅长把任何枯燥的主题都表达得生动有趣，有人总能预感冲突并擅长化解纠纷，还有些人，看上去总是运气超棒，能那么容易地赢得他人的信任。一旦发现某个员工具有这样的能力，千万不要再让他痛苦地去改正缺点或培养什么潜能，立刻利用就好。

换一个角度看缺点

有人说，垃圾是放错了地方的宝贝。用在人的长短处上也有一定的可比性。不得不承认，因为教育的偏差或社会偏见等原因，某些被大家公认的缺点实际上是一种误判，或者和优点之间界限模糊。也就是说，通常有可能你觉得是一个弱点，但实际上是一个优势。比如：一个员工斤斤计较，但从优势的角度看，他是不是恰恰是管理仓库的最佳人选？另一个员工爱吹毛求疵，这是一个质检员该拥有的多好的品质啊！

对于经理人来说，更难得的好处还在于，员工通常会为自己的缺点而感到自卑，如果你把它转变成了优点，他定会因此而自信满满，激发出难以想象的工作热情！

（资料来源：东奥会计在线，2013年11月22日）

（三）新员工开发

新员工开发主要是让新员工明确企业对其的要求、期望以及企业的传统、管理政策和行为规范，从而明确工作的技术或技能要求、工作交往和沟通方面的行为方式，同时向新员工传授企业精神，培养其对企业的感情和集体主义、团结合作的作风，让新员工定位自己的角色，充分发挥自己的才能，从而增加新员工工作满意度，提高员工保留率。新员工开发的方法主要有：

1. 介绍法。包括企业概况介绍，企业的主要政策、制度及其工作程序介绍，部门职能和岗位职责介绍，通过介绍观察其思维能力和认识问题的能力。

2. 参观法。参观企业设施和部门，让其从中发现管理中和执行中的问题。

3. 训练法。结合企业文化进行专项技能训练；结合业务进行专项训练，在进行技能训练时一定不要先入为主，要先讲清任务的目的，让新员工思考完成任务的方法，从中观察其创新能力，以有效地进行培养挖掘。

（四）毕业生的开发

1. 传帮带法。选好的主管对刚毕业的学生进行一对一或一对多的传帮带。

2. 工作轮换法。为毕业生提供阶段性的工作轮换，让其在工作轮换的过程中发现自己的兴趣和技能特长，从而发挥出其内在潜力。

3. 工作评价。为毕业生建立以职业为导向的工作绩效评价，及时反馈，调动其积极性，确定其工作目标，掌握其内在潜力。

4. 鼓励法。鼓励毕业生进行职业规划，为自己的职业生涯作出规划，发挥出自己的特长，与工作做到有机结合，实现组织与个人目标的有机结合。

【案例简析】

开发管理者的必要性

General Physics（GP）意识到了开发管理者的必要性。在决定哪种开发活动比较合适以及哪些技能需要开发之前，公司首先对管理者作出了评估。GP采取的方法是360度反馈，以此来评价管理者在领导、激励、处理冲突、管理绩效等方面的能力。GP在公司开展组织氛围调查。该调查衡量的能力与360度相同。基于这两种方法的调查结果，公司发现所有管理技能都有待开发。公司意识到需要一种非传统的方法，让管理者面对变革，因此他们采用了“海军训练营”的模式来开发管理者。在董事长和其他高层管理者的业务会议上，这一项目正式宣布实施，负责发起活动的管理者穿着海军作战服介绍了具体内容。很多与会人员赞成，意味着该项目获得了公司管理层的支持。

为期两天的高强度领导力开发项目包括挑战胜利极限的团队练习、激情演讲、课堂开发和行动学习。在行动学习开展的过程中，受训者就影响公司员工绩效的问题进行讨论，并向高级管理层汇报如何处理这些问题。为了强调这个项目的重要性，参与者必须驻扎在露营地，并且一起就餐，身穿统一的制服。这个项目是否真正有效？项目结束6个月后，公司开展了氛围调查。员工表示管理者在参与此项目后能力有所提升：各项能力都取得了17%～25%的进步。

（资料来源：http：//www. baidu. com/p/2014. 2. 26）

问题：结合案例说明管理者开发的重要性与必要性。除360度反馈，还可用哪些方法来评价管理者能力？

【实训项目】

实训内容：运用训练法开发潜力

人的大脑有无尽的潜力可开发，其中限时强记法能强化人的记忆，即在规定的时间里记忆数字、人名、单词等，可以锻炼强记的能力。比如在候车时，你规定自己在车来之前记住广告牌上的几个电话和地址，而且，尽量用你的右脑来记忆。第二天，看看你是否全记住了。这是充分调动左右脑，防止大脑老化，提高记忆力的一种好方法，并且可随时随地做。也可随身带几张客户名片，用上下班时间来记地址和电话。

实训指导：

1. 随意列出10个手机号码，给每位同学10分钟进行记忆。

2. 请一名学生表演，其他学生则核查记忆的准确性。

3. 进行小组PK。请小组选拔两位同学强化记忆10组电话号码，然后在限定的时间内进行比赛，对照刚才记忆，分析有没有变化，讨论如何开发自己的记忆力。

【学中做　做中学】

为你所在的虚拟公司的员工设计开发销售能力的课程，就你设计的内容在课上进行实际演练。要求：

1. 课程内容要具体、有针对性，操作性要强。
2. 要有课程提纲、课程讲义。
3. 做成PPT，在课堂上进行实际演练。
4. 最后要进行考核反馈，检验开发效果。

◎ 思考题：

1. 什么是员工开发？员工开发的流程有哪些？
2. 员工开发的具体实施包括哪些内容？
3. 员工开发方法主要有哪些？如何实施？

第五篇　用　人　篇

人力资源管理活动的最终目的是会使用人才，做到依事用人，用人所长，使人才最大限度地得以合理使用。在人力资源管理活动中，人才使用的结果需要通过绩效水平来体现，大多数员工还是主要通过薪酬水平的高低来贡献自己的才智。因此在使用人才活动中，绩效管理和薪酬管理起着主导作用。

第十一章 绩效管理

◎ 知识目标：

1. 绩效、绩效管理的含义。
2. 绩效管理与绩效考核的区别和联系。

◎ 能力目标：

1. 各类绩效管理的方法。
2. 绩效管理的程序和步骤。

【导入案例】

北方公司注重员工工作过程的考评

北方公司的员工考评主要分为两个方面，一方面是员工的行为，另一方面是绩效目标。

每个员工在年初就要和主管确定当年最主要的工作目标是什么。以前是每年定一次目标，现在随着市场变化以及公司的发展，公司对员工的考评是经常性的，随时会对已定的目标进行考评和调整。公司的员工除了和自己的上司订立目标，还有可能与其他部门一起合作做项目，许多人都参加到同一个项目里。所以一个员工的业绩考评不是一个人说了算，也不是一个方面能反映的。

对员工绩效进行考评的人员，除了员工的主管外，还有很多共事的人，以及他们的下属，这就是所谓的“360度考评”。对员工的行为和目标的考评因为是经常性的，员工在工作中出现什么不足，就会从周围人和主管那里获得信息，如果有些不同看法，主管会与员工进行沟通，力求使员工能够对绩效考评有更加全面深入的认识。

北方公司认为考评有两个功能，一是看以前的工作表现和业绩，它反映一个人的能力；二是看这个员工以后的发展，通过考评过程可以发现员工能够提升的空间，以及现在的工作或将来应该怎么样。北方公司许多不同级别管理层的现职人员是通过考评发现的，根据考评发现员工的潜能和发展愿景，使员工有可能成为公司人才选拔的候选人。

北方公司考评的整个过程通常需要花费2个月时间，公司上下都非常认真地对待考评工作，北方公司的员工认为这既是对自己负责，也是对别人负责。

（资料来源：http：//cache. baiducontent. com）

第一节 绩效管理概述

【知识要点】 绩效的概念与特征；绩效管理的概念与目的；绩效管理的程序。

企业管理的研究者们在探索提升企业竞争能力的一系列实践中发现：在人力资源开发与管理中，任何环节的正常运转都与绩效管理有着千丝万缕的联系。人力资源管理各个环节的工作都需要绩效管理活动为其提供翔实的资料和信息。选拔录用员工是否能适应工作要求，需要通过绩效考核来衡量；职位升迁还要考查员工的能力、态度、绩效；薪酬高低需要以员工的绩效和贡献为基础；培训要以员工的现有能力、素质和潜力为依据等。

一、绩效的概念与特征

（一）绩效的概念

绩效也称业绩或效绩，反映的是人们从事某一种活动所产生的成绩或成果。但随着管理实践的深度和广度的增加，人们对绩效认知的立场和角度的改变，绩效的概念和内涵也出现了多元化的解析。在一个组织中，广义的绩效包括两个层次的含义：一是指整个组织的绩效；二是指员工的绩效。在本章中，我们讨论的主要是员工的绩效。

绩效是一个多义的概念，是员工自身的多种素质因素在特定条件下，通过行为过程转化而来的综合反映，也是员工的工作任务、工作技能、工作态度和工作环境、工作条件等因素相互作用的结果。

（二）绩效的特征

一般来说，绩效具有以下三个主要的特征：

1. 多因性。多因性就是指员工的绩效受到多种因素共同影响，如知识、能力、激励、环境等，并不是哪一个因素就可以决定的，绩效和影响绩效的因素之间的关系可以用一个公式加以表示：

$$P = f(K, A, M, E)$$

在这个关系式中，f 表示一种函数关系；P（Performance）就是绩效；K（Knowledge）就是知识，指与工作相关的知识；A（Ability）就是能力，指员工自身所具备的能力；M（Motivation）就是激励，指员工在工作过程中所受的激励；E（Environment）就是环境，指工作的设备、工作的场所等。

2. 多维性。多维性就是指员工的绩效可以从多个维度或方面考核，工作结果和工作行为都属于绩效的范围。例如一名操作工人的绩效，除了生产产品的数量、质量外，原材料的消耗、出勤情况、与同事的合作以及纪律的遵守等都是绩效的表现。

3. 动态性。动态性就是指员工的绩效并不是固定不变的，随着时间的推移绩效是会发生变动的。这种动态性就决定了绩效的时限性，绩效往往是针对某一特定的时期而言的。

二、绩效管理的概念

绩效管理就是指组织制定员工的绩效目标并收集与绩效有关的信息，定期对员工的绩效目标完成情况作出考核和反馈，以改善员工工作绩效并最终提高整体绩效的制度化过程。

对于绩效管理，在现实中存在着许多片面的甚至错误的看法，人们往往把它视同为绩效考核，认为绩效管理就是绩效考核，两者并没有什么区别。其实，绩效考核只是绩效管理的一个组成部分，代表不了绩效管理的全部内容。完整意义上的绩效管理系统是由绩效计划、绩效沟通、绩效考核和绩效反馈这四个部分组成的一个系统，如下图所示。

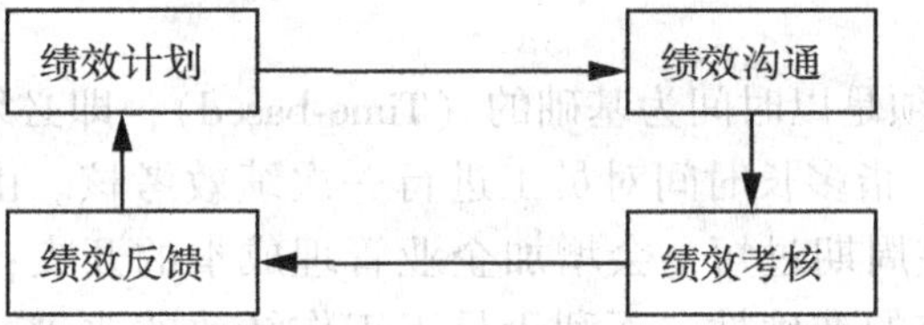

绩效管理的过程

绩效考核通常被称为业绩考评或“考绩”，它是考核主体根据岗位工作说明书和绩效考核标准，运用各种科学的方法，针对企业中每个员工所承担的工作、行为的实际效果及其对企业的贡献或价值进行周期性的考核和评价。它是对员工的绩效、能力、岗位适应度、任务完成情况、员工发展情况等进行全面评估，并将评定结果反馈给员工的过程。

绩效管理是把对组织绩效的管理和对雇员绩效的管理结合在一起的体系，绩效考核的主要目的是改善行为和改进绩效，绩效考核是事后考评工作的结果，而绩效管理包括事前计划、事中管理、事后考核。所以绩效考核只是绩效管理中的一个重要环节。

三、绩效管理的程序

完整的绩效管理依次包括以下四个步骤：绩效计划的制订、绩效实施与管理、绩效考核、绩效反馈，它们紧密相联，相互影响。这四个基本步骤对任何一个优秀组织的绩效管理来讲都是不可或缺的，缺少其中任何一个要素，都不是真正意义上的完整的绩效管理。

(一) 绩效计划的制订

绩效计划的制订是整个绩效管理过程的开始，这一时期主要是完成绩效计划的任务，也就是说通过上级和员工的共同讨论，确定出员工的绩效目标和绩效考核周期。这是绩效管理系统中最重要的环节，如果没有绩效目标作为考核的基础，考核是无公正客观可言的，考核的结果没有任何的说服力。

1. 绩效目标。也称绩效考核目标，是对员工在绩效考核期间的工作任务和工作要求所做的界定，它是对员工进行绩效考核时的参照系，绩效目标由绩效内容和绩效标准组成。

(1) 绩效内容。绩效内容界定了员工的工作任务，也就是说员工在绩效考核期间应当做什么样的事情，它包括绩效项目和绩效指标两个部分。

（2）绩效标准。绩效标准明确了员工的工作要求，也就是说对于绩效内容界定的事情，员工应当怎样做或者做到什么样的程度，例如，“产品的合格率达到90%”、“接到投诉后两天内给客户以满意的答复”等。绩效标准的确定有助于保证绩效考核的公正性。绩效目标应具备以下五个方面的要求，也就是通常所说的“SMART”原则。

S——绩效目标必须是具体的（Specific），以保证其明确的牵引性；

M——绩效目标必须是可衡量的（Measurable），必须有明确的衡量指标；

A——绩效目标必须是可以达到的（Attainable），不能因指标的无法达成而使员工产生挫折感，但这并不否定其应具有挑战性；

R——绩效目标必须是相关的（Relevant），它必须与公司的战略目标、部门的任务及职位职责相联系；

T——绩效目标必须是以时间为基础的（Time-based），即必须有明确的时间要求。

2. 绩效考核周期。指多长时间对员工进行一次绩效考核。由于绩效考核需要耗费一定的人力、物力，考核周期过短，会增加企业管理成本的开支；但是，绩效考核周期过长，又会降低绩效考核的准确性，不利于员工工作绩效的改进，从而影响绩效管理的效果。因此，在准备阶段，还应当确定出恰当的绩效考核周期。绩效考核周期的确定要考虑以下三个因素：

（1）职位的性质。不同的职位，工作的内容不同，因此绩效考核的周期也应当不同。

（2）指标的性质。不同的绩效指标，其性质是不同的，考核的周期也应当不同。

（3）标准的性质。考核周期的时间应当保证员工经过努力能够实现这些标准。

（二）绩效实施与管理

有了具体的考核目标和考核标准之后，就可以针对每个不同的员工实施考核了。在绩效实施阶段，主要是完成绩效沟通和收集绩效信息两项任务。

1. 绩效沟通。通过持续的绩效沟通，让管理人员了解相关信息，以便日后对员工的绩效进行客观的评估，同时在执行绩效计划发生偏差时及时了解相关信息，采取相应的调整措施。

2. 收集绩效信息。收集的资料有部门绩效计划、工作说明书、绩效考评表、员工的绩效档案。

（三）绩效考核

绩效考核是一种正式的员工绩效考核制度，是指在绩效考核周期结束时，选择相应的考核主体和考核方法，收集相关的信息，对员工完成绩效目标的情况作出考核。它是通过系统的方法、原理来评定和测量员工在职务上的工作行为和工作成果。

1. 绩效考核主体。指对员工的绩效考核的人员。为确保考核的全面、有效性，在实施考核的过程中，应该从不同岗位、不同层次上的人员中，抽出相关成员组成考核主体并参与到具体的考核中来。一般来讲，考核主体包括五类成员：上级、同事、下级、员工本人和客户。

2. 绩效考核的方法。

（1）比较法。这是一种相对考核的方法，通过员工之间的相互比较从而得出考核结果。比较法主要有以下四种。

①个体排序法。也称排队法，排队法是一种简便易行的方法。这种方法把被考评的员工按每个人绩效的相对优劣排出顺序或名次。

②配对比较法。为了降低排队的难度，可以采用配对比较的方法。这种方法要求按照某种绩效标准，把员工进行两两比较，每一次比较时，给表现好的员工记“+”，另一个员工就记“-”。所有员工都比较完后，计算每个人“+”的个数，依此对员工作出考核——谁的“+”的个数多，谁的名次就排在前面。见下表。

配对比较法示例

配对人姓名	A	B	C	D	E	“+”的个数
A	0	-	-	+	+	2
B	+	0	+	+	+	4
C	+	-	0	+	+	3
D	-	-	-	0	-	0
E	-	-	-	+	0	1

③人物比较法。在考核之前，先选出一位典型员工，以他的各方面表现为标准，对其他员工进行考核。

④强制比例法。指根据被考核者的业绩，将被考核者按一定的比例分为几类（最好、较好、中等、较差、最差）进行考核的方法。

（2）评级量表法。指在量表中列出需要考核的绩效指标，将每个指标的标准区分成不同的等级，每个等级都对应一个分数。考核时考核主体根据员工的表现，给每个指标选择一个等级，汇总所有等级的分数，就可以得出员工的考核结果。

（3）描述法。指考核主体用叙述性的文字来描述员工在工作业绩、工作行为、工作能力和工作态度方面的优缺点，以及需要加以指导的事项和关键性事件等，由此得到对员工的综合考核。具有代表性的是关键事件记录法。

（四）绩效反馈

绩效考核的最终目的是为了能够发现员工在工作中的不足之处，作出考核和绩效改进的建议，以提高员工的工作绩效。由此，绩效反馈主要包括根据考核结果实施考评面谈、根据绩效面谈制订绩效改进计划以及根据绩效改进计划进行绩效改进指导。

【案例简析】

通达公司成立于20世纪50年代，目前公司有员工1 000人左右。总公司本身没有业务部门，只有一些职能部门；总公司下有若干子公司，分别从事不同的业务。绩效考评工作是公司重点投入的一项工作，公司的高层领导非常重视，人事部具体负责绩效考评制度的制定和实施。人事部在原有考评制度基础上制定了《中层干部考评办法》。在每年年底正式考评之前，人事部又具体出台当年的考评方案，以使考评达到可操作的程度。

公司的高层领导与相关职能部门人员组成考评小组。考评的方式和程序通常包括被考评者填写述职报告、在自己单位内召开员工大会进行述职、民意测评、向科级干部或者全体员工征求意见、考评小组进行汇总写出评价意见并征求主管副总经理的意见后报总经理。

考评的内容主要包括3个方面：被考评者的德、能、勤、绩和管理工作情况，下一步工作打算，重点努力的方向。具体的考评细目侧重于经营指标的完成、政治思想品德，对于能力的定义则比较抽象。各业务部门都在年初针对自己部门的任务指标与总公司进行了讨价还价。对中层干部的考评完成以后，公司领导在年终总结会上进行说明，并将具体情况反馈给个人。尽管考评方案中明确说明考评与人事升迁、工资升降等方面挂钩，但最后的结果总是不了了之，没有任何下文。对于一般员工的考评则由各部门的领导掌握。子公司的领导对于下属业务人员的考评通常是根据经营指标的完成情况来进行的；对于非业务人员的考评，无论是总公司还是分公司都由各部门的领导自由进行。对于被考评人员来说，很难从主管处获得对自己业绩有利评估的反馈，只是到了年终奖金分配时，部门领导才会对自己的下属做一次简单的排序。

（资料来源：http：//wenku. baidu. com）

问题：

1. 绩效考评在人力资源管理中有何作用？这些作用在通达公司是否有所体现？

2. 通达公司的绩效考评存在哪些问题？如何才能克服这些问题？

【实训项目】

实训内容：请对你的虚拟公司的各部门、各岗位进行一次较为全面的绩效管理。了解企业的组织架构，人力资源管理的基本状况，人力资源管理部门在企业中的地位，人力资源部门的管理层级、下设机构、人员构成、分工，每位人力资源管理人员的职务构成、工作职责以及来历背景等信息，模拟多重身份给企业各部门进行绩效计划的拟定。

实训指导：

1. 根据企业的性质（生产、零售、服务、餐饮等）确定要制定绩效考核的重点岗位，首先要对拟进行绩效考核的岗位收集有关信息和该岗位职位说明书的信息。

2. 对同类型的企业相同性质的岗位进行比较研究、调查、信息收集，确定要提取各岗位的绩效考核内容、绩效目标和关键绩效指标、绩效考核期限，为制订绩效计划做好准备。

【学中做 做中学】

请为你的虚拟公司的各部门、各岗位制订相应绩效计划，并配备相应的人员来进行模拟的绩效考核。要求：

1. 某岗位的绩效信息的收集要依据该岗位的职位说明书、绩效计划进行。

2. 选择合适的绩效信息收集方法，设计适当的绩效考评表。

3. 安排合适的地点、合适的时间进行一对一的绩效计划面谈。

4. 拟定比较详细的绩效反馈面谈表，作为绩效反馈信息收集的来源，以求做一次完整的绩效管理活动。

第二节 绩效管理的方法

【知识要点】目标管理法的理念及基本的工作流程；关键绩效指标法的理念及基本的工作流程；360 度考核的理念及基本的工作流程。

为了更好地实现绩效管理的目标，组织在进行绩效评估体系设计时，应紧紧围绕组织的战略目标，在确定组织绩效评估指标的基础上，层层分解出各岗位和个人的评估内容和标准。

一、目标管理法

目标管理法是由美国管理专家彼得·德鲁克于1954 年在《管理的实践》一书中提出的，根据德鲁克的观点，管理必须遵循一个原则：每一项工作都必须为达到总目标而展开。在这里，目标管理法指的是目标管理理论在绩效评估中的运用。因此，目标管理法在绩效评估中的应用也必须根据目标管理的循环实行。

目标管理法是十分重视员工参与式的管理。从目标的制定开始，员工能够全过程地参与到整个绩效管理的过程中。首先，员工同他们的上级管理者一起建立目标，然后在如何达到目标方面，管理者给予员工一定的自由度。参与目标建立使员工成为该过程的一部分，这种对目标的影响力增加了员工达成目标的动力和可能性。在最后进行绩效评估时，员工和他们的上级需要举行正式的面谈，就绩效周期中的目标实施情况进行充分的沟通。

管理者首先审查预定目标的实现程度，然后与员工共同确定为解决遗留问题而需要采取的措施。在评估之后的绩效反馈中，管理者和员工就要根据目标的实施情况更有针对性地帮助员工提高今后的工作业绩，并可以为下一个绩效周期制定新的目标，形成一个不断循环的过程。目标管理循环图如后页所示。

作为一种评估工具，目标管理法得到广泛的应用。许多研究认为，目标管理法具有较高的有效性，它通过指导和监控目标的实现过程提高员工的工作绩效。

二、关键绩效指标法

关键绩效指标（KPI）是通过对组织内部流程的输入端、输出端的关键参数进行设置、取样、计算、分析，衡量流程绩效的一种目标式量化管理指标，是把企业的战略目标分解为可操作的工作目标的工具，是企业绩效管理的基础。KPI 可以使部门主管明确部门的主要责任，并以此为基础，明确部门人员的业绩衡量指标。建立明确的、切实可行的 KPI 体系，是做好绩效管理的关键，而其中 KPI 的提取又是重中之重。其具体步骤如下：

（一）分解企业战略目标，分析并建立各子目标与主要业务流程的联系

企业的总体战略目标在通常情况下均可以分解为几项主要的支持性子目标，而这些支持性的更为具体的子目标本身需要企业的某些主要业务流程的支持才能在一定程度上达

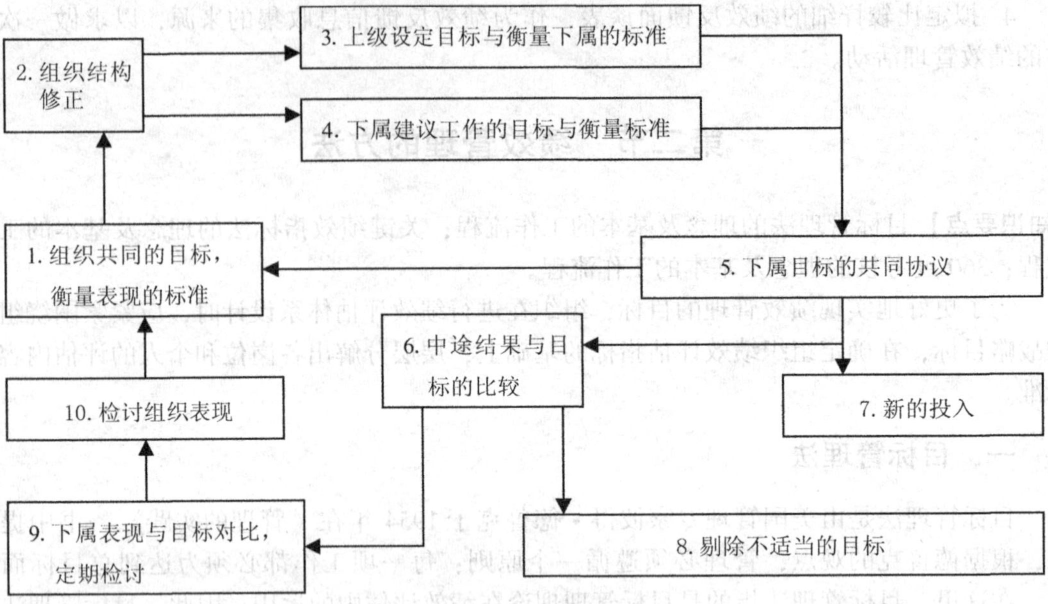

目标管理循环图

成。因此，在本环节需要完成以下工作：

1. 企业高层确立公司的总体战略目标（可用鱼骨图方式）。

2. 由企业中高层将战略目标分解为主要的支持性子目标（可用鱼骨图方式）。如下图所示：

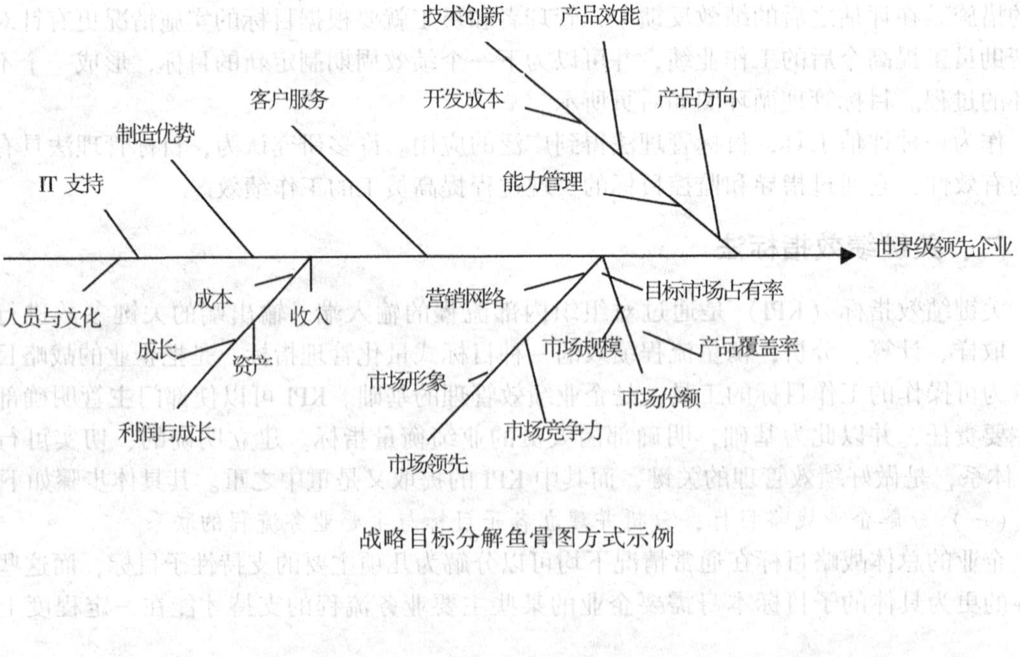

战略目标分解鱼骨图方式示例

3. 将企业的主要业务流程与支持性子目标之间建立关联。

（二）确定各支持性业务流程目标

在确认对各战略子目标的支持性业务流程后，需进一步确认各业务流程在支持战略子目标达成的前提下流程本身的总目标，并进一步确认流程总目标在不同维度上的分解内容。见下表。

确认流程目标示例

总目标：低成本、快速地满足客户对产品质量和服务的要求		组织目标要求（客户满意度高）			
		产品性能指标合格品	服务质量满意率	工艺质量合格率	准时齐套发货率
		产品设计质量	工程服务质量	生产成本	产品交付质量
客户要求	质量好	产品设计好	安装能力强	质量管理	发货准确
	价格低	引进成熟技术			
	服务好		提供安装服务		
	交货周期短			生产周期短	发货及时

（三）确认各业务流程与各职能部门的联系

本环节通过确认各业务流程与各职能部门的联系，在更微观的部门层面建立流程、职能与指标之间的关联，为企业总体战略目标和部门绩效指标建立联系。见下表。

确认业务流程与职能部门联系示例

流程：新产品开发	各职能部门所承担的流程中的角色				
	市场部	销售部	财务部	研究部	开发部
新产品概念选择	市场论证	销售数据收集	—	可行性研究	技术力量评估
	—	—	—	—	—
产品概念测试	—	市场测试	—	—	技术测试
	—	—	—	—	—
产品建议开发	—	—	费用预算	组织预研	—
	—	—	—	—	—

（四）部门级KPI的提取

在本环节要从通过上述环节建立起来的流程重点、部门职责之间的联系中提取部门级的KPI。见下表。

部门级 KPI 提取示例

		关键绩效指标（KPI）维度			指标
		测量主体	测量对象	测量结果	
绩效变量维度	时间	效率管理部	新产品（开发）	上市时间	新产品上市时间
	成本	投资部门	生产过程	成本降低	生产成本率
	质量	顾客管理部	产品与服务	满足程度	客户满意率
	数量	能力管理部	销售过程	收入总额	销售收入

（五）目标、流程、职能、职位目标的统一

根据部门 KPI、业务流程以及确定的各职位职责，建立企业目标、流程、职能与职位的统一。见下表。

KPI 进一步分解到职位示例（以市场部为例）

新产品开发流程		市场部部门职责		部门内职位职责			
				职位一		职位二	
流程步骤	指标	产出	指标	产出	指标	产出	指标
发现客户问题，确认客户需求	发现商业机会	市场分析与客户调研，制定市场策略	市场占有率	市场与客户研究成果	市场占有率增长率	制定出市场策略，指导市场运作	市场占有率增长率
			销售预测准确率		销售预测准确率		销售预测准确率
			市场开拓投入率减低率		客户接受成功率提高率		销售毛利率增长率
			公司市场领先周期		领先对手提前期		销售收入月度增长幅度

【课堂讨论】

（一）资料：A 公司的考评制度设计

A 公司已有 20 年的历史，年营业额在 12 亿元左右。但以往的考评内容一成不变、考评流于形式，不能真实地反映员工的工作绩效。因此，人事部门全面修订考评制度，重新编制了考评表。2004 年起，新的考评制度开始实行。公司对普通员工的考评分为自我考评、上级考评和人事部门考评；对部门的考评分为自我考评、上级考评、人事部门考评和下级考评。

每月初部门经理在员工考核表上列出员工本月应当完成的主要工作，将考评表发给员工。考评表除了列出本月的工作要求外，还有固定的考评项目如工作态度、工作品质、纪律性、协调能力、团队精神等，每项都说明了含义和分值。考评项目满分为100分，月末员工填写考评表为自己打分，交部门经理。部门经理在同一张考评表上为员工打分，交给人事部门。人事部门对员工进行最终的考评和分数汇总，并向员工通报当月的考评成绩。员工对考评结果有疑问，可直接向人力资源部反映。

普通员工的考评自评占30%，人事部门评分占10%，部门经理评分占60%。部门经理的考评自评占30%，下级评分占60%，人事部门评分占10%。考评结果应用于薪酬、晋升、培训等各方面。

（资料来源：人力资源管理师二级真题，2006年5月）

（二）讨论

1. 请指出案例中体现了考评制度设计的哪些内容？
2. 请指出该公司在绩效管理方面存在的主要问题。
3. 请说明运用绩效分析方法确定培训需求和培训对象的主要步骤。

三、360度绩效考核

（一）360度考核法的含义

360度考核法又称为全方位考核法，最早被英特尔公司提出并加以实施运用。该方法是指通过员工自己、上司、同事、下属、顾客等不同主体来了解其工作绩效，通过评论知晓各方面的意见，清楚自己的长处和短处，来达到提高自己的目的。

顾名思义，360度是指全方位的绩效考评。常见的360度绩效考核模式如下图所示：

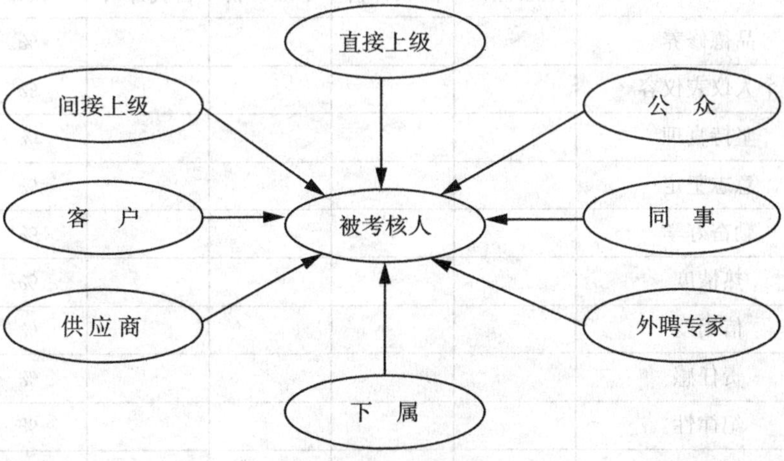

360度绩效考核模式

（二）360 度考核法的过程

1. 准备阶段。主要目的是使所有相关人员，包括所有评估者与受评者，以及所有可能接触或利用评估结果的管理人员，正确理解企业实施 360 度考核的目的和作用，进而建立起对该考核方法的信任。

2. 评估阶段。

（1）组建 360 度绩效反馈队伍。必须注意评估要征得受评者的同意，这样才能保证受评者对最终结果的认同和接受。

（2）对评估者进行 360 度考核反馈技术的培训。为避免评估结果受到评估者主观因素的影响，企业在执行 360 度考核反馈方法时需要对评估者进行培训，使他们熟悉并能正确使用该技术。

（3）实施 360 度考核反馈。分别由上级、同级、下级、相关客户和本人按各个维度标准进行评估。考核过程中，除了上级对下级的评估无法实现保密之外，其他几种类型的评估最好是采取匿名的方式，必须严格维护填表人的匿名权以及对评估结果报告的保密性，以便填表人提供更为真实的信息。

（4）统计并报告结果。见下表：

员工 360 度绩效考核表

被评价者姓名：	部门：	职务：
评价者姓名：	部门：	职务：

评价区间：　　年　月—　　年　月

评价尺度及分数

杰出（4 分）　优秀（3 分）　良好（2 分）　一般（1 分）　较差（0 分）　极差（–1 分）

评价项目		评价得分					
		上级评价	同级评价	下级评价	自我评价	权重	备注
个人素质	品德修养					%	
	个人仪表仪容					%	
	坚持真理					%	
	意志坚定					%	
	勤奋好学					%	
工作态度	热情度					%	
	信用度					%	
	责任感					%	
	纪律性					%	
	团队协作精神					%	

续表

评价项目		评价得分					
		上级评价	同级评价	下级评价	自我评价	权重	备注
专业知识	专业业务知识					%	
	相关专业知识					%	
	外语知识					%	
	计算机应用知识					%	
	获取新知识					%	
工作能力	文字表达能力					%	
	逻辑思维能力					%	
	指导辅导能力					%	
	人际交往能力					%	
	组织、管理与协作能力					%	
工作成果	工作目标的达成					%	
	工作效率					%	
	工作质量					%	
	工作创新效能					%	
	工作成本控制					%	
分数合计						100%	
工作表现综合评价							
优势及劣势	优势分析						
	劣势分析						
项目的建议预训练	有待提高技能						
	参加培训项目						
工作预期	明年目标						
	预期表现						

3. 反馈和辅导阶段。通过来自各方的反馈（包括上级、同事、下级、自己以及客户等），可以让受评者更加全面地了解自己的长处和短处，更清楚地认识到公司和上级对自己的期望及目前存在的差距。

【案例简析】

A 公司总部会议室，王总经理正在听取本年度公司绩效考评执行情况的汇报。其中有两项决策让他左右为难，一是年度考评结果排在最后的几名员工却是平时干活最多的人，这些人是否按照原有的考评方案降职或降薪？另一个是下一阶段考评方案如何调整才更有效？

A公司成立仅4年，为了更好地激励和评价各级员工，在引入市场化用人机制的同时，建立了一套新的绩效管理制度，不但明确了考评的程序和方法，还细化了“德、能、勤、绩”等项指标，并分别做了定性的描述，考评时只需对照被考评人的实际行为，即可得出考评的最终结果。但考评中却出现了以下问题：工作比较出色和积极的员工，考评成绩却被排在后面，而一些工作业绩平平的员工却被排在前面，特别是一些管理人员对考评结果大排队的方式不理解，存在抵触心理。

为了弄清这套新制度存在的问题，王总经理深入调查，亲自了解到以下情况。

车辆设备部李经理说：“我认为本考评方案需要尽快调整，考评指标虽然有十几个，却不能真实反映我们工作的实际，我部总共有20个人，却负责公司60台大型设备的维护工作，为确保它们安全无故障地运行，检修工需要按计划分散到基层各个站点上进行设备检查和维护，在工作中不能有一点违规和失误，任何一次失误，都会带来不可估量的生命和财产损失。”

财务部韩经理更是急不可待：“财务部门的工作基本上都是按照会计准则和业务规范来完成的，凭证、单据、统计、核算、记账、报表等项工作要求万无一失，但这些工作无法与“创新能力”这一指标及其评定标准对应，如果我们的工作没有某项指标规定的内容，在考评时，是按照最高还是按照最低成绩打分？此外，在考评中沿用了传统的民主评议方式，我对部门内部人员参加考评没有意见，但让部门外的其他人员打分是否恰当？财务工作经常得罪人，让被得罪过的人考评我们，能保证公平公正吗？”

听了大家的各种意见反馈，王总经理陷入了深深的思考之中。

（资料来源：2006年人力资源助理管理师考题）

问题：

1. 该公司在绩效管理中主要存在着哪些亟待改进的问题？
2. 请针对该公司绩效管理存在的诸多问题，提出具体对策。

【实训项目】

实训内容：请学生运用360度绩效考核法对自己所组建的公司的中层管理部门进行一次较为全面的绩效管理。了解企业的组织架构，该部门在企业组织架构中的地位，该岗位的工作职责、工作环境、任职资格等信息，设计中层管理部门的绩效计划的表格。

实训指导：

首先根据企业的性质（生产、零售、服务、餐饮等）确定要制定的中层管理岗位的绩效考核重点，确定中层岗位的绩效目标，进行细化分解，并根据绩效目标确定关键绩效指标，选择360度绩效考核的主体，制定绩效考核表，进行模拟绩效考核。

【学中做 做中学】

请为你的虚拟公司的中层管理岗位制订目标管理绩效计划。要求：

1. 依据该岗位的职位说明书确定管理目标，并进行细化分解。

2. 拟定该岗位的关键绩效指标，不要求详细，但要符合该岗位的性质和层次。

3. 拟定比较详细的360度绩效考核面谈表，仔细考查360度考核主体，谨慎选择360度考核主体。

第三节 绩效管理方法实务操作

【知识要点】企业员工绩效考核内容；企业高层管理人员、中层管理岗位和基层员工绩效考核的制定标准。

企业绩效评估有两个目的：一是提高员工的工作业绩，从而提高企业的生产效率，实现企业的生产经营目标。二是为企业人力资源管理提供依据。通过采用科学的方法，对员工的工作业绩、工作态度、工作能力等进行全面评价，以评价的结果作为人事决策的依据。

一、企业员工绩效考核内容

随着管理实践的发展，企业员工绩效考评的内容主要涉及员工个人情况和员工工作情况两个方面，具体来说主要包括以下四个方面：

（一）岗位绩效

员工绩效考核紧紧围绕员工所处的工作岗位来进行，将岗位职责说明书中的内容作为评估员工业绩的基本依据。岗位绩效包括如下内容：

1. 可以量化的工作业绩。这里主要是指工作质量，如是否按计划、按标准完成了上司布置的工作或完成了多少工作。

2. 工作效果。这是相对于工作数量的工作质量，也就是说，工作完成得如何、结果是否达到了要求等。

3. 工作的创造性。在岗位工作中，员工是否具有一定的创造性是企业对员工的要求和期待，也是岗位绩效考评的内容。

4. 工作的协调性。企业的业务性质要求员工树立和坚持团队精神，每位员工在充分发挥个人能力的同时，还要和同事密切配合、协调一致，以集体的智慧和力量完成工作。

5. 工作的示范性。对管理岗位来说，岗位绩效还包括对下属员工的指导培训能力，也就是说工作是否具有示范性。

（二）素质能力

在很大程度上，员工岗位绩效的好坏取决于其素质的高低和能力的大小。在考核工作中，应考虑员工的素质能力。素质能力主要包括：

1. 基本素质。基本素质包括文化修养、接受一般教育的程度、工作经历、人生阅历以及日常待人接物的能力等。

2. 基础能力。基础能力是指适用于岗位职责的专业知识和技能。例如销售人员所要掌握的市场知识、营销策略等能力。

3. 业务能力。这是企业特定环境中员工素质和基础能力相结合的综合能力，如高层管理人员对投资项目的理解力、对投资环境的判断力、与同事和客户沟通的能力，部门经理的组织协调能力、对突发事件的反应能力、起草各种必要文件的能力等。

（三）工作态度

员工工作态度的好坏往往是其工作是否有成效、表现是否出色的决定因素。因此，工作态度也是员工绩效考核的重要内容。工作态度有如下内涵：

1. 自觉性。在领导不在身边、缺乏面对面监督、工作没有压力等情况下，员工是否照样热情地工作，是否照样出色地完成工作任务。

2. 积极主动性。企业是否有活力，要看员工在工作中是否有积极性和主动性。

3. 责任感。敢于负责是企业对各个岗位员工的共同要求之一。一般来说，只有具备高度责任感的员工才能较好地完成企业部门交办的工作。

4. 合作精神。这不仅需要员工个人的素质高和能力强，更需要员工发扬合作精神，在客户服务中互相配合、互相补充，以形成资源共享与互补的优势。

（四）工作潜力

潜力考核就是通过一定的手段发现员工的潜力，找出阻碍其发挥的原因，从而采取必要的措施，更好地将员工的潜力发挥出来，把潜在的处于休眠状态的能力转化为现实的能力，从而为企业的发展作出贡献。

二、企业管理、技术人员绩效考核标准制定

合理确定员工绩效考核的内容和标准，是企业做好员工绩效考核的前提和基础，也是企业人力资源管理的重要工作内容。

（一）高层管理人员绩效考核标准确定

确定高层管理人员的考核指标体系是高层管理人员绩效考核的关键工作。指标的确定要紧紧围绕企业经营目标进行，考核采取业绩考核加素质评价，既考虑结果又兼顾过程的方式。具体来说包括以下几个方面：

1. 决策绩效。决策是高层管理人员的首要职能。高层管理人员决策的科学性、正确性对组织的前途具有直接的决定作用。

2. 用人绩效。用人绩效主要是说，领导活动成功与否在很大程度上取决于高层管理人员选材用人的正确性和有效性。

3. 办事绩效。办事绩效的考核主要是对高层管理者完成工作任务和处理事务的效率、效果进行考查。

4. 组织的整体贡献绩效。对组织整体贡献绩效的考核，主要是通过组织目标实现的程度、组织对社会贡献的大小等指标来衡量。包括组织目标的确定、人事的安排、制度的订立、决策的执行等。因此，高层管理人员的绩效最终要体现在对组织的整体贡献上。

（二）中层管理人员绩效考核标准确定

中层管理人员绩效考核是企业人力资源管理考核体系和过程中的一个环节。中层管理人员绩效考核指标不仅局限在工作成绩的评价上，而且包含了德、能、勤、绩四个方面的

要求。

1. 职业道德考核，即对工作所要求的个人道德素质的考核。其主要考查指标包括政治素质、信念理想、道德情操等。

2. 能力考核。中层经理的能力可以归纳为三个方面：基础能力、业务能力和素质能力。

3. 工作态度考核，即对中层管理人员在工作过程中表现出来的主观性进行评价，考核指标包括工作积极主动性、纪律性、协调性、责任感、自我开发等内容。

4. 实绩考核。对中层管理人员实绩的考核往往与企业的运营目标结合在一起，包括对中层管理人员完成工作的数量、质量、效率和经营效果的考核。

（三）企业技术人员绩效考核标准确定

企业技术人员的工作比较规范，考核标准的确定应紧紧围绕岗位职责进行。考核指标的内容主要包括工作态度、基础能力、业务熟练程度、责任感、协调性、自我启发等方面。

【案例简析】

A是K公司的员工，大学毕业后加入K公司，从普通员工晋升到高级销售经理。K公司在年初制订销售计划，较上年初提高将近100%。同时改变绩效考核办法，由原来的季度考核改为月考核，并且实行了负激励，尽管员工的反对声音很大，但新办法还是开始实验。然而，一个季度后，公司业绩离目标甚远，员工的绩效奖金大幅度减少。A认为是K公司制订计划不切实际，考核目标太高，无法完成。而公司认为员工干劲不足，在数次沟通无效后，A愤然离职，并带走部分同事和资料。

（资料来源：http://wenku.baidu.com/view/fd2c8952f01dc281e53af0fc.html）

问题：K公司的绩效管理出现了哪些问题？为什么？请给K公司提出总的改革建议。

【实训指导】

实训内容：请学生运用360度绩效考核法对自己所组建的公司的基层管理部门进行一次较为全面的绩效管理。了解企业的组织架构，该部门在企业组织架构中的地位，该岗位的工作职责、工作环境、任职资格等信息，设计中层管理部门的绩效计划的表格。

实训指导：首先根据企业的性质（生产、零售、服务、餐饮等）确定要制定的基层管理岗位的绩效考核重点，确定基层岗位的绩效目标，进行细化分解，并根据绩效目标确定关键绩效指标，选择360度绩效考核的主体，制定绩效考核表，进行模拟绩效考核。

【学中做　做中学】

请为你的虚拟公司的基层管理岗位制定目标管理绩效计划。要求：

1. 依据该岗位的职位说明书确定管理目标，并进行细化分解。

2. 拟定较详细的绩效辅导面谈表，确定面谈的时间、地点，最好由基层管理者与被考核者就有关绩效计划问题进行一次适当的辅导面谈，以确定员工的绩效计划。

3. 拟定该岗位的关键绩效指标，不要求详细，但要符合该岗位的性质和层次。

◎ 思考题：

1. 什么是绩效？它具有哪些性质？
2. 什么是绩效管理？它与绩效考核有何区别？绩效管理的目的是什么？
3. 绩效考评的方法有哪些？什么是目标管理法？
4. 怎样获得员工的绩效考评信息？信息来源有哪些？

第十二章　薪酬管理

◎ **知识目标：**

1. 薪酬的概念、构成；薪酬管理的内容。
2. 常见薪酬模式，薪酬设计的基本程序，岗位评价的方法。
3. 福利管理的内容，常见福利项目。

◎ **能力目标：**

1. 能够进行基本规范的岗位评价操作。
2. 能够设计企业基本福利制度。

【导入案例】

猎人和猎狗的故事

有一个猎人养了一群猎狗，猎狗在猎人的指挥下捕捉野兔，猎人吃肉，猎狗吃骨头，靠这种方式生活。开始的时候，猎狗为了生存捕捉野兔都很卖力，时间长了，大家感觉捕多捕少都能够吃到兔骨头，就不太卖力了，捕捉兔子的数量大不如从前。猎人看到这些，就对猎狗们开会："从今往后，谁每天捕到5只兔子，不但能吃骨头，还能分一块兔肉。"猎狗们一下兴奋起来，每天捕兔数量增加很多，猎人很高兴。

过了一段时间，捕兔数量又少了，且捕捉的小兔子居多，猎人问为什么，猎狗说，捕捉大兔子费时费力，和捕捉小兔子一样分骨头分肉，谁还愿意捕大兔子。猎人想了想说："今后分骨头分肉，不但要看兔子的数量，还要称重量，按重量分配。"

从此猎狗们又尽力捕捉兔子，那些身强力壮的猎狗捉的兔子又多又大。又过了一段时间，身强力壮的猎狗懒惰起来，猎人不明白为什么。猎狗说："我们现在身强力壮，拼死拼活也只是饱餐一顿，老了以后还不是照样没饭吃。"猎人于是作出了决定：今后大家捕捉野兔，按数量和重量分配，除了吃的以外，吃不完可以累积起来，以后老了不能捕捉兔子时再分给大家。猎狗们听后，高兴地跳起来，从此不再偷懒了。

（资料来源：管理学经典案例《猎人与猎狗的故事》）

第一节　薪酬管理概述

【知识要点】薪酬概念和构成；薪酬管理的概念及内容；薪酬管理的原则；薪酬管理与其

他人力资源管理职能的关系。

薪酬管理是企业人力资源管理最重要的职能。一个运行良好的、公平的薪酬系统是企业吸引和留住人才最重要的手段，企业必须重视员工薪酬管理。

一、薪酬概念和构成

（一）薪酬概念和形式

1. 薪酬概念。薪酬具有广义与狭义之分。广义的薪酬也称为劳动报酬，是指员工从事企业所需要的劳动而得到的各种形式的报酬，包括经济性报酬和非经济性报酬两大类。经济性报酬又可分为直接经济性报酬和间接经济性报酬。直接经济性报酬是按照一定的标准以货币形式向员工支付的报酬。间接经济性报酬不直接以货币形式发放，但可给员工带来生活上的便利、减少员工额外开支或者免除员工后顾之忧。非经济性薪酬是指无法用货币等手段来衡量，但会给员工带来心理愉悦的一些因素。

狭义的薪酬是指劳动者在向企业提供有效劳动后，从企业获得的全部显性和隐性的经济性收入，即直接和间接的经济性报酬。我们通常讲的薪酬是狭义薪酬的概念。

2. 薪酬的形式。薪酬体现为基本薪酬、可变薪酬以及间接薪酬三种主要形式。

（1）基本薪酬。即组织根据员工所承担或完成的工作或者所具备的完成工作的技能或能力向其支付的稳定性报酬。基本薪酬在员工所有工资收入中占有较大的比例。

（2）可变薪酬。指薪酬系统中与企业和员工绩效直接挂钩的部分，也就是奖金、绩效奖励或绩效工资，一般包括日常工作绩效工资、年终效益奖，单项奖励如超产奖、安全生产奖，属于短期激励。另外一种是针对企业经营者或管理层等核心员工设计、实施的长期激励部分，也叫资本工资，如股票、期权等。

（3）间接薪酬。指各种福利项目，包括法定福利和企业自定福利。法定福利如养老、医疗、失业、工伤、生育等保险，企业自定福利包括如员工年休假、住房补贴，以及企业为员工提供的各种服务等。各种薪酬形式及其特点如下：

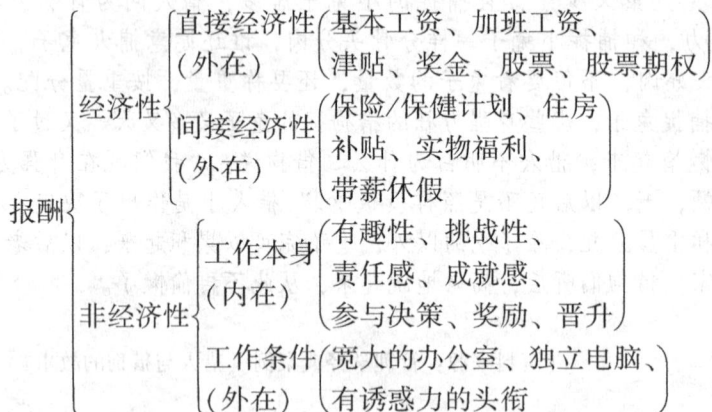

- 报酬
  - 经济性
    - 直接经济性（外在）：基本工资、加班工资、津贴、奖金、股票、股票期权
    - 间接经济性（外在）：保险/保健计划、住房补贴、实物福利、带薪休假
  - 非经济性
    - 工作本身（内在）：有趣性、挑战性、责任感、成就感、参与决策、奖励、晋升
    - 工作条件（外在）：宽大的办公室、独立电脑、有诱惑力的头衔

（二）薪酬构成

企业员工薪酬一般包括以下几部分：

1. 基本工资。是企业按照一定时间周期，定期向员工发放的固定报酬。主要反映所承担职位的价值或者员工所具备的技能或能力的价值，即职位工资与能力工资。

2. 绩效工资。是根据员工的年度绩效评价结果而确定的对基础工资的增加部分，它是对员工的优良工作绩效的一种奖励。

3. 奖金。是对员工的超额劳动和贡献给予的报酬。分为个人奖励和团队奖励。

4. 津贴补贴。指对员工在特殊条件下的劳动消耗或额外生活支出的补偿。如对夜班工作的员工会给予夜班工作津贴；对出差的员工会给予一定的差旅补助。

5. 福利。指企业依据国家的强制性法令及相关规定，以企业自身的支付能力为依托，向员工提供的各种以非货币和延期支付形式为主的补充性报酬。

6. 股权。股票期权是针对员工的一种长期报酬形式，主要包括员工持股计划和股票期权计划。员工持股计划主要针对企业中的中基层员工，而股票期权计划则主要针对中高层管理人员、核心业务和技术人才。

上述工资构成的各部分，基本工资对应的是基本薪酬，绩效工资、奖金及股权属于可变薪酬，津贴、补贴和福利等属于间接薪酬。

【知识链接】

国务统计局关于工资总额组成的规定

据《关于工资总额组成的规定》（1990 年 1 月 1 日国家统计局令第 1 号）：工资总额是指各单位在一定时期内直接支付给本单位全部职工的劳动报酬总额。工资总额的计算应以直接支付给职工的全部劳动报酬为根据。

工资总额由下列六个部分组成：（一）计时工资；（二）计件工资；（三）奖金；（四）津贴和补贴；（五）加班加点工资；（六）特殊情况下支付的工资。

不列入工资总额的有：（一）根据国务院发布的有关规定颁发的发明创造奖、自然科学奖、科学技术进步奖和支付的合理化建议和技术改进奖以及支付给运动员、教练员的奖金；（二）有关劳动保险和职工福利方面的各项费用；（三）有关离休、退休、退职人员待遇的各项支出；（四）劳动保护的各项支出；（五）稿费、讲课费及其他专门工作报酬；（六）出差伙食补助费、误餐补助、调动工作的旅费和安家费；（七）对自带工具、牲畜来企业工作职工所支付的工具、牲畜等的补偿费用；（八）实行租赁经营单位的承租人的风险性补偿收入；（九）对购买本企业股票和债券的职工所支付的股息（包括股金分红）和利息；（十）劳动合同制职工解除劳动合同时由企业支付的医疗补助费、生活补助费等；（十一）因录用临时工而在工资以外向提供劳动力单位支付的手续费或管理费；（十二）支付给家庭工人的加工费和按加工订货办法支付给承包单位的发包费用；（十三）支付给参加企业劳动的在校学生的补贴；（十四）计划生育独生子女补贴。

（资料来源：http://www.stats.gov.cn/）

二、薪酬管理的概念及内容

（一）薪酬管理的概念

薪酬管理是企业在战略思维的基础上，综合考虑内外部因素的影响，对员工薪酬总额、薪酬水平、薪酬结构及薪酬政策等进行确定，并进行控制和调整的过程。

此外，作为一种持续的组织过程，企业还要持续地制订薪酬计划，拟定薪酬预算，就薪酬管理问题与员工沟通，同时对薪酬系统的有效性作出评价并不断予以完善。

（二）薪酬管理的内容

薪酬管理包括薪酬体系、薪酬水平以及薪酬结构三大核心决策，以及薪酬构成、特殊群体的薪酬、薪酬管理政策三大支持性决策。

1. 薪酬体系。确定企业的基本薪酬以什么为基础。目前国际较通行的体系包括职位薪酬体系、技能薪酬体系以及绩效薪酬体系。

2. 薪酬水平。薪酬水平管理是薪酬管理的核心内容。薪酬水平高，有利于企业吸引、保留和激励人才。主要有领先型策略、追随型策略、滞后型策略三种。

3. 薪酬结构。指同一组织内部的不同职位所得到的薪酬之间的相互关系。它涉及的是薪酬的内部一致性问题。

4. 薪酬构成。指员工得到的全部薪酬的组成成分。可分为直接薪酬和间接薪酬、固定部分和浮动部分等。

5. 特殊群体的薪酬。通常情况下，销售人员、专业技术人员、管理人员尤其是高层管理人员都可以被视为特殊员工群体。

6. 薪酬管理政策。涉及企业的薪酬成本与预算控制方式以及企业的薪酬制度、薪酬规定和员工的薪酬水平是否保密的问题。

三、薪酬管理的原则

（一）公平性原则

公平性原则包括三个方面：1. 指同一行业、地区或同等规模的不同企业类似职务的薪酬应大致相同。2. 指同一组织中不同岗位所获薪酬应正比于各自贡献。比值一致便是公平。3. 指企业仅根据员工的个人因素诸如业绩水平和学历等，对完成类似工作的员工支付大致相同的薪酬。

（二）竞争性原则

在社会上和人才市场中，组织的薪酬标准要有吸引力，才足以战胜其他组织，招到所需人才。究竟应将本组织摆在市场价格范围的哪一段，要视组织的财力、所需人才可获得性的高低等具体条件而定，要有竞争力，至少不应低于市场平均薪酬水平。

（三）激励性原则

企业要使内部各级、各类岗位的薪酬水平适当拉开差距，真正体现按贡献分配的原则。不能搞平均主义的“大锅饭”分配制度。

（四）经济性原则

确定薪酬水平，除要考虑对员工的激励，还要控制成本。提高薪酬水平，固然可提高竞争性与激励性，但会导致人工成本的上升，所以薪酬制度会受经济性的制约。

（五）合法性原则

组织薪酬制度必须符合国家的政策和法律、法规，符合国家及地方有关劳动用工及人事的有关法律、法规，尤其要体现对劳动者的尊重、公正，避免不应有的歧视。

【课堂讨论】

（一）资料

制样师杨军在深圳市某运动鞋企业工作，月工资固定 3 500 元。他技术好，工作努力，深得领导重用。考虑到领导对自己不错，几次 5 000 元的跳槽机会他都放弃了。但年初，他得知一位新来的同事月工资居然高达 5 800 元，就再也待不下去了，马上向公司递交辞呈，很快在另外一家企业找到了同样的工作，月薪 6 000 元，还有月终年终奖。他走后两个月，企业又有一批骨干辞职，其中好几个都到了杨军所在的企业。

（资料来源：http://wenku. baidu. com/link？url）

（二）讨论

这个企业的薪酬管理犯了什么错误？

【实训项目】

实训内容：调查某一家熟悉的或了解的企业（也可以从网上查阅资料），描述企业的薪酬管理现状，包括企业薪酬水平、员工薪酬构成、各构成部分的比例及工资管理政策如发放时间、其他奖惩办法等。由于薪酬管理政策属于企业商业机密，所以本实训项目有一定的难度。

实训指导：

1. 调查时，最好通过自己的亲朋好友来进行。如果直接在企业负责人力资源管理工作更好，即便是负责一般工作，也对企业薪酬管理有一定的认识和了解。

2. 在调查过程中，强调语言表达能力和沟通能力，注意运用一些技巧。

3. 写出调研报告。对调查对象的薪酬管理制度进行描述，并进行合理分析，评价公司现有的薪酬管理制度是否科学，是否符合企业发展现状的要求。

【学中做　做中学】

分小组讨论虚拟公司的薪酬管理问题。通过讨论，进一步理解和把握企业薪酬管理的重要意义。要求：

1. 公司目前的组织结构属于哪种类型？有什么特点？哪些部门属于公司的关键部门？哪些岗位是核心岗位？

2. 公司目前处于哪一个发展阶段？未来发展战略目标及发展的重点是什么？薪酬管理如何对企业战略及人力资源战略提供服务？

3. 针对虚拟公司各岗位，如何进行薪酬各构成部分的设计？

第二节 企业薪酬体系的设计

【知识要点】薪酬体系模式；常见的薪酬制度；薪酬体系设计模型；岗位评价；薪酬水平确定；薪酬体系设计程序

薪酬体系是指薪酬中相互联系、相互制约、相互补充的各构成要素形成的有机统一体。薪酬体系设计是薪酬管理的“骨骼”，以此为基础开展薪酬管理活动。

一、薪酬管理模式

（一）常见薪酬体系模式

目前薪酬分配的价值基础有三个，即基于职位（Position）、基于能力（Person）、基于业绩（Performance），也就是所谓的“3P”。

1. 职位薪酬体系。主要依据职位在组织内的相对价值为员工付酬。此模式适应性较强，它传递了职位价值贡献大小决定薪酬高低的价值取向。但员工需要遵从等级秩序，努力工作以获得职位晋升，才能得到较高的薪酬。

2. 能力薪酬体系。依据员工具有的工作能力来确定其薪酬。员工薪资的增长主要依靠其个人能力的强弱。此模式可以让专业技术人才安心从事工作，有利于打破官本位的思想。但在操作上有一定的技术难度，控制不好，薪酬成本会越来越高。

3. 绩效薪酬体系。通过员工的绩效来确定其薪酬。但要做到员工的绩效容易度量，员工之间的绩效差别可以区分，业绩薪酬增长的前景能激励绩效行为的改变。

（二）常见的企业工资制度

目前常见的企业工资制度有计件工资制、销售提成制、技术等级工资制、岗位或职务等级工资制、结构工资制、岗位技能工资制、薪点工资制等。

1. 计件工资制。以员工完成的合格产品或工作量以及事先规定的计件单价计算出薪酬。计件工资的多少取决于合格产品数量或工作量，还取决于计件单价的高低。适用于产量或工作量可以计量、有定额制度的企业。

员工计件工资=产品量（工作量）×计件单价

2. 销售提成制。根据销售产品的数量和事先确定的销售提成金额或比例计算工资，提成金额或比例的高低取决于商品销售的难易程度。适用对象是销售人员。

3. 技术等级工资制。根据劳动复杂程度、繁重程度、精确程度和工作责任大小等因素划分技术等级，按等级规定工资标准。它由工资等级表、技术等级标准和工资标准三项组成。适用于技术复杂程度高、劳动熟练程度差别大的工种。

4. 岗位或职务等级工资制。按照岗位或职务规定工资标准。根据各岗位或职务的重要性、责任大小、技术复杂程度等因素，按照岗位或服务评价高低规定统一的工资标准，由岗位或职务等级表、工资标准等组成。适用于各类企业。

5. 结构工资制。又称分解工资，将构成工资标准的诸因素按其作用的差别划分为几个部分，分别确定工资额，它的各个组成部分构成劳动者的全部薪酬。由五部分组成：基本工资，职务工资，技能工资，工龄工资，奖励工资。适用于各类员工。

6. 岗位技能工资制。根据按劳分配原则，以劳动技能、责任、强度和条件等基本要素的岗位评价为基础，由岗位工资与技能工资两个单元组成的工资制度。

7. 薪点工资制。用点数和点值来确定员工的工资，即工资由薪点数乘以点值确定。薪点工资是一种用量化考核方法确定员工实际薪酬的分配形式。

(三) 薪酬体系设计的模型

组织在设计战略型薪酬体系时，可从战略层面、制度层面和技术层面这三个层面来考虑，即美国布朗德提出的以战略为导向的薪酬管理体系模型。如下图所示：

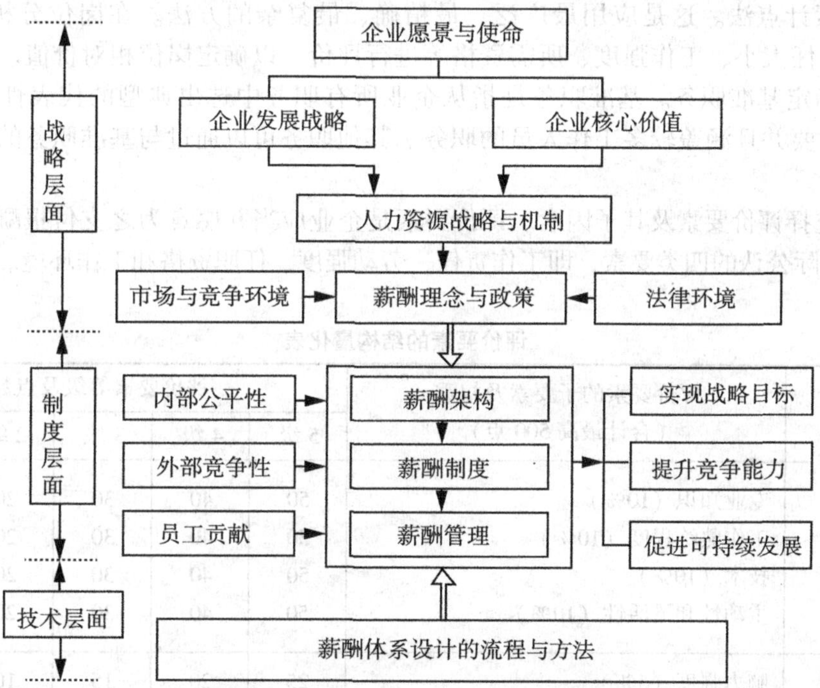

布朗德战略导向的薪酬管理体系的模型

该模型显示了薪酬体系设计的逻辑结构，表明了组织薪酬必须要纳入组织的战略发展的大系统，才能使薪酬系统有效地发挥作用。

二、岗位评价

(一) 岗位评价的内涵

岗位评价又称为职位评价，是在对岗位分析的基础上，对岗位承担任务的难易程度、责任范围、工作强度、所需要的资格条件等因素进行分析，形成对企业岗位价值的评价。岗位评价针对的是企业中的岗位，而非企业中的员工。

（二）岗位评价的方法

1. 岗位排序法。属总体性岗位评价方法，根据特定的标准如工作的复杂程度、贡献大小等对各岗位的相对价值进行整体比较，按照相对价值的高低排列出次序。适用于职位较少的小型企业，又分为简单排序法、交替排序法和配对比较排序法。其步骤如下：

（1）获取职位信息；（2）选择报酬要素对职位进行分类；（3）对职位进行排序；（4）综合排序结果。

2. 岗位分类法。通过制定出一套岗位级别标准，将岗位与标准进行比较，并归到各个级别中。标准的制定通常是将企业所有岗位划为若干类型，如管理类、研发类、销售类等。每类岗位再分若干等级，岗位越复杂，分级就越多。

操作步骤：（1）确定职位等级数量；（2）描述每一职位等级的确切定义；（3）根据职位等级定义将所有职位进行归类。一般适用于小型的、结构较简单的企业。

3. 要素计点法。这是应用最广泛、最精确、最复杂的方法。在岗位分析的基础上，对岗位的责任大小、工作强度、所需资格等进行评价，以确定岗位相对价值。步骤如下：

（1）确定基准职务。基准职务是指从企业所有职务中选出典型的代表性职务，一般应是位置重要并且涵盖较多工作人员的职务。其他职务可以通过与基准职务的评价要素进行比较判断。

（2）选择评价要素及其子因素。评价要素是企业应当并愿意为之支付报酬的因素。一般可采用国际公认的四类要素，即工作责任、劳动强度、任职资格和工作环境。见下表：

评价要素的结构量化表

评价要素及权重	评价要素的子要素及权重（合计最高500点）	评价要素等级及点数				
		5级	4级	3级	2级	1级
任职资格（40%）	专业知识（10%）	50	40	30	20	10
	工作熟练程度（10%）	50	40	30	20	10
	技术（10%）	50	40	30	20	10
	主动性和灵活性（10%）	50	40	30	20	10
劳动强度（15%）	脑力强度（5%）	25	20	15	10	5
	体力强度（10%）	50	40	30	20	10
工作环境（15%）	工作场所（10%）	50	40	30	20	10
	危险性（5%）	25	20	15	10	5
工作责任（30%）	材料消耗和产品生产（10%）	50	40	30	20	10
	设备使用、保养（10%）	50	40	30	20	10
	他人安全（5%）	25	20	15	10	5
	他人工作（5%）	25	20	15	10	5
合计点数		500	400	300	200	100

(3) 定义评价要素并界定评价要素等级。对所选择的评价要素进行阐释，为每个评价要素划分等级并对不同等级水平进行界定，以便评价时统一理解，并根据定义评分，减少评分的主观性和误解。

(4) 确定评价要素权重和各要素等级的分数。根据对职务价值的影响程度，确定不同要素及其子要素的权重，一般用百分比表示。确定权重后再确定各要素等级的分数。

(5) 对岗位进行评价。按照岗位评价标准对各岗位进行评价打分。进行实际职位评价时，只要确定评价职位的每一评价要素处于类似以上评价要素的结构量化表中的哪一个等级，则该等级的分数就是此职位在该评价要素上的分数，分数汇总即可得出最终分值。

(6) 建立岗位价值等级结构。在所有待评岗位的总分数计算完毕后，根据各岗位得分的高低进行排列，然后按等差方式对岗位进行等级划分，就可建立岗位价值等级结构表，进而为组织确定薪酬等级提供依据。

要素计点法的特点是对岗不对人；衡量的是岗位的相对价值，而不是绝对价值。

4. 因素比较法。这是一种量化的岗位评价方法，实际上是对岗位排序法的一种改进。先根据岗位状况，选择影响岗位价值的相关要素，然后选择典型岗位作为基准进行分析比较，根据不同岗位相关要素分别排列顺序，进行比较综合，最后确定价值的大小。

因素比较法是一种比较系统、精确的量化评价方法，它将岗位特征具体到付酬因素，能够说明组织付酬的依据。但是因素比较法在应用上也很烦琐，评价过程复杂。

【知识链接】

海氏（Hay Group）岗位评估法

Hay Group 的海氏系统法是美国工资设计专家 Hay 在 1951 年开发的，实质上是一种评分法，认为所有职位所包含的付酬因素可抽象为三种普遍适用性的因素，即智能水平、解决问题能力和风险责任，他设计了三套评价量表，最后将所得分值加以综合，算出各个工作职位的相对价值。海氏评估法认为，企业岗位可以分为三种类型：

1. “上山”型。此岗位的责任比职能与解决问题的能力重要。如公司总裁。

2. “平路”型。职能和解决问题能力在此类职务中与责任并重。如人事会计等。

3. “下山”型。此类岗位的职责不及职能与解决问题能力重要。如科研开发等。

（资料来源：http://wenku.baidu.com）

三、企业薪酬水平的确定

（一）薪酬水平影响因素

薪酬水平是指企业内部各类职位和人员平均薪酬的高低状况，它反映了企业薪酬的外部竞争性。影响企业薪酬水平的因素有外部因素和内部因素。

1. 外部影响因素。

（1）劳动力市场的供求状况。如果社会上可供使用的劳动力大于企业需求时，则企业员工的薪酬水平相应会降低；反之，企业员工的薪酬水平相应会提高。

（2）政府的政策调节。在市场经济条件下，政府通过政策对企业薪酬水平进行宏观调控，如最低工资制度、工资指导线制度等。

（3）经济发展状况与劳动生产率。经济发展处在一个较高水平，其劳动生产率高，员工的薪酬会较高，反之亦然。

（4）物价变动。薪酬水平不变或变动幅度小于价格上涨，会导致员工实际购买力下降。一般来讲，在生活必需品价格普遍上涨的情况下，企业应为员工加薪。

（5）行业薪酬水平的变化。取决于行业产品的市场需求和行业劳动生产率两大因素。新兴行业和垄断行业薪酬水平普遍较高，而传统行业工资水平一般较低。

2. 内部影响因素。

（1）企业的支付能力。企业经济效益的好坏直接决定了员工个人收入水平的高低。薪酬中的非货币薪酬部分与企业效益的联系更为密切。

（2）企业的发展阶段。企业的发展阶段不同，赢利能力也不同，因此企业的薪酬战略也不同，企业薪酬战略应与企业战略相适应。

（3）工作的“劳动价值”。工作需要的“劳动价值”不同，其薪酬水平也不同。如学历、工龄、能力等要求得越强，绩效也越高，其报酬也应该越高。

（4）企业高层领导的态度。高层领导对于薪酬的理解和重视程度，对于保持和提高士气、吸引高质量的员工、降低离职率等的重视程度，都会对薪酬水平和策略产生影响。

（二）薪酬水平策略

1. 领先型薪酬策略。采取本组织的薪酬水平高于竞争对手或市场的薪酬水平的策略。这种薪酬策略以高薪为代价，在吸引和留住员工方面都具有明显优势。

2. 跟随型薪酬策略。这种策略是力图使本组织的薪酬成本接近竞争对手的薪酬成本，使本组织吸纳员工的能力接近竞争对手吸纳员工的能力。

3. 滞后型薪酬策略。采取本组织的薪酬水平低于竞争对手或市场薪酬水平的策略。采用此策略的企业，受产品市场上较低的利润率所限制，没有能力提供高薪酬。

4. 混合型薪酬策略。指企业在确定薪酬水平时，是根据职位的类型或者员工的类型来分别制定不同的薪酬水平决策。比如对关键人员提供高于市场水平的薪酬，对普通员工实施匹配型的薪酬政策，对随时可替代的员工提供低于市场价格的薪酬。

【课堂讨论】

（一）资料

公司员工薪酬水平怎么定？

A企业是一个制药公司，销售业绩一直不好，为了提高销售量，销售人员的薪酬水平是公司里级别最高的。但是销售人员的高工资并未带来好的销售业绩，其他部门的员工意见很大。因此公司决策层提出要对薪酬进行调整，使得薪酬更富有激励性。

（资料来源：http://wenku. baidu. com/link? url）

（二）讨论

如果你是人力资源部经理，如何调整薪酬才能够达到目标并走出困境？

四、企业薪酬体系设计

企业薪酬体系设计的一般程序如下：

（一）确定企业薪酬支付的策略

企业的薪酬支付策略反映了企业经营和发展战略的要求，因此支付策略要集中反映企业战略的要求。一般而言，薪酬支付策略要反映出对高级管理人才、专业技术人才、核心营销人才的价值的估计，体现出企业基本的薪酬制度和收入分配的原则等。

（二）进行工作分析

工作分析是确定企业薪酬的基础，体现了员工完成工作所需要的技能、责任、知识，这些是确定薪酬要素的依据。

（三）岗位评价

岗位评价的目的主要是比较企业内部各个岗位的相对重要性，得出岗位的等级序列；为企业进行薪酬调查做准备，增加企业岗位之间的可比性。

（四）市场薪酬调查

薪酬调查是薪酬设计流程中的重要组成部分。企业要吸引并留住员工，不仅要重视内部薪酬的公平性，更需要重视外部薪酬的公平性，因此需要开展薪酬调查。

（五）设计薪酬结构

薪酬结构指同一组织内部不同薪酬等级之间的相互关系，包括薪酬等级数量、变动范围及相互间的交叉和重叠关系。这种关系和规律通常以薪酬结构线来表示。如后页图所示。

薪酬结构线显示的是各岗位相对价值和与其对应的实付薪酬间的关系。横坐标是以工作评价获得的相对价值的分数，纵坐标是实付薪酬值。薪酬结构包括以下内容：

1. 薪酬的等级数量是通过职位评价或技能评价所产生的。

2. 同一薪酬等级内部的薪酬变动范围（最高值、中间值、最低值）。

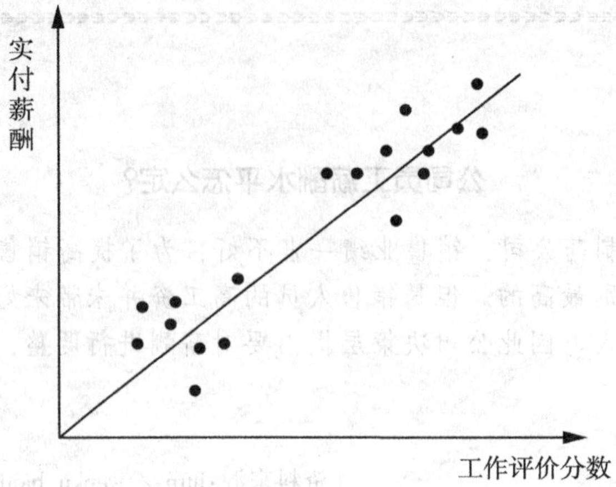

薪酬结构线图

3. 相邻两个薪酬等级之间的交叉与重叠关系。

（六）薪酬制度的执行和控制

组织薪酬制度一经建立，如何投入正常运作并对之实行适当的控制与管理，使其发挥应有的功能，是一项长期而复杂的工作。

（七）薪酬的调整

1. 效益调整。即当企业效益好，盈利增加时，对全员进行的普遍加薪，但以浮动式、非永久性为佳，即当企业效益下滑时，全员性的报酬下调也应成为必然。

2. 业绩性调整。业绩性调整是为了奖励员工的优良工作绩效，鼓励员工继续努力。

3. 职位晋升或技术等级晋升。

4. 岗位调换。即轮换岗位来调动员工积极性。

5. 试用期满调薪。即新员工试用期满后成为正式成员的调薪。

6. 工龄调整。工龄调整体现对公司贡献的积累，鼓励员工长期为公司服务。

7. 特殊调整。指企业根据内外环境及特殊目的而对某类员工进行的报酬调整。

【案例简析】

某房地产集团下属一家物业公司成立初期，非常注重管理的规范化和调动员工积极性，制定了一套较科学完善的薪酬管理制度，公司得到了较快的发展，短短两年多时间，公司的业务增长了110%，人数达到了220多人。

但公司的薪酬管理制度没有随公司业务发展和人才市场的变化而适时调整。公司领导原以为发展已有了一定的规模，经营业绩理应超过以前，但事实上整个公司的经营业绩不断滑坡，客户的投诉也不断增加，员工的工作失去了往日的热情，部分技术、管理骨干离职，其他人员也出现不稳定的预兆。如工程部经理得知自己的收入与后勤部经理的收入相差很少时，感到不公平，他认为工程部经理相对后勤部经理，工作难度大、责任重，应该在薪酬上有差别，所以工作没有了干劲，后来辞职而去。因为员工的流失、员工工作缺乏积极性，致使该公司的经营一度出现困难。

（资料来源：http://www.doc88.com/p-6019877688370.html）

问题：该公司如何解决现阶段薪酬管理所面临的问题？

【实训项目】

实训内容：请描述前面所调查企业的薪酬管理模式。公司有无全面科学的薪酬管理制度？各级各类岗位的薪酬管理属于哪一种薪酬管理体系和薪酬制度？如果你认为目前的薪酬管理不合理，请思考一下如何进行科学的薪酬设计。

实训指导：

1. 分析公司薪酬制度是否科学，需要向相关人员了解薪酬制度设计程序，同时需要掌握有关公司薪酬管理的相关资料如各岗位职责、任务及对人员的要求等。

2. 薪酬结构设计兼顾内部和外部公平，对薪酬结构进行深入全面的解读和分析。

3. 小组写出所调查企业的薪酬分析报告，指出薪酬管理存在的问题，并提出建议。

【学中做 做中学】

为虚拟公司设计合适的薪酬管理制度。要求写出设计过程，重要步骤必须进行详细说明，如岗位评价过程及评价的结果、薪酬结构设计的过程及结果。

1. 准备相关资料，如岗位说明书、岗位评价标准、评价表等。

2. 进行岗位评价，对各岗位进行打分（推荐应用要素计点法）。

3. 设计市场薪酬调查方案，给出虚拟调查结果即标杆岗位的市场薪酬数据。

4. 依据岗位评价结果和市场数据设计薪酬结构。

5. 制定企业的薪酬管理制度。

第三节 企业福利管理

【知识要点】福利特点、类型、功能；主要的福利项目；福利管理的主要内容。

福利属于间接薪酬，是员工薪酬的重要构成部分。随着经济和社会的发展进步，福利制度对员工也产生越来越多的影响，因此，企业应重视福利的管理。

一、员工福利概述

（一）福利特点

1. 针对性。福利往往是针对员工的某项需要而设立的，因而有时会有很强的时间性，如防暑费、取暖费等。

2. 集体性。福利设施一般是员工集体消费或共同使用的公共物品，如员工食堂、员工俱乐部等都具有集体性这一重要特征。

3. 补偿性。福利只是起到满足员工生活有限需求的作用，不像工资是满足基本需要的，福利只是一种物质补偿，也是员工工资的一种补充形式。

4. 均等性。福利是针对所有履行劳动义务的本企业员工，只要符合条件都可享受。因此，福利在一定程度上起着平衡劳动者收入差距的作用。

（二）福利的类型

根据福利的内涵、享受对象、性质和表现形式的不同，可以分为以下不同的类型：

1. 法定福利和补充福利。法定福利又称基本福利，指按照国家法律、法规和政策规定必须发生的福利项目。包括法定社会保险，法定带薪假日，国家规定的高温防暑降温补贴，婚假、丧假和探亲假工资等。补充福利指由企业自定的福利项目，如交通补贴、房租补贴、免费住房、工作午餐、女工卫生费、通信补助、员工困难补助等。

2. 集体福利和个人福利。集体福利指全部员工可以享受的公共福利设施，包括员工集体生活设施，如员工食堂、幼儿园等，集体文化体育设施，医疗设施，如医院等。个人福利指个人具备国家及企业规定的条件时可享受的福利，如探亲假、取暖补贴等。

3. 经济性福利与非经济性福利。经济性福利指货币或实物形式的福利。集体福利和个人福利、法定福利和补充福利等均是以货币或实物形式表现的，是经济性福利。这些福利直接发生经济成本。非经济性福利表现为服务或员工工作环境的改善，不涉及金钱实物，故称为非经济性的，旨在全面改善员工的工作生活质量。

二、福利项目

（一）法定社会福利

我国法定福利项目包括养老保险、医疗保险、工伤保险、失业保险、生育保险及住房公积金。

1. 养老保险。指国家通过立法，使劳动者在因年老而丧失劳动能力时，可以获得物质帮助以保障晚年基本生活需要的保险。

2. 医疗保险。公共福利中最为主要的一种福利，是国家、企业对员工在因病或因公负伤而暂时丧失劳动能力时，给予假期、收入补偿和提供医疗服务的制度。

3. 工伤保险。针对最容易发生工伤事故和职业病的工作人群的一种特殊社会保险。目前，工伤保险制度建立了基金体制，工伤保险费完全由企业负担，按照本企业职工工资总额的一定比例缴纳，职工个人不缴纳工伤保险费。

4. 失业保险。指国家和企业对因非意愿、暂时丧失有报酬或有收益的工作的员工，付给一定经济补偿，以保障其失业期间的基本生活，维持企业劳动力来源的社会保障。失业保险的目的在于保障非自愿失业者的基本生活，促使其重新就业。

5. 生育保险。生育保险制度是在生育期间对生育责任承担者给予收入补偿、医疗服务和生育休假的社会保险制度。包括生育津贴、医疗护理、生育补助及休假等。

6. 住房公积金。是指国家机关、事业单位、各类企业及单位为职工缴存的专项用于住房消费支出的储备金，在特定条件下可以提取和使用。同样具有强制性、互助性、保障性的特点。

【知识链接】

医改新思路：医疗保险有望充当主力

2014年8月，《国务院关于加快发展现代保险服务业的若干意见》提出，发展多样化健康保险服务，鼓励保险公司大力开发各类医疗、疾病保险和失能收入损失保险等商业健康保险产品，并与基本医疗保险相衔接。

卫计委提供的数据显示，各级财政对医疗卫生投入持续加大，2009年至2013年累计达到30 682亿元，大型公立医院近年来的规模扩张纪录不断被刷新。但加大财政对医改投入的同时，2009年医改以来也暴露出很多问题。“财政就这点钱，医疗上花太多其他领域怎么办，大包大揽肯定不行。”上述消息人士指出，目前财政收支压力日趋加大，以财政资金作为杠杆、撬动市场化力量是未来财政资金发挥作用的方向。医改的市场化道路就是让医疗保险发挥更大作用，除了基本医疗保险之外，还将更多依靠商业保险公司参与。

（资料来源：新浪财经，http：//finance. sina. com. cn/money/insurance）

（二）企业福利

1. 补充养老保险。又称为职业年金或企业退休金，指企业在国家政策的指导下，为本企业职工提供一定程度退休收入保障的补充性养老金制度。企业年金是对国家基本养老保险的重要补充。

2. 补充医疗保险。是由用人单位和个人自愿参加的、在基本医疗保险以外，由单位或个人根据需求和可能原则，适当增加医疗保险项目，来提高医疗保障水平的一种补充性保险。

3. 其他商业保险。公司向商业保险机构购买的为员工因意外伤残、意外身故提供保障的意外伤害保险。一般由企业缴费，员工个人不缴费。

4. 住房津贴。是指企业为解决员工住房问题而给予的补贴资助，如企业购买或建房后免费或低价租给或卖给员工居住，为员工购买住房提供免息或低息贷款，全额或部分报销员工租房费用等。

5. 交通补贴。主要指为员工上下班提供交通便利或补助，主要包括以下几种：企业派专车接送员工上下班；企业按规定为员工报销交通费；企业每月发放一定数额的交通补助费等。

6. 工作午餐。指企业为员工提供的免费或低价午餐；或有的企业虽然不直接提供工作午餐，但提供一定数额的工作午餐补助费。

7. 教育培训费用。即对员工提供教育方面的资助，为员工支付部分或全部与正规教育课程和学位申请有关的费用、非岗位培训或其他短训，甚至包括书本费和实验室材料使用费。

8. 困难补助。在员工因家庭发生重大情况而导致经济困难时，企业向员工发放的临时性经济补助。

9. 海外津贴。指一些跨国公司为了鼓励员工到海外去工作而提供的经济补偿。海外津贴受职务高低、派往国的类别、派往时间长短、家属是否陪同、工作期间回国机会的多少、愿意去该国的人数等因素的影响。

（三）有偿假期

有偿假期指员工在有报酬的前提下，可不用上班的一种福利项目。具体包括：

1. 脱产培训。员工脱离工作岗位进行培训，既提高员工素质，又使员工受益。

2. 病假。员工在出示医生证明，或经上级同意后，可因病休息。

3. 事假。不同企业允许有差异，但通常包括婚假、妻子产假、搬迁假等。

4. 公休。即根据企业的制度，经管理人员同意，员工可在一段时间内不用上班的一种福利。不同企业间的公休可有所不同，但一般员工每年有一周至一月的公休。

5. 节日假。包括我国明文规定的节假日和一些企业自行规定的节假日。

6. 工作间休息。指工作中间的休息，一般上下午各一次，每次 10 至 30 分钟。

7. 旅游。指企业全额资助或部分资助的一种福利，企业可以根据自己的实际情况制定旅游时间与旅游地点，可以每年一次，也可以数年一次。

（四）生活福利

生活福利是指企业为员工生活提供的其他种类福利项目，主要包括以下几种：

1. 法律顾问。企业聘用长期或短期法律顾问，为员工提供法律服务，甚至为员工聘请律师支付费用。

2. 心理咨询。企业为员工提供各种形式的心理咨询服务，以帮助减轻或避免心理问题，常见的有设立心理咨询站、长期聘用心理顾问、请心理专家作健康讲座等。

3. 贷款担保。企业为员工个人贷款时出具担保书，使员工能顺利贷到款项。

4. 托儿所。企业在条件许可下，建立托儿所为员工解决托儿难问题。

5. 托老所。越来越多的企业开始设想和建立托老所使员工更安心地工作。

6. 内部优惠商品。某些生产日用品的企业，为激励员工，常以成本价向员工出售一定数量的产品，或专门购买一些所需商品，然后以折扣价或免费向员工提供。

7. 搬迁津贴。指企业为员工搬迁住所而提供一定数额的经济支持。

8. 子女教育费。为使员工子女能接受良好教育，企业提供子女教育费。

【知识链接】

企业职工最大的福利——住房福利制度的改革

“福利分房”对如今的“80后”、“90后”们十分陌生，曾经是计划经济时代特有的房屋分配形式。“等国家建房，靠组织分房，要单位给房”是福利分房的典型特征，各单位以级别、工龄、居住人口、有无住房、是否婚配等标准为职工分配住房，分配的房屋禁止转卖和限制转租。在市场经济大潮的冲击下，福利分房的弊端逐渐显现出来。

1994年，《国务院关于深化城镇住房制度改革的决定》发布实施，提出城镇住房制度改革的根本目的是建立与社会主义市场经济体制相适应的新的城镇住房制度，实现住房商品化、社会化。这一文件的出台，标志着中国全面推进住房市场化改革目标的确立，开启了城镇住房商品化的大门。

1998年，《国务院关于进一步深化城镇住房制度改革加快住房建设的通知》出台，明确废止了住房实物分配，标志着住房制度改革在全国范围内全面展开。至此我国实行了近40年的福利分房制度从政策上退出历史舞台，老百姓开始进入买房时代。

（资料来源：http：//www. china-crb. cn）

三、福利管理

福利的作用之一是激励员工、降低流动率，但这要建立在能有效管理好福利的前提下。福利管理包括福利目标设立、福利成本核算、福利沟通、福利调查、福利实施。

（一）福利目标设立的原则

1. 必须符合企业的长远目标。福利目标的设立必须考虑企业总体目标的实现，服从和服务于这一目标的实现。

2. 满足员工的需求。企业福利目标的设立必须从员工的角度出发，设立自己企业富有个性与特色的福利项目，只有这样，才能真正地满足员工的需求，起到激励员工的作用。

3. 符合企业的报酬政策。企业福利目标的设立应在企业总体薪酬预算的安排下，符合企业的支付哲学与文化，使福利的实施过程也是企业文化与理念的传递过程。

4. 能激励大部分员工。企业福利目标的设立要能真正体现福利的功能，真正能吸引和保留企业的核心人才，成为企业激励机制的重要组成部分。

5. 企业能担负得起。企业福利目标的设立应在企业的支付能力之内，做好科学的薪酬预算与控制，不致拖累企业的正常经营与发展。

6. 符合当地政府法规政策。企业的福利应与国家与当地政府的法律与法规政策保持高度一致，真正履行企业所应承担的社会责任，构建企业经营发展的良好外部环境。

【课堂讨论】

（一）资料：班车是否取缔

博开公司地处城市边缘的技术开发区，离市区较远，公司周围只有一个每20分钟一班的公交车，因此公司租用了一辆豪华中巴作为公司的班车，免费接送员工上下班。由于员工的居住点较分散，因此根据员工居住地点密集度，设立了几个接送点，需搭乘班车的员工自行到接送点集合，公司附近的员工自行解决。

起初班车刚好满足需要，但随着业务的拓展，班车越来越紧张。员工反映最多的是交通问题。许多员工要花两个多小时上班，中途要倒几次车，到了公司人已经筋疲力尽了，无法安心工作。但总经理一直反对设立公司班车，他认为公司正处于快速成长阶段，公司业务尚未全面铺开，需要尽量节约成本，这样才能保证利润目标的完成。同时由于城市建设的加快，市政府已决定建设通往技术开发区的高速公路和轨道交通，新增多条公交线路。总经理认为今后交通条件改善了，可以取消公司班车。

（资料来源：http://wenku.baidu.com/link？url）

（二）讨论

假如按照总经理的意见做了，员工会有何反应？如果你是人力资源部经理，你将如何协调解决公司班车管理问题？

（二）福利成本核算的内容

1. 计算公司可能支出的最高福利总费用。

2. 与外部竞争对手相比，在保证本企业福利优势的前提下，尽量减少福利支出。

3. 做主要福利项目的预算。

4. 确定每一位员工福利项目的成本。

5. 制订相应的福利项目成本计划。

6. 尽可能在满足福利目标的前提下降低成本。

（三）福利沟通

1. 编写福利手册，解释企业提供给员工的各项福利计划。手册可包含一本总册和系列附件。福利手册应尽量减少专业术语，让员工清晰理解福利项目的具体内容。

2. 定期向员工公布有关福利的信息，包括福利计划的适用范围和福利水平，福利计划的价值是什么及组织提供这些福利的成本。

3. 在小规模的员工群体中作福利报告。

4. 建立福利咨询办公室或咨询热线。这既有利于员工了解公司的福利政策和福利成本开支情况，同时也是表明组织希望员工关心自己的福利待遇的一种信号。

5. 建立网络化的福利管理系统，在公司组建的内部局域网上发布福利信息，也可以开辟专门的福利版块，与员工进行有关福利问题的双向交流，同时借助于网络可以进行问卷调查，来了解企业员工对福利项目的看法与意见。

（四）福利调查

1. 福利项目制定前的调查。调查员工对某一福利项目的态度、看法与需求。

2. 员工年度福利调查。调查员工在一个财政年度内享受的福利项目及满意度等。

3. 福利反馈调查。调查员工对某一福利项目实施的反应，及是否改进或取消。

（五）福利实施

1. 根据目标加以实施。

2. 预算要落实，这样不至于福利实施计划落空，或向员工的福利承诺不兑现。

3. 按照实施计划有步骤地实施。

4. 保持实施进程的灵活性，定期检查、定期监控。

【案例简析】

贝尔公司的福利政策

上海贝尔始终把员工看成公司的宝贵资产，以拥有高素质的员工队伍而自豪。员工队伍的年龄结构平均仅为28岁。大部分员工正值成家立业期，购房置业是他们生活中的首选事项。在上海房价高涨的情况下，上海贝尔及时推出无息购房贷款福利政策，助员工一臂之力。且在工作满规定期限后，此项贷款可以减半偿还。同时，上海贝尔还创新员工福利的设立，给员工一定选择福利的权利，如将购房和购车专项贷款额度累加合一，员工可自由选择是购车还是购房；在交通方面，员工可自由选择领取津贴或自己解决，或搭乘公司车辆。员工拥有对自己福利形式的发言权，工作满意度和忠诚度都会得到提升。上海贝尔一流的工作环境，其实也是员工深感自豪的一种福利。“作为上海贝尔大家庭的一员，在如此美轮美奂的条件下工作，我心足矣。”谢贝尔说，上海贝尔的工作环境，胜过他在欧洲工作时的环境。

（资料来源：http://www.ceconline.com/hr/ma/8800022005/01/）

问题：上海贝尔公司的福利政策有什么特点？对福利管理有何启示？

【实训项目】

实训内容：请调查一家企业的福利管理制度，包括福利项目、发放的对象、发放时间等。

实训指导：

1. 可以是自己曾经实习过的公司，也可以是自己家人的工作单位，也可从网上查阅资料。

2. 重点了解企业各类岗位和人员的福利管理方法，如有哪些项目，员工是否都享有法定的“五险一金”，企业福利支出高低水平如何。

3. 向员工了解他们对企业福利的满意程度。

4. 分析所调查企业福利管理的特点，有无问题？如何改进？

【学中做　做中学】

分小组设计虚拟公司的福利管理制度。要求：

1. 福利设计要考虑员工实际需要，应区分不同的员工进行设计。

2. 可以模拟向同一小组的同学进行调查，了解员工对公司福利管理的意见和建议。

3. 福利制度要适合公司现状。要进行福利成本支出总额的计算，核算占工资额的比例。

4. 可以尝试进行“弹性福利计划”设计；小组写出《企业福利管理办法》，并打印。

◎ 思考题：

1. 薪酬管理的内容主要有哪些？

2. 薪酬体系设计的程序包括哪些步骤？

3. 企业福利一般包括哪些项目？如何更好地设计企业的福利？

第六篇　留　人　篇

由于人才竞争的加剧，令大多数企业困惑的是自有人才的大量流失，给企业的发展甚至生存带来了难以估量的恶果。员工高比例流失，不仅带走了商业、技术秘密，带走了客户，使企业蒙受直接经济损失，而且增加了企业人力重置成本，影响了在职员工的稳定性。因此企业要为优秀人才提供成长与发展空间，增强其归属感和责任感，自觉地留在企业为企业服务。

第十三章 职业生涯管理

◎ 知识目标：

1. 职业生涯管理的含义。
2. 组织职业生涯管理的内容。

◎ 能力目标：

1. 个人职业生涯方案的编制。
2. 职业生涯管理方法实施运用。

【导入案例】

3M 公司的职业生涯体系——重员工潜力数据

3M 公司始终尽力满足员工职业生涯发展需求。从 20 世纪 80 年代开始，公司的员工职业生涯咨询小组一直向个人提供生涯问题咨询、测试和评估，并举办生涯问题研讨班。通过人力资源分析，主管对下属进行评估。公司采集职位稳定性和个人潜力的数据，电脑处理后用于内部人选的提拔。公司设计了员工职业生涯管理的体系。

1. 职位信息系统。根据员工民意调查的结果，公司于 1989 年年底开始试行了职位信息系统。员工们的反应非常积极，人力资源部、一线部门及员工组成了专题工作小组，进行为期数月的规划工作。

2. 绩效评估与发展过程。该过程涉及各个级别和所有职能的员工。每一位员工在一份供明年使用的员工意见表上填入对工作内容的看法，指出主要进取方向和期待值。然后员工与主管一起对意见表进行分析，就工作内容、进取领域和期待值以及明年的发展达成一致。在第二年中，这份工作表可根据需要进行修改。年底时主管根据确定和讨论的内容及进取方向完成业绩表彰工作。这个项目促进了主管与员工间的交流。

3. 个人职业生涯管理手册。公司向每一位员工发放一本个人职业生涯管理手册，它概述了员工、领导和公司在员工职业生涯发展方面的责任，还明确提出公司现有的员工职业生涯发展资源，同时提供一份员工职业生涯关注问题的表格。

4. 主管公开研讨班。为期一天的公开研讨班有助于主管理解自己所处的复杂的员工职业生涯管理环境，同时提高领导技巧及对自己所担任之各类角色的理解。

5. 员工公开研讨班。提供个人职业生涯指导，强调自我评估、目标和行动计划，以及平级调动的好处和职位晋升的经验。

6. 一致性分析过程及人员接替规划。集团副总裁会见各部门的副总经理，讨论其手下管理人员的业绩情况和潜能。然后管理层召开类似会议，开展人员接替规划项目。

7. 职业生涯咨询。公司鼓励员工主动去找自己的主管商谈个人职业生涯问题，也为员工提供专业的个人职业生涯咨询。

8. 职业生涯项目。作为内部顾问，员工职业生涯管理人员根据员工兴趣印发出一些项目，并将它们在全公司推出。

9. 学费补偿。这个项目已实行多年，它报销学费和与员工当前岗位相关的费用，以及与某一工作或个人职业生涯相关之学位项目的全部学费和费用。

10. 调职。职位撤销的员工自动进入个人职业生涯过渡公开研讨班，同时还接受具体的过渡咨询。根据管理层的要求，还为解除聘用的员工提供外部新职介绍。

（资料来源：http：//rlzy. jpkc. kdvtc-edu. cn/html/tszl/rlzyjxalj/33_ 77. html）

第一节 职业生涯管理概述

【知识要点】职业生涯管理的含义；职业生涯管理的内容。

一、职业生涯管理的含义

职业生涯管理是指一个人从首次参加工作开始的一生中所有的工作活动和工作经历，按从业时间的顺序连接起来的一个连续的职业过程，与组织密切相关。从实质上说，也就是人们不断提高其职业技能、完善其职业品质、丰富其人生经历的过程。职业生涯管理具体包括两方面内容：一是员工的职业发展自我期望与管理；二是组织协助员工规划其职业生涯，并提供必要的教育培训机会。

二、职业生涯管理的主要内容

组织职业生涯管理可以分为常规管理和延伸管理两个方面，具体内容如下：

（一）职业生涯常规管理

1. 设定职业生涯目标。指个人在选定的职业领域内，在未来某个时间上所要达到的具体目标，一般包括短期、中期和长期目标。职业生涯目标一般都是在进行个人评估和环境评估的基础上，由直线主管或人力资源部人员与员工共同商议设定。生涯目标设定要具体明确、高低适度，具有一定的弹性，并与组织目标相一致。

2. 帮助新员工度过职业适应期。一个人从学校毕业进入职业，初始阶段都有适应期。为帮助新人尽快度过适应期，组织需对新进员工进行相关培训，让新员工了解企业的基本发展状况，以便很快适应工作。

3. 及时评估绩效。员工在组织中工作了一段时间后，员工的工作状况要及时反馈给组织，组织通过评估可发现员工工作绩效好或绩效差的原因，以便有针对性地进行反馈和调整。

4. 轮岗与升迁。轮岗与升迁可促进员工职业发展。组织要建立和完善员工的轮岗与升迁制度，研究开辟多种升迁渠道，促进员工职业生涯目标的实现，充分调动其工作积极性。

5. 提供培训机会。任何员工从一个层次上升到另一个更高的层次，由于知识和能力要求的不同，都需要进行相应的培训。因此要制订与职业生涯计划匹配的培训计划。

6. 修改职业生涯计划。由于社会环境等各方面因素的不断变化，职业生涯计划需要因时制宜地进行调整。组织要为员工提供机会和帮助，以使其选择新的适合自己的发展道路。

（二）职业生涯延伸管理

1. 重视员工健康状况。包括身体健康和心理健康。组织应给员工提供舒适有利的工作环境，帮助员工进行健康教育和心理调适，关心员工因心理紧张或压力过大所造成的各种疾病。

2. 协助处理员工工作与生活的矛盾。组织对员工进行职业生涯管理时，要经常了解员工的家庭生活状况，分析员工工作与家庭生活的矛盾，并进行相应的协调管理。

【课堂讨论】

（一）资料：索尼公司“鲜花疗法”

索尼公司是靠生产电子产品起家的，随身听是该公司的重要产品。一次公司的一家分厂的产品出了问题，其产品是销售到东南亚的，总公司不断收到来自东南亚的投诉。后经调查发现原来是包装上有些问题，并不影响内在质量，分厂立即更换了包装，解决了问题。可是盛田昭夫仍然不依不饶。这位厂长被叫到公司的董事会议上，要求对这一错误做陈诉。会上盛田昭夫对其进行了严厉的批评，要求全公司以此为戒。厂长在索尼公司工作了几十年，第一次在众人面前受到如此严厉的批评，难堪尴尬之余，禁不住痛哭失声。盛田昭夫的盛怒让其他董事都感觉到太过分了。

会后，董事长的秘书走过来，盛情邀请厂长去喝酒，这位秘书说：“董事长没有忘记你为公司作出的贡献，今天是出于无奈。他害怕你为这事伤心，特意让我请你喝酒。”

接着秘书又进行了安慰，厂长极端不平衡的心态开始缓和。喝完酒，秘书陪着厂长回到家。刚进家门妻子迎了上来：“你真是受总公司重视的人！”妻子拿来一束鲜花和一封贺卡说：“今天是我们结婚二十周年的纪念日，你也忘记了。”原来鲜花是盛田昭夫特意订购，并附上他亲手写的贺卡，勉励这位厂长继续为公司竭尽全力。

盛田昭夫不愧是恩威并施的老手，为了总公司的利益，他不能有丝毫的宽待，但考虑到厂长是老员工，且在生产经营上确实是一把好手，为了不彻底打击他，又采用这样的方式表达歉意。他经常使用此种方式，索尼公司把这种方式称为“鲜花疗法”。

（资料来源：http：//book. sina. com. cn）

（二）讨论

你从这则案例中得到了哪些启示？

3. 帮助下岗员工实现再就业。在组织发展的过程中，一些员工可能会因为某种原因辞职或者组织要裁员。在员工离开之际，组织有责任向其提供再就业培训，帮助其再就业等。

4. 员工退休管理。组织要帮助员工进行退休前的准备，诸如心理适应、老年健康和联谊等；同时要关注已经退休的员工，例如组织慰问、提供发挥余热的机会或反聘等。

【案例简析】

李嘉诚不裁员工

华人首富李嘉诚，曾发家于塑胶产品。靠生产塑胶产品的长江工业总公司，在做大做强后，转向房地产等产业，成就了财富神话。然而，在塑料花日落西山时，李嘉诚却在寸土寸金的长江大厦保留了生产塑料花的车间；生产者都是些老人，效率很低，人们一时不明白。有人建议取消塑料花生产车间，李嘉诚却说：“那些员工在我的企业里工作了那么多年，是他们创造了塑料花的黄金时代，也成就了我的事业。现在他们老了，除了熟悉塑料花的生产工艺别无所长，我若停止生产，将他们推出门去，他们的境遇将会如何？”李嘉诚接着说：“一个企业就像一个家庭，他们是企业的功臣，理应得到这样的待遇。现在他们老了，作为晚辈，我们就该承担起照顾他们的义务。”这种“人性化的理念”，形成别具特色的企业文化。

问题：李嘉诚不裁员工的案例对我们有什么启发？

（资料来源：http：//zhidao. baidu. com/link？url）

【实训项目】

实训内容：请学生调查学校周围一家大中型企业（公司、饭店、工厂、商场等），了解企业中员工职业生涯发展的基本状况，考察其员工职业生涯发展的特点，包括各层次、各年龄阶段员工的职业发展状况。了解企业对于员工职业生涯规划有哪些规定。

实训指导：

1. 从网上或根据自己的人际关系锁定一家有规模、有实力的企业，最好在当地有一定的知名度，原因是此类企业的员工职业生涯发展状况较规范系统，便于考察。

2. 深入企业进行调查。先从整个企业着手，找到相关部门了解整个企业对于员工职业生涯发展的政策和制度支撑，再采用抽样调查法选取各层次、各年龄阶段的员工进行调查。具体可以从企业的宣传资料、网站内容，以及采取询问法、观察法、应聘职员或兼职打工等手段进行调查。

3. 调查完毕，写出调查报告，调查报告包括：

（1）企业员工职业生涯管理的制度规定：企业的名称、性质、相关文件内容、制度规定等。

（2）企业员工职业发展的特点、作用和效果。

【学中做　做中学】

请根据虚拟公司中成员所担任的职务，列出本岗位人员的职业生涯发展状况。根据列表，召开一次小组成员会，请小组成员与你一起探讨你现在的职业生涯发展是否合适，今后如何发展对个人和组织有利。要求：

1. 职业生涯发展要具体，不要泛泛而谈，要形成文字。

2. 小组成员会要开诚布公。每位成员都要真诚而坦率地谈论你对其他人的看法，不要藏头露尾。在其他成员谈你时，请不要随意打断别人的谈话。

3. 针对小组会上的情况，正确客观地进行自我评价。

4. 你认为在未来个人发展中，该如何做到个人和组织发展的和谐统一？具体措施有哪些？

第二节　组织职业生涯管理的路径与方法

【知识要点】职业发展路径；组织职业生涯管理的方法。

一、职业发展路径的类型

（一）专业技术型路径

专业技术型路径指工程、财会、销售、生产、人事、法律等职能型专业方向。这些方向要求员工具有一定的专门技术性知识，并具有较好的分析能力。此类发展路径的提升路径是晋升技术职称、认可技术性成就、提高奖励等级或改善物质待遇等。

（二）行政管理型路径

指把管理职业本身看作努力的目标和方向。通常是在基层职能部门从事具体工作，通过良好的表现获得提升，从最初涉及的专业领域转向培养管理工作所需的人际关系等能力。

事实上，企业组织的职业发展路径并不仅局限于以上两种，组织中还存在一些其他相关性发展路径，例如，对管理感兴趣的专业技术型员工，通过在组织内外扩充专业知识，从一个技术部门到另一个技术部门，打好横向的技术基础后，转向专业技术部门的管理职位，最终达到决策层分管技术的副职，成为高层管理人才；思维能力突出的行政管理型员工，在从事基础职能工作后可转向担任技术部门的主管干部，将专业技术适当融入行政管理工作中；具有良好思维能力和人际关系技巧的员工则可胜任职能部门的主管，进而进入高层从事全面的企业管理工作，兼顾专业技术和行政管理两方面的总体控制。

二、组织职业生涯管理的方法

组织的职业生涯管理，是将个人职业需求与组织机构的劳动力需要相联系而作出的有计划的努力。主要包括组织对员工的职业生涯管理和组织自身的职业生涯管理两方面内容。

（一）组织对员工的职业生涯管理

1. 提高员工对职业发展管理的认识。首先，组织的人力资源管理部门以及其他部门主管应增强对职业管理重要性的认识。其次，人力资源管理部门和部门主管应努力向员工宣传职业发展路径和职业发展管理的相关思想，让员工明白应树立职业发展的眼光的重要性。

2. 帮助员工进行自我分析，设定职业发展目标。组织应帮助员工进行自我分析，针对员工自身的特点，全面分析其知识结构、能力结构、业务专长等方面的优劣势，使员工充分认识本身性格特点与行为特征，在此基础上制定学习目标和实现目标的文字性资料，在上司的指导下填写《员工职业计划表》等。

3. 拟订职业发展计划。在帮助员工设定职业发展目标的基础上，应对员工的自我评估作出审核，与员工进行沟通，帮助员工制订出短、中、长期职业发展计划。同时要尽可能使员工的个人计划与组织的发展和需求相协调，实现员工目标与组织目标的有机结合。

4. 实施员工职业发展计划。职业发展计划的实施要通过个人、部门、公司三者的协调和共同努力。公司负责有针对性的管理和业务培训，给予精神和物质上的鼓励。部门要为员工提供良好的职业发展空间，为其确定具体的措施和指导计划，要从时间和物质上给予保证。

5. 职业发展总结评估。职业发展计划是否行之有效需要进行职业发展总结评估。一方面对于组织和部门来讲可以为以后制订职业发展计划提供经验，另一方面对个人而言有利于员工制定适合自己的职业发展路径，求得全面发展。

【课堂讨论】

（一）资料：打开华为的升职通道

1. 从秘书开始。1998 年，华为派出当时的副总裁张建国到欧洲考察，发现久负盛名的英国 NVQ 企业行政管理资格认证并非徒有虚名，所以考察结束后开始借鉴英国 NVQ 企业行政管理资格认证，起初文秘人员对此并不适应。随着学习的深入，秘书们才逐步认识到：工作效率的提高是建立在有序的工作之上的，任职资格认证帮助建立工作秩序，从而提高了工作效率。任职资格认证的思路就是建立一个文秘行为规范，以及达到这一规范的机制。

2. 确定任职资格。人力资源部确定了文秘工作规范化和职业化的目标，并根据公司自己的实际情况修订和细化了文秘资格标准，建立了一套符合华为实际的有多个级别的任职资格考评体系。秘书问题解决后，人力资源部成立了两个任职资格研究小组，每组三人，开始制定其他人员的任职资格体系。紧接着华为正式成立了任职资格管理部，对各个岗位设立相应的任职资格标准。为了使员工不断提高自身工作能力和价值，有一个更大、更广的发展空间，任职资格管理部设计了管理与专业技术双重职业发展通道。员工可以根据自身特点，结合业务发展，为自己设计切实可行的职业发展通道。

3. 推进过程三位一体。1999 年华为的人力资源管理架构基本成形，包括绩效管理体系、薪酬分配体系和任职资格评价体系。在华为 6 个培训中心统统归属于任职资格管理部之下，乍看不可思议，其实顺理成章。许多企业为之头痛的培训无效问题，往往是由于缺少任职资格体系，无法得知“现有”和“应有”的差距。而在华为有了任职资格体系，从某一级升到上一级，需要提高的能力一目了然，培训便具有针对性。

（资料来源：http://blog.sina.com.cn/s/blog_60080b8f0100itz2.html）

（二）讨论

华为的员工晋升通道是怎样的？其优越性体现在何处？

（二）组织自身的职业生涯管理

从组织角度，为了使员工能够不断满足组织的要求，组织的工作主要是提供组织的职业需求信息及职业提升路线，了解自身的人力资源储备状况，并针对性地开发内部的人力资源。

1. 提供组织内部劳动力市场信息。在提供职业信息方面，主要采取的方法如下：（1）及时公布工作空缺信息；（2）介绍组织的职业阶梯或职业通道，包括向垂直或水平方向发展的路径；（3）建立职业资源中心。

2. 成立潜能评价中心。主要对专业人员、管理者、技术人员提升的可能性进行评价，常用的方法有心理测验、替换或继任规划。

3. 实施发展项目。组织可实施各种人才培养措施，包括利用公司内、外人力资源发展项目对员工进行培训；工作轮换，使员工在不同岗位上积累经验，为提升或丰富经验打下基础；专门对管理者进行培训或实行双重职业计划；参加有关学术或非学术的研讨会。

【实训项目】

实训内容：请学生对自己调查的企业进行深入详细的职业生涯调查，了解员工晋升的通道、在企业中哪种职业发展路径最常见、员工能力能不能得到充分发挥。

实训指导：

1. 员工职业生涯管理的基本状况，可以向中层管理者或高层管理者采取询问法、调查法或上网查找法进行。

2. 调查员工对于企业提供的职业发展路径有何想法（包括意见和建议等），员工对于职业发展生涯管理的重要性有多大程度的认识，最好形成书面的表达，其中主要包括员工的认识，目的是能为毕业后实际就业提供一定的借鉴作用。

【学中做　做中学】

请为你的虚拟公司的人力资源部门制订必要的员工职业生涯管理计划。要求：

1. 职业生涯管理计划的制订要依据企业的整体发展状况来进行。尽量少说原则性的语言，多一些具体的实施细则。

2. 人力资源管理部门在制订组织的职业生涯计划时，要针对企业的实际和每一成员性格特点、爱好专长、个人人格特征来进行，能与每个小组成员的具体实际结合起来。

3. 制订职业生涯计划时，要充分发扬民主，广泛听取每位成员的意见，先让每位成员各抒已见，说出他们对于企业职业生涯发展的观点，并说出原因。

4. 将职业生涯发展计划的制订情况形成文字方案，以后每位成员要以此为依据开展工作。

第三节　职业生涯设计

【知识要点】个人职业生涯管理的内容；如何进行个人职业生涯设计。

一、个人职业生涯管理

（一）初步了解职业生涯规划知识，明确自身职业生涯需求

对于员工个人而言，能否取得事业上的成功，关键在于员工能否准确识别并充分发挥自身的优势。可以说这一步应该是个人职业生涯管理工作的前提。员工要认清自己的才干和优势，并在此基础上选择个人的职业发展方向。

（二）确定个人职业发展目标，明确未来的职业发展方向

职业发展首先是个人的事，组织只能给予一定的支持和机会。通常在一个组织中出于公平的考虑，每个员工相对于同类职位的同事而言，发展机会都是均等的。但由于组织中管理职位的有限性，只有那些有明确职业目标并为此不断努力的人，才更有可能获得发展机会。

（三）做好工作，展现良好的工作业绩，主动寻求更大的职责

对于大部分组织而言，员工在正式晋升之前要接受组织对其能力的全面考察，因此，员工首先应该努力做好现有的工作，展现出良好的工作绩效，进而通过良好绩效的展示，进入考核范围，以求得在企业内进一步发展的可能。

（四）积极展开沟通，积累职业发展路径实现的资本

员工应主动展开组织的横向、纵向信息沟通，注重多方面信息的收集，获取各种与职业发展相关的信息，积累相关资本，以求职业发展路径的实现。

值得注意的是，由于个人所进行的职业生涯管理都需要通过组织才能最终得以实现，虽然个人职业生涯规划也很重要，但是相比较而言组织的生涯计划和生涯发展才是职业生涯管理更重要的方面。

二、如何写作个人职业生涯设计

一个有效的职业生涯设计，必须在充分正确地认识自身的条件与相关环境的基础上进行，详细估量内外环境的优势与限制，设计出合理可行的发展方向。一般需要以下步骤：

（一）了解自己

找出自己的专业特长与兴趣点，这是职业设计的首要步骤。个体需要审视自己、认识自己、了解自己，并做自我评估。包括自己的兴趣、特长、性格、技能、道德水准等内容。

（二）清楚目标，明确梦想

确立目标是制定职业生涯规划的关键，职业目标的设定要以自己的最佳才能、最优性格、最大兴趣、最有利的环境等信息为依据。通常分短期、中期、长期和人生目标。

（三）制订行动方案

有效的生涯设计需要有确实能够执行的生涯策略方案，这些具体的且可行性较强的行动方案会帮助你一步一步走向成功，实现目标。通常职业生涯方向的选择需要考虑以下三个问题：我想往哪方面发展？我能往哪方面发展？我可以往哪方面发展？

（四）开始实施行动方案

立即行动，无论是年轻人，还是中年跳槽者，现在都是进行职业规划的好时机。只要还没有到职业生涯的下降阶段，任何时候开始职业规划都不算晚。

制定职业生涯规划时还要注意，为了适应内外环境的变化必须不断地对职业生涯规划进行评估修正，论证方案是否恰当，以适应环境求得发展，同时作为下一轮生涯设计的参考依据。

【案例简析】

李洁的职业生涯规划该如何设计

李洁学的计算机专业是父母为她选择的，理由很简单，就是计算机是人类的未来，搞软件的人就业前景肯定好。可是在大学里，李洁觉得自己逻辑思维能力不强，不适合搞软件，学习积极性不高，成绩也很一般。2002 年毕业后，通过关系进入一家私企，但工作两年感觉技术水平提高太慢，加之计算机更新速度太快，工作很吃力。李洁又考虑到自己是一名女性，技术并不是自己的强项。偶然听到同学做销售不错，心想自己口才好，爱交朋友，沟通能力强，应该去做销售，于是就开始做销售。可是开创市场并不容易，那个同学比自己早做两年，市场面大，业绩自然好于自己，李洁心里很不平衡，再加上年龄在一天天增长，再做销售已力不从心，感觉真的没什么前途。五年时间飞快过去，一些同学已经做到主管位置，一些同学成了软件行业的主力军，李洁对自己下一步将做什么，该如何安排感到茫然，于是请咨询师帮助解决问题。

（资料来源：http://3y.uu456.com/bp-2fsqss20cf84bqds28ea7aa8-1.html）

问题：你要是李洁，你将怎样设计你的职业生涯？

【实训项目】

实训内容：请学生在自己调查的企业找一个普通的员工进行谈话，调查其职业生涯发展状况，以及对目前工作的满意度、对将来工作的想法、对未来的目标。

实训指导：

1. 寻找员工谈话，要采用抽样调查法，要挑选有一定代表性的普通员工。

2. 事先列出谈话提纲，记在心里，在谈话中有意识地引导员工，不要无目的地交谈。

3. 与员工谈话，一定要注意不要让员工产生戒备心理，要自然随意，时间地点灵活掌握，以聊天的方式进行，以此培养自己与人沟通交谈的能力。谈话后写出谈话内容，整理成文字在课上与同学们分享讨论。

【学中做　做中学】

要求虚拟公司中的各成员对自己做一份职业生涯规划，形成书面材料。之后召开一次小组成员会，请小组成员与你一起探讨你的职业生涯设计是否可行，为什么。要求：

1. 具体分析自己，包括性格特征，自己的优势、劣势等内容，要形成文字。

2. 要具体分析所面临的环境，包括宏观环境和微观环境两方面，形成书面材料。

3. 小组成员会要开诚布公。每位成员都要真诚而坦率地谈论你对其他人的看法，不要藏头露尾。在其他成员谈你时，请不要随意打断别人的谈话。

◎ 思考题：

1. 什么是职业生涯管理？职业生涯管理的主要内容是什么？

2. 个人职业生涯设计的步骤有哪些？

3. 职业生涯管理的特征是怎样的？组织职业生涯管理的方法是什么？

第十四章　员工关系管理

◎ 知识目标：

1. 员工关系管理的含义。
2. 劳动关系管理的内容。
3. 劳动合同管理的程序。

◎ 能力目标：

1. 沟通管理的方法。
2. 劳动争议的预防和解决。

【导入案例】

员工调动，工作年限可以清零吗？

王某自 1997 年 6 月起一直在某外商独资企业任职，双方没有签订书面劳动合同。2008 年 2 月 1 日公司与王某签订了一份劳动合同，期限为两年，自 2008 年 2 月 1 日起至 2010 年 1 月 31 日止。2008 年 8 月，该外资公司在北京投资成立了另外一家内资公司，王某受公司安排从外资公司调入内资公司任职。随后，外资公司给王某发出《工作调动通知书》，内容为"因工作需要，经协商一致，王某自 2008 年 9 月 1 日起调入本公司旗下内资公司任职，职位及工资均保持不变。本公司自即日起解除与王某的劳动合同，并按照法律规定向王某支付经济补偿金若干元"。王某到内资公司上班后，公司随即提出与王某签订三年期劳动合同，但王某却对此提出异议。

王某认为《劳动合同法实施条例》第十条规定"劳动者非因本人原因从原用人单位被安排到新用人单位工作的，劳动者在原用人单位的工作年限合并计算为新用人单位的工作年限"，而他 1997 年 6 月就开始为公司工作，至今已超过十年，因此应签订无固定期限劳动合同。但内资公司的 HR 却指出，《劳动合同法实施条例》第十条规定："原用人单位已经向劳动者支付经济补偿的，新用人单位在依法解除、终止劳动合同计算支付经济补偿的工作年限时，不再计算劳动者在原用人单位的工作年限。"

（资料来源：http：//www. hyrckf. com）

第一节　员工关系管理概述

【知识要点】员工关系管理的概念；员工关系管理的内容；员工关系管理的要素及意义。

在人才高度竞争的背景下，留住优秀人才，并使其发挥最大效能，需要企业与员工建立一种和谐双赢的员工关系。现代员工关系强调以员工为中心，营造组织内部良好的员工关系，维系组织与员工之间正面的心理契约，为组织的健康成长以及绩效的提升提供有力保障。

一、员工关系管理的概念

员工关系管理是企业人力资源体系中，各级管理人员和人力资源管理人员，通过拟订和实施各项人力资源政策和管理行为，以及其他的管理沟通手段调节企业与员工、员工与员工之间的相互联系和影响，从而实现组织的目标。员工成为组织的成员后，就进入员工关系管理的框架。企业人力资源管理从以下三个方面影响企业与员工、员工与员工之间的联系。

1. 工作设计。根据企业目标和业务特点，确定每个工作职位的工作内容和职责，工作联系、管理关系和方式，以及对员工的要求。明确员工应当做什么和如何做才能达到要求。

2. 员工流动。即员工从进入企业到离开企业的整个过程。这个过程是员工为实现本人的职业发展打算和为保证业务运行的整个人力资源配置过程，以及满足企业和员工自己对工作才能的要求而进行的绩效评估、能力转化和晋升过程。

3. 员工激励。指通过内外部激励手段，不断增进企业目标实现和员工个人发展之间的良性循环。内外部的激励手段包含报酬体制、福利系统，也包括其他满足员工心理需求的办法。

二、员工关系管理的具体内容

从广义的概念上看，员工关系管理的内容涉及了企业整个企业文化和人力资源管理体系的构建。所有涉及企业与员工、员工与员工之间的联系和影响的内容，都是员工关系管理的内容。从管理职责来看，员工关系管理主要有以下几个方面：

1. 劳动关系管理。包括劳动争议处理，员工上岗、离岗面谈及手续办理，处理员工申诉、人事纠纷和意外事件。

2. 员工纪律管理。引导员工遵守公司的各项规章制度、劳动纪律，提高员工的组织纪律性，在某种程度上对员工行为规范起约束作用。

3. 员工人际关系管理。引导员工建立良好工作关系，创建利于员工建立人际关系的环境。

4. 沟通管理。保证沟通渠道的畅通，引导公司上下及时的双向沟通，完善员工建议制度。

5. 员工绩效管理。制定科学的考评标准体系，执行合理的考评程序，提高员工积极性。

6. 员工情况管理。组织对员工满意度进行调查，预防及处理怠工，解决员工关心的问题。

7. 企业文化建设。建设积极、健康向上的企业文化，引导员工价值观，维护公司的良好形象。

8. 服务与支持。为员工提供有关国家法律、法规、公司政策等方面的咨询服务，协助员工平衡工作与生活。

9. 员工关系管理培训。组织员工进行人际交往、沟通技巧等方面的培训。

【课堂讨论】

（一）资料：人力资源部的难题

某日上午，一位员工怒气冲冲来到办公室，向人力资源部投诉，对上级管理方式不满。当时该员工情绪非常火爆，说话时分贝也不小。而负责接待的本部女同事，为安抚该员工情绪，非常礼貌地说，“你不要激动，别生气，有问题向我们反映，我们会调查，如果属实，一定给你一个答复”，不料，该员工立即大声喊叫，“调什么查，难道你以为我骗你啊，还是说你们人力资源部与管理人员一样不讲道理，我不与你谈了”，随后，不论这位女同事如何向他解释，此员工就是不再与其答话，只是自己大声抱怨无处讲理，因当时正处于办公繁忙时间，办公室还有其他员工，引来好多员工围观。

（资料来源：http://wenku.baidu.com/view/30cf2321af45b307e87197a2.html）

（二）讨论

如果你是这位女同事，应该如何处理这位员工的问题？

三、员工关系管理的要素

（一）员工认同企业的愿景

员工关系管理的出发点是让员工认同企业的愿景。大凡卓越的企业，都是通过确立共同的愿景，整合各类资源，引导整个组织不断发展和壮大，引导成员通过组织目标的实现，实现个体的目标。

（二）激励约束机制

为完成企业组织的目标，适应其所处的竞争状态，建立企业与员工同生存、共发展的命运共同体，是处理员工关系的根本起点。如何完善激励约束机制，建立科学合理的薪酬制度包括晋升机制等，合理利用利益关系就成了员工关系管理的根本。

（三）心理契约

由员工需要、企业鼓励方法、员工自我定位以及相应的工作行动四个方面构建而成。

企业在构建心理契约时，要以人力资源和个人需求结构为基础，用一定的激励方法来满足、引导员工的心理需求；员工则依据个人期望和企业的愿景目标，调整自己的心理需求，确定自己对企业的关系定位，设定生涯规划，决定自己的工作绩效。这是员工关系管理的核心。

（四）职能部门负责人和人力资源部门

在员工关系管理系统中，职能部门负责人和人力资源部门处于联结企业和员工的中心环节，是首要责任人，通过相互支持和配合，协调企业利益和员工需求之间的矛盾，提高组织的活力和产出效率，通过协调员工之间的关系，提高组织的凝聚力。

【案例简析】

张明的决定

发达针织股份有限公司是一家中外合资企业。由于地处郊县，有90%的员工来自农村。凡招聘的员工，公司均与其个人签订劳动合同，并在进公司前在指定的医院进行体检，合格者才被录用。郑英是该公司上月录用、正在试用期的一名女厨工。前天突然病倒住进医院。张明是人事部经理，今天一上班就被总经理王宏叫去。王宏是出生于台湾的美籍华人。他在美国接受教育，主张企业要有严格的规章制度，从严管理。在办公室王宏对张明说：厨工郑英已生病住院，生什么病？病情如何？抓紧了解。张明了解后得知，郑英患的是病毒性心肌炎。即使出院以后，也不能从事体力劳动，需要休息较长时间。医生说这病是旧病复发。张明向王总经理汇报后，王总认为郑英进公司体检时隐瞒了病情，在试用期内发病，按规定应予辞退。张明又查看了《上海市中外合资经营企业劳动人事管理条例》第二章第十二条，该条明文规定："在试用期内，发现不符合录用条件的，职工患病或非因工负伤，在规定医疗期满后不能从事原工作的，合营企业可以解除劳动合同、辞退职工。"

下午，张明把郑英的父母找来，将公司辞退意见告诉他们。郑英的父母认为公司的决定不能接受，因郑英发病是由于工作劳累引起的。张明出示了医院病情诊断书，证实郑英是旧病复发。郑英的父母又提出：他们认识医院的医生，让医生重新开一张所谓"正确"的诊断书。当遭拒绝后，他们又提出给她更换工种，从事轻松一点的工作的要求。张明回答不行，郑英父母一时火起，谩骂张明是老板的狗腿子。张明耐着性子说明道理，并拿出有关条例，表明人事部门会以国家劳动法规和有关规定作为准则，客观公正公平地解决问题。好不容易劝他们回了家，张明陷入深思。按规定在试用期内发现员工隐瞒病情是可以辞退的。但郑英被辞退后，没有固定收入来源，住院费、医疗费很难承担，怎么办？能不能找出一个既不违反制度，又能使员工可以接受的办法？张明又拿出《合资企业劳动人事管理条例》，翻到第四章第二十八条，条文规定：合营企业在职中国职工患病或非因工负伤，按基本企业工作时间的长短，给予三个月到一年医疗期，医疗期间的生活、医疗费用要参照国营企业标准，由合营企业负担。张明思考后认为解决的办法有了。他打算明天向总经理提出自己的处理意见。

（资料来源：http://wenku.baidu.com/link? url）

问题：面对如此局面，如果你是张明，你会怎样做？

【实训项目】

实训内容：请学生调查一家学校周边大中型企业（公司、饭店、工厂、商场等），了解企业中员工关系管理的基本状况，考察其员工关系管理的特点。

实训要求：在了解企业员工关系管理的相关规定的基础上，重点考察其员工关系管理的制度，将企业的各项制度作为样本资料收集起来。

【学中做　做中学】

请为你的虚拟公司制定一份员工关系管理制度。

要求：现代的、积极的员工关系管理主要包含劳动关系管理、员工的冲突管理、员工的内部沟通管理、工作丰富化、晋升、员工的信息管理、员工的奖惩管理、员工的纪律管理、辞退、裁员及临时解聘、工作扩大化、岗位轮换等。

第二节　员工沟通及冲突管理实务操作

【知识要点】沟通管理的含义；沟通技巧；员工冲突管理；员工离职管理。

沟通是人与人之间的思想和信息的交换，是将信息由一个人传达给另一个人，逐渐广泛传播的过程。现代企业的机构越来越复杂，沟通也越来越困难。可以说沟通管理是企业组织的生命线。

一、沟通管理的含义

沟通是有效地传达信息给对方，是双向的互动过程。沟通管理是通过了解员工和客户的需求，整合各种资源，创造出产品和服务来满足对方，从而为企业和社会创造价值和财富。

就方式而言，沟通包含口头语言沟通与非口语沟通；就内容而言，沟通包含事与情，即沟通的内容和感受；就情境而言，沟通包含自己、别人和二者之间的关系，要和自己接触，也要和他人接触，更要和双方所形成的关系接触；就过程而言，沟通是双方之间意思的传达和接收。

二、沟通管理的体系

一个完整的沟通管理体系包括从新员工进入企业到被任用，从员工成长期间的流动到离职的整个变迁过程。分为以下几个方面：

1. 应聘沟通。加盟前企业与应聘者沟通，确保所进员工与企业要求相吻合。

2. 岗前培训沟通。上岗前员工要进行培训，使员工掌握企业的基本情况，提高对企业文化的理解和认同。

3. 试用期沟通。企业客观了解新员工对工作的认知心态和胜任能力，促进新员工平稳度过“磨合适应期”。

4. 转正沟通。增进彼此间的了解，达成共识。

5. 工作流动沟通。由流动后的直接主管介绍新岗位的工作内容，使其较快适应新岗位。

6. 定期考核沟通。在考核中结合员工绩效管理，以激励和提升员工素质。

7. 离职面谈。不仅可以为企业留住优秀人才，更能发现日常工作中存在的不足之处。

8. 离职后沟通。体现人性化管理，通过对离职员工真心诚意的沟通，与之建立友善的关系。

三、沟通技巧模式

（一）单向沟通

单向沟通指只有听者接受说话者的信息而彼此没有交换信息。最重要的特征是没有包含回馈。接收者会有意或无意地用非语言方式，如点头、微笑、眼光等来表示传送者的信息被收到，但没有口语方式的反应来反馈。特点是速度很快。同时这也是听的一种很适当的方法。

（二）双向沟通

双向沟通含语言回馈，也就是接收者传送信息回应给传送者，以核对资料或信息是否真正被收到，在信息互动的过程中，完成了沟通的意义。

（三）沟通技巧模式

沟通技巧，指管理者具有收集和发送信息的能力，能通过书写、口头与肢体语言的媒介，有效与明确地向他人表达自己的想法、感受与态度，亦能较快、正确地解读他人的信息，从而了解他人的想法、感受与态度。沟通技巧有如下几种模式：

1. 倾听技巧。倾听能鼓励他人倾吐他们的状况与问题，从而帮助他们找出解决问题的方法。倾听技巧由四个技巧所组成，分别是鼓励、询问、反应与复述。鼓励，促进对方表达的意愿。询问，以探索方式获得更多对方的信息资料。反应，告诉对方你在听，确定完全了解对方意思。复述，用于讨论结束时，确定没有误解对方的意思。

2. 气氛控制技巧。安全而和谐的气氛能使对方更愿意沟通。气氛控制技巧由四个技巧所组成，分别是联合、参与、依赖与觉察。联合，以兴趣、价值、需求和目标等强调双方所共有的事务，造成和谐的气氛而达到沟通的效果。参与，激发对方的投入态度，创造一种热忱，使目标更快完成，并为随后进行的推动创造积极气氛。依赖，创造安全的情境，提高对方的安全感，接纳对方的感受和态度等。觉察，将潜在“爆炸性”或高度冲突状况予以化解，避免讨论演变为负面结果。

3. 推动技巧。用来影响他人的行为，使之逐渐符合议题沟通。推动技巧由回馈、提议、推论与增强构成。

回馈，让对方了解你对其行为的感受，这些回馈对人们改变行为或维持适当行为是相当重要的，尤其是提供回馈时，要以清晰具体而非侵犯的态度提出。

提议，将自己的意见具体明确地表达出来，让对方能了解自己的行动方向与目的。

推论，使讨论具有进展性，整理谈话内容，并以它为基础，为讨论目的延伸而锁定目标。

增强，利用增强对方出现的正向行为，即符合沟通意图的行为来影响他人，也就是利用增强来激励他人做你想要他做的事。

四、员工冲突管理

企业组织中的成员在交往中产生意见分歧，出现争论、对抗，导致彼此间关系紧张，该状态称为冲突。

（一）冲突的类型

1. 根据冲突对企业的影响可分为建设性冲突和破坏性冲突。建设性冲突的表现通常为集思广益，把这些意见全部拿出来，冲突越多，主意越多。破坏性冲突是组织中具有损害性的或阻碍目标实现的冲突。

2. 根据冲突的根源可分为情绪性冲突和实质性冲突。情绪性冲突是由于个人情感、性格方面的原因引起的冲突；实质性冲突是由于工作中的不理解、不协调造成的冲突。

3. 根据冲突的层次可分为个人内心的冲突、个人间的冲突、群体内部的冲突、群体间的冲突、部门间的冲突、国家间的冲突六个层次的冲突。

（二）冲突产生的原因

能够引发冲突的原因很多，如目标、时间、工作性质、地缘、组织分工背景的差异以及缺乏沟通、争夺资源、团体意识等。冲突产生的原因通常包括目标差异、争夺资源、组织分工背景不同、工作性质差异、缺乏沟通和团体意识。

【课堂讨论】

（一）资料：王先生的苦恼

王先生是一家公司的部门经理。他的下属中有一位李司机。有一天，他非常尴尬地对王先生说："经理，我想跟你说点事儿。"王先生说："你说吧。""我买了经济适用房，想贷款，但是首付钱不够。""哦，这是小事儿，你说缺多少钱？"李司机很尴尬地回答："好像还缺一万五千块钱。"当时王先生就说了一声"哦！"结果司机马上青筋直暴，特别生气地一拍桌子，二话没说就走了。

这就造成了两人之间的冲突。其实王先生当时就想好解决方案了，方案一是告诉他一万五不是个大数，自己可以借给他；方案二是可以先帮他付钱，然后每个月从他的工资里扣钱。但是，这些解决方法王先生没有马上说出来，结果导致了冲突的发生。

（资料来源：http://www.docin.com/p-448088724.html）

（二）讨论

王先生与司机的沟通失误在哪里？应该如何沟通就可以避免冲突？

（三）冲突的解决策略

1. 强制策略：运用权术获胜。这种策略依赖积极争取和权势来实现个人目标而以牺牲另一方的利益为代价，可能的结果是我赢他输。

2. 妥协策略：迁就另一方的利益。这种策略强调对方的利益，通常不利于自己，导致我输他赢的结果。

3. 和解策略：寻找中间立场或者愿意放弃某些利益以换取其他的利益。这种策略反映了对自己和他人的适度的关心，没有明确结果。

4. 合作策略：直接面对冲突，寻找最终令彼此都满意的解决办法。又称作“问题解决”或“整合”。这种策略试图实现双方利益的最大化，导致双赢结果。

5. 回避策略：行动上和思想上都退出冲突。这种策略反映出对双方的结果都不太关心，经常导致的结果是双输。

上述五种策略适用的冲突类型如下表所示：

适用的冲突类型

策略类型	适用的冲突类型
强制策略	1. 遇紧急情况，必须采取果断行动时；2. 需要采取特殊手段处理重要问题时；3. 反对采取不正当竞争手段的人；4. 处理严重违纪行为和事故时
妥协策略	1. 双方各持己见且势均力敌时；2. 形势紧急，需要马上就问题达成一致时；3. 问题很严重，又不能采取独裁或合作方式解决时；4. 双方有共同的利益，但又不能用其他的方法达成一致时
和解策略	1. 需要维护稳定大局时；2. 计划矛盾会导致更大的损失时；3. 自己犯了错误或不如对方时；4. 作出让步会带来长远利益时；5. 对方的利益比自己的利益更重要时
合作策略	双方有共同的利益，且可以通过改变方法策略满足双方的意愿时
回避策略	1. 处理无关紧要的问题时；2. 处理没有可能解决的问题时；3. 解决问题的损失可能超过收益时

（四）几种典型的冲突与解决

1. 沟通问题引发的冲突与解决：通过正式渠道沟通；和当事人直接沟通；积极主动地沟通；培养沟通能力。

2. 不同价值观的冲突与解决：换位思考；求大同存小异，不要试图改变对方；差异太大，难于缓解时，保持适当距离。

3. 个人主义引发的冲突与解决：严格人员甄选；提倡团队精神和奉献精神。

4. 职责不同引发的冲突与解决：加强沟通；解决关键问题；上级仲裁。

五、员工离职管理

离职管理就是管理员工离开公司的行为。从人力资源管理角度来看，离职管理是企业对人才“选、用、育、留”的最后一环，但却是最重要的一环，留人的成功与否直接决定着前三个环节是否有效。因而，离职管理在整个人力资源管理中日益彰显重要地位。

首先，要从企业的内部管理出发，找出员工离职对企业造成的影响，并结合相关制度流程实施离职管理。

其次，离职影响具有两面性。正面影响是给公司带来内部人员的重新配置。同时，外部的新想法与新经验能帮助企业提升竞争力。计算离职成本必须体现新员工所带来的潜在的正面影响。负面影响主要是成本和风险。员工离职对业务带来影响，增加了招募培训及发展等成本，同时带来商业机密、在职员工干扰、劳动争议等常见风险。

【知识链接】

咨询公司的离职管理

离职员工的关系管理，一些公司都有一套自己的经典做法。麦肯锡咨询公司将离职员工的有关信息编纂成册，称其为“麦肯锡校友录”。他们将员工离职视为“毕业离校”，离职员工就是他们遍布各处的“校友”，其中不乏CEO、高级管理人员、教授和政治家。麦肯锡的管理者深知随着这些离职咨询师职业生涯的发展，他们将会成为其潜在客户。因此麦肯锡一直投巨资用于培育其遍布各行业的“毕业生网络”。事实证明，这一独特的投资为公司带来巨大的回报，麦肯锡从离职员工那里获得大量的商机。世界著名的管理咨询公司Bain公司专门设立了旧雇员关系管理主管，其主要职责是跟踪离职员工的职业生涯变化情况，公司还建有一个前雇员关系数据库，存有北美地区2 000多名前雇员资料。Bain公司也像麦肯锡一样，用“校友”一词来代替“以前的员工”这样的说法，并于1985年创立“校友网络”，所有的“校友”经常收到最新的校友录，被邀请参加公司的各种活动，而且每年收到两次关于公司长期发展、专业成就和校友们的个人业绩的通讯。从这些公司的做法中，可以归结出离职员工关系管理的要点：建立离职员工面谈制度，建立离职员工面谈记录卡；保留离职员工过去的信息资源和通信方式，甚至建立离职员工数据库；定期开展一些关系的维持活动，让离职员工感到公司还在时时关注他们，让他们仍然具有一种归属感。只有把离职员工看作公司的朋友和资源，离职员工的价值才能体现出来。

（资料来源：http://www.asiata.com/News/Info/2009813/2596）

【案例简析】

如何解决下属之间的冲突

假如你是一名部门经理。当你走过你的部门时，一位名叫杰克的下属朝你走来，要求与你私下谈谈。显然有什么事情在烦扰着杰克。因此，你回到办公室才坐下，杰克就滔滔不绝地谈他与同事麦克之间的冲突。照杰克的说法，麦克欺人太甚了。麦克不惜踩着别人的脊背向上爬。特别是，麦克为了使他难堪，故意把持住一些重要的信息，而他正需要这些信息来充实报告。麦克甚至利用别人做的工作为自己沽名钓誉。杰克坚持认为：你必须对麦克的态度采取行动，而且必须尽快行动——否则的话，他警告说，他的部门将会有好戏看。

问题：作为部门经理，你如何解决下属之间的冲突？

【实训项目】

实训内容：请学生模拟一次员工离职座谈，此次员工离职是因为与上司有矛盾；或者是因为新的公司比现在公司的待遇要优厚等。

实训指导：

1. 要求按小组进行角色扮演，模拟座谈。
2. 注意内部沟通的技巧把握。
3. 要求座谈的目的最好将员工留下。

【学中做　做中学】

企业中各个部门和各个职务是相互依存的，依存性越大，对协调的需要越高，而协调只有通过沟通才能实现。请为你的虚拟公司制定一份内部沟通管理原则。

第三节　劳动关系管理

【知识要点】劳动关系的含义；劳动关系的三要素和法律特征；劳动关系管理的内容。

企业劳动关系的好坏关系到企业的经营运转和发展，只有建立和保持一种和谐的、发展的劳动关系，企业才能获得健康的发展环境。

一、劳动关系的含义和性质

（一）劳动关系的含义

劳动关系又称为劳资关系、雇用关系，指劳动者与用人单位在实现生产劳动过程中所结成的一种必然的、不以人的意志为转移的社会经济利益关系。狭义的劳动关系是指依照国家劳动法律法规的劳动关系，即双方当事人是被一定的劳动法律规范所规定和确认的权利和义务联系在一起的，其权利和义务的实现是由国家强制力来保障的。

（二）劳动关系的性质

1. 劳动关系具有经济利益关系的性质。在劳动关系中，员工向用人单位让渡自己的劳动力，用人单位向员工支付劳动报酬和提供福利。薪酬和福利是联结员工与用人单位的最基本的因素和纽带。因此劳动关系反映了用人单位与员工之间的经济利益关系。

2. 劳动关系兼有人身让渡关系的性质。员工与用人单位之间从本质上说并不是一种人身让渡关系，也是一种权利和义务相结合的契约关系，这种契约关系的主要内容是用人单位与员工之间以支配和服从为特征的双向关系。

3. 劳动关系具有对等关系的性质。劳动关系的对等性质表现为劳动关系是在平等协商的基础上建立起来的；劳动关系的建立一般以劳动合同的签订为保证。

二、劳动关系的三要素和法律特征

（一）劳动关系三要素

依据劳动法律、法规形成和调整的劳动关系，主要由主体、客体和内容三个要素构成：

1. 劳动关系的主体。就是劳动法律关系的参与者，包括劳动者、劳动者的组织（工会）和用人单位。

2. 劳动关系的客体。是指主体的劳动权利和劳动义务共同指向的事务，如劳动时间、劳动报酬、安全卫生、劳动纪律、福利保险、教育培训、劳动环境等。在我国，劳动者的人格和人身不能作为劳动法律关系的客体。

3. 劳动关系的内容。是指劳动关系主体双方依法享有的权利和承担的义务。

（二）劳动关系的法律特征

根据劳动法调整的劳动关系概括起来主要有以下几个法律特征：

1. 劳动关系是在实现劳动过程中产生的关系，与劳动有着直接的联系。

2. 劳动关系的双方当事人，一方是劳动者，另一方是提供生产资料的劳动者的所在单位。

3. 劳动关系的一方劳动者要成为另一方所在单位的成员，并遵守内部劳动规章制度。

三、与劳动关系有关的法律法规

1.《中华人民共和国劳动法》。现行《中华人民共和国劳动法》共 13 章 107 条，它是调整劳动关系的一部综合性法律。内容包括总则、促进就业、劳动合同和集体合同、工作时间和休假时间、工资、劳动安全卫生、女职工和未成年工特殊保护、职业培训、社会保险和福利、劳动争议、监督检查、法律责任、附则。

2.《中华人民共和国劳动合同法》。2007 年 6 月 29 日第十届全国人民代表大会常务委员会第二十八次会议通过《中华人民共和国劳动合同法》，自 2008 年 1 月 1 日起施行。共分 8 章 98 条，包括总则、劳动合同的订立、劳动合同的履行和变更、劳动合同的解除和终止、特别规定、监督检查、法律责任和附则。劳动合同法是规范劳动关系的一部重要法律，在中国特色社会主义法律体系中属于社会法。

3. 许多专门的法律法规对劳动关系中的具体内容做了规定。由于劳动关系涉及的内容非常广泛，所以许多的专门的法律法规分别对这些内容进行了规定，以保护劳动者和用人单位的利益。如《工会法》、《禁止使用童工规定》、《残疾人保障法》、《外国人在中国就业管理规定》等法律法规，分别对工会活动、童工保护、残疾人保障以及外国人在我国就业等问题进行了具体的规定。《中华人民共和国劳动争议调解仲裁法》（2008）、《劳动人事争议仲裁办案规则》（2009）、《劳动人事争议仲裁组织规则》（2010）、《中华人民共和国社会保障法》（2011）以及最高法院分别在 2001 年、2006 年、2010 年、2013 年颁布的四个司法解释——《关于审理劳动争议案件适用法律若干问题的解释》（一）、（二）、（三）、（四），对劳动争议的受理、调解、仲裁和法律责任等都作出了具体的规定。

四、劳动合同管理

（一）劳动合同的概念

1. 劳动合同的概念。指劳动者与用人单位为确立劳动关系，明确双方权利和义务而依法协商达成的协议。劳动合同是确立、表现劳动关系的法律形式。

2. 劳动合同的特征。订立劳动合同应当遵循合法和平等自愿、协商一致的原则。

（1）劳动合同主体具有特定性，即劳动合同主体的一方是劳动者，另一方是用人单位。劳动者需具备相应的劳动能力和民事行为能力，而用人单位需具备依法雇用劳动者的资格。

（2）劳动合同内容具有劳动权利和义务的统一性和对应性。劳动者参加企业的劳动，要服从用人单位的劳动管理和分配，要遵守企业的劳动规则和其他规章制度等；用人单位负责安排、组织和管理劳动者的劳动，要按照劳动成果和效率支付报酬和福利，提供相应的劳动条件和环境等。任何一方行使权利都必须以履行义务为前提，且权利义务必须是对等的。

（3）劳动合同具有较强的法定性。劳动合同一经签订，就具有法律约束力，劳动关系当事人必须履行规定的义务。任何一方违反劳动合同，都有可能受到法律的约束和制裁。

3. 劳动合同的种类

（1）个人劳动合同。即劳动者个人与用人单位所订立的劳动合同。个人劳动合同的主体双方，一方是劳动者个人，另一方是用人单位。

（2）集体劳动合同。即由工会或职工代表与用人单位代表就劳动报酬、工作时间、休息休假、劳动安全卫生、社会保障和福利等事项进行协商谈判而订立的书面协议。

4. 劳动合同的效力。一般而言，劳动合同成立也就同时生效，但有些情况下劳动合同成立但并不生效，只有等生效条件（如起始时间到达）具备时才生效。劳动合同的无效，指当事人所订立的劳动合同不符合法律规定因而不具有法律效力。

（二）劳动合同的内容

劳动合同的内容是指当事人双方达成的劳动权利和义务的具体约定，具体表现为合同条款。劳动合同的条款分为必备条款和可备条款两类。

1. 必备条款。也称法定条款，即法律规定劳动合同必须具备的条款。我国《劳动法》规定的必备条款包括劳动合同期限、工作内容、劳动保护和劳动条件、劳动报酬、劳动纪律、劳动合同终止的条件、违反劳动合同的责任。上述条款如有缺失，则会影响合同的成立。

（1）劳动合同期限。分为有固定期限、无固定期限和以完成一定的工作为期限。劳动者与用人单位还可以在劳动合同中约定试用期。试用期是对双方履行劳动合同的能力的考察。试用期最长不得超过六个月，试用期应当包括在劳动合同期限内，通常从劳动合同生效之日起计算，如果因各种原因拖延了劳动合同的正式履行，不应将试用期限后延。

（2）工作内容。劳动合同中权利义务的基础，是劳动者所从事的工种在工作岗位上必须达到的工作要求，如劳动定额、产品质量标准等。

（3）劳动保护和劳动条件。劳动者在工作中所享有的生产、工作条件，包括劳动场所和设备、劳动安全卫生设施、符合国家规定标准的劳动防护用品等。

(4) 劳动报酬。用人单位根据劳动者劳动的数量和质量，以货币形式支付给劳动者的工资。劳动报酬条款应当明确工资的支付周期、工资的支付时间、工资支付数额等。

(5) 劳动纪律。劳动者在劳动过程中必须遵守的劳动规则，包括国家的法律法规规定的规则以及用人单位制定的、符合国家法律规定的劳动规则。

(6) 劳动合同终止的条件。《劳动法》规定，劳动合同期满或当事人约定的劳动合同终止条件出现，劳动合同即行终止。

(7) 违反劳动合同的责任。《劳动法》、《劳动合同法》及《违反和解除劳动合同的经济补偿办法》、《违反〈劳动法〉有关劳动合同规定的赔偿办法》对劳动合同双方当事人违反劳动合同所应承担的责任作出了相应规定。

2. 可备条款。法律规定劳动合同可具备的条款，可备条款的缺少一般不影响劳动合同的成立，包括试用期条款、保守商业秘密和专有技术秘密条款、禁止同行业竞争条款等。

除以上必备条款和可备条款外，我国劳动立法还有一些限制性规定，如用人单位在与劳动者订立劳动合同时，不得以任何形式向劳动者收取定金、保证金（物）或抵押金（物）。对违反规定的，由公安部门和劳动保障部门责令用人单位立即退还给劳动者。

(三) 劳动合同的订立

劳动合同的订立是指劳动者与用人单位为建立劳动关系依法就双方的权利和义务协商一致，建立合同关系的法律行为。订立劳动合同一般遵循如下程序：起草劳动合同草案—双方协商劳动合同内容—双方签约—合同鉴证。

【课堂讨论】

(一) 资料：周女士应如何保护自己

周女士是北京某科技公司的地区销售经理，2005 年 12 月，她和公司签订了《入职通知》，双方约定，周女士任深圳区域销售经理，试用期 3 个月，试用期工资为每月 4 200 元。试用届满后，周女士仍在该公司工作，月工资不变。自 2006 年 4 月 1 日起至 2006 年 6 月 15 日，公司未向其支付工资，周女士被迫解除合同并向劳动争议仲裁委员会提起仲裁。因在仲裁委没有得到满意结果，周女士又将公司起诉至法院。

周女士认为，她在公司一直工作到 6 月 15 日，4 月 11 日至 6 月 15 日期间仍然正常工作，但是公司没有向她支付 4 月份至 6 月 15 日的工资，因此才解除劳动合同。根据我国《劳动法》规定，单位无故克扣工资，劳动者可以随时解除劳动合同。因此自己单方解除劳动合同是合法的。单位应当全额补发工资 10 500 元，并依法支付因克扣工资而产生的经济补偿金 2 625 元，支付因无故克扣工资而被单方解除劳动合同所产生的经济补偿金 4 200 元，以及给自己带来的经济损失 4 200 元。

在案件审理过程中，公司辩称，周女士在2006年4月11日至6月15日期间擅自离职，公司已向其支付了2006年3月的工资，并不拖欠其工资。因周女士系深圳区域销售经理，故单位未对其做严格的考勤管理，但其必须每周五与单位联系汇报工作。但是，公司并未向法院提交双方曾就此工作方式进行协商的证据，也未能提交充分证据证明周女士自2006年4月11日后一直未来公司上班。

（资料来源：法制网，2010年6月15日）

（二）讨论

周女士应该如何运用法律保护自己？

（四）劳动合同的履行

劳动合同的履行指双方当事人按照劳动合同的约定，履行各自所承担的义务的行为。劳动合同的履行应当遵循以下原则：

1. 实际履行原则。合同双方当事人要按照合同规定的标的履行自己的义务和实现自己的权利，不得以其他标的或方式来代替。这主要表现在：一方当事人即使违约，也不能以罚金或赔偿损失的方式来代替合同标的履行，除非违约方对合同标的履行对另一方当事人已无实际意义；一方当事人不履行合同，另一方当事人有权请求法院或仲裁机构强制或敦促履行。

2. 亲自履行原则。双方当事人要以自己的行为履行合同规定的义务和实现合同规定的权利，不得由他人代为履行。

3. 正确履行的原则。当事人要按照合同规定的内容全面履行。包括实际履行、亲自履行和全面履行。只有当事人按照合同规定的标的或方式来实施，才算是合同的正确履行。

4. 协作履行原则。指双方当事人在合同的履行过程中要发扬协作精神，要互相帮助，共同完成合同规定的义务，共同实现合同规定的权利。

（五）劳动合同的变更

指当事人对依法订立而尚未履行或未完全履行的劳动合同，因主客观情况发生，双方当事人依法协商一致，进行修订、补充合同内容的行为。

（六）劳动合同的解除

指劳动合同双方当事人对依法订立而尚未全部履行的劳动合同，因一定的法律事实的出现，劳动合同一方或双方当事人依法提前终止劳动合同的法律效力，解除双方权利和义务关系的行为。劳动合同解除可以是双方的，也可以是单方的法律行为。分为法定解除和约定解除两种。用人单位解除与劳动者的劳动合同应具备法律规定的条件，若违反规定将承担责任。

（七）劳动合同的终止

指劳动合同的法律效力因一定法律事实的出现而归于无效。劳动合同终止的事由主要有：劳动合同期满；劳动者被除名、开除、劳动教养或判刑；劳动者完全丧失劳动能力或死亡；劳动者退休；用人单位主体消灭；双方约定终止条件的出现或合同目的已实现。

（八）法律规定的其他情形

当法律规定的特殊情形出现时，一些劳动合同到期也不能终止，而应依法顺延一定期限或长期顺延。主要情形有：劳动者患病或负伤在规定的医疗期内；劳动者因工丧失部分劳动能力；女员工在孕期、产期、哺乳期内。

劳动合同终止后，合同双方当事人仍负有一定的后续义务。其中用人单位的义务是给劳动者出具劳动合同的证明书，作为劳动者享受失业保险待遇的失业登记、求职凭证，并在7日内报失业保险经办机构备案。用人单位是国有企业的，还应给劳动者按1年1个月的标准支付生活补助费，最多不超过12个月。劳动者的义务是继续为用人单位保守商业秘密。

【案例简析】

周某的合同是否合法

周某同某企业签订了两年期限的劳动合同，合同中约定试用期为六个月，试用期的工资为劳动合同约定工资的50%。

《劳动法》规定，劳动合同可以约定试用期，但最长不得超过六个月，《劳动合同法》对试用期作出了有针对性的规定：劳动合同期限三个月以上不满一年的，试用期不得超过一个月；劳动合同期限一年以上不满三年的，试用期不得超过二个月；三年以上固定期限和无固定期限的劳动合同，试用期不得超过六个月。《劳动合同法》规定了试用期间的劳动者工资待遇的法定最低标准，劳动者在试用期的工资不得低于本单位相同岗位最低档工资或者劳动合同约定工资的80%，并不得低于用人单位所在地的最低工资标准。应当注意试用期是劳动合同的一个约定条款，如果双方事先没有约定，用人单位不能以试用期为由解除劳动合同。

（资料来源：西安市中小企业服务网，2012年5月25日）

问题：该劳动合同关于试用期限及工资的约定是否合法？

【实训项目】

实训内容：走访一家企业，了解该企业劳动关系管理的有关内容。

实训指导：

1. 了解该企业的劳动合同的订立、变更、解除、续订等方面的内容。
2. 了解该企业处理劳动争议的方式及途径。
3. 深入企业，将所学的理论知识有效地和实践相结合，培养学习的主动性、积极性。

【学中做　做中学】

为你的虚拟公司招聘的员工拟定一份试用期合同。要求：

试用期的劳动合同要注意合同内容，试用期是包括在劳动合同期限内的。

第一，单独的试用期合同是无效的。

第二，劳动期限应和劳动合同期限挂钩，最长不得超过六个月。具体就是劳动合同期限在六个月（半年）以下的，试用期不得超过15天；劳动合同期限在六个月到一年的，试用期最长不超过30天；劳动合同期限在一年以上两年以下的，试用期最长不得超过60天；劳动合同期限在两年以上的，试用期不得超过六个月。

第三，资金担保违法，可酌情提供担保人。用人单位要求新入职员工试用期提供担保，一种是以收取保证金（物）的形式，这在我国《劳动法》中明令禁止，一种是以提供担保人要求其承担担保责任的形式，在我国没有法条明文允许或禁止，劳动者本着自愿的原则提供。

第四，试用期企业须有理由退工，员工可无理由走人。《劳动法》规定在试用期内，用人单位必须有证据证明劳动者不符合录用条件时，才能辞退。而员工只要"通知"单位就可以解除劳动合同，无须提供任何理由。《劳动法》第三十二条规定，有下列情形之一的，劳动者可以随时通知用人单位解除劳动合同：在试用期内的；用人单位以暴力、威胁或者非法限制人身自由的手段强迫劳动的；用人单位未按照劳动合同约定支付劳动报酬或者提供劳动条件的。

第四节　劳动争议处理实务操作

【知识要点】劳动争议的概念、内容及其处理办法。

随着劳动法律制度的普及，劳动者法律意识的提高，主动拿起法律武器保护自己权益的劳动者日益增多。在劳动争议仲裁中，劳动者胜诉的比率不断提高，企业的胜诉率不断下降。

一、劳动争议的概念

（一）劳动争议的概念

劳动争议是指劳动关系的双方主体及其代表之间在实现劳动权利和履行劳动义务等方面所产生的争议或纠纷。早期的劳动争议主要是开除、除名、辞退违纪职工等。

（二）劳动争议的类型

根据不同的分类方式，可对劳动争议进行不同的分类。

1. 按照劳动争议当事人中劳动者一方人数多少的不同，可分为个人争议和集体争议。个人争议是劳动者个人与用人单位发生的劳动争议。集体争议是指劳动者一方当事人在3人以上、有共同理由的劳动争议。劳动者因与用人单位签订和履行集体合同而发生的团体劳动争议也属于集体争议的范畴。

2. 按照劳动争议的内容来分，可分为权利争议和利益争议。权利争议也称既定权利争议，指劳动关系双方主体及其代表对既定权利和义务的实现和履行产生的争议。利益争议也称待定权利争议，指劳动关系双方主体及其代表在确定权利和义务关系时产生的分歧和争议。

3. 按照劳动争议的客体来划分，可分为因履行劳动合同发生的争议，因履行集体合同发生的争议，因企业开除、除名、辞退职工和职工辞职、自动离职发生的争议，因执行国家有关工作时间和休息休假、工资、保险、福利的规定而发生的争议等。可分为履行劳动合同争议、开除争议、辞退争议、辞职争议、工资争议、保险争议、福利争议和培训争议等。

（三）劳动争议的内容

1. 有关工资、津贴和奖金等问题。
2. 有关集体合同的执行、解除和终止以及重新谈判等问题。
3. 有关劳动合同的执行、解除、变更和终止等问题。
4. 有关工人的录用、辞退、辞职和工作变动等问题。
5. 有关工会的成立、运作、管理和代表权的承认等问题。
6. 有关工作安全和劳动卫生等问题。
7. 有关工作时间和休息、休假等问题。
8. 有关就业培训和职业训练等方面的问题。
9. 有关劳动保险、劳动福利以及女职工、未成年劳动者特殊保护等方面的问题。

二、劳动争议的处理

在组织的劳动关系中，劳动争议是一种普遍存在的社会现象。劳动争议不仅会给劳动者造成负担，更会给企业造成不必要的影响和损失。

（一）劳动争议处理的基本手段

劳动争议处理的手段有劳动争议预防和劳动争议处理。劳动争议预防指在认识劳动争议发生的客观规律基础上，发挥主观能动性，尽量限制或减少劳动争议的发生，是一种事前主动治理。劳动争议处理则是调解、仲裁和诉讼等一系列解决方式，是一种事后被动治理手段。

（二）劳动争议处理的程序

劳动争议发生后，劳动争议当事人可以有四条途径解决：

1. 协商程序。劳动争议双方当事人在发生劳动争议后，应当首先协商，找出解决的方法。

2. 调解程序。指企业调解委员会对本单位发生的劳动争议的调解。调解并非是法律规定的必经程序，但对解决争议有很大作用，尤其是对仍愿留下的员工，通过调解当属首选。

3. 仲裁程序。当事人从知道或应当知道其权利被侵害之日起60日内，以书面形式向仲裁委员会申请仲裁。仲裁委员会应当自收到申请书之日起7日内作出受理或者不予受理的决定。仲裁庭处理劳动争议应当自组成仲裁庭之日起60日内结束。案情复杂需要延期的，经报仲裁委员会批准，可以适当延期，但是延长的期限不得超过30日。

4. 诉讼程序。当事人如对仲裁决定不服，可以自收到仲裁决定书15日内向人民法院起诉，人民法院民事审判庭根据《中华人民共和国民事诉讼法》的规定，受理和审理劳动争议案件。审限为6个月，特别复杂的案件经审判委员会批准可以延长。当事人对人民法院一审判决不服，可以再提起上诉，二审判决是生效的判决，当事人必须执行。需强调的是，劳动争议当事人未经仲裁程序不得直接向法院起诉。

【案例简析】

李某可以调整岗位吗

李某与A企业于2012年2月20日签订了为期5年的劳动合同，合同中约定试用期为1年，工作岗位为一车间操作工。同年4月1日李某自感身体不适，经医院诊断为过敏症，休假4天痊愈。4月25日该症状再次发生，经医院诊断为生产中常用的一种原料过敏症，若不脱离过敏源，该症状将会反复发作，影响健康。李某经治疗休息痊愈，4月29日上班。企业了解李某的情况后，表示吃惊：因为一车间600多名工人工作从未出现过该种疾病。为保障员工的健康，提议调整李某的工作岗位，到三车间工作，从而脱离过敏源；并允许李某休假到“五一”节后上班。休假后李某拒绝企业调整工作岗位的建议，提出自己会打字，要求到职能科室工作。因科室有严格的定员标准，不能满足李某的要求。双方协商未果，企业再次允许李某带薪休息3天，考虑调整岗位的建议。5月11日，李某表示不能接受建议。于是企业以“试用期内，经发现不符合录用条件”为由，当日解除了与李某的劳动合同。

（资料来源：http://wenku.baidu.com/link？url 案例分析题二级）

问题：A企业可以调整李某的工作岗位吗？为什么？A企业应怎样合法地处理与该员工的劳动关系？根据本案例对企业劳动合同管理提出适当的建议。

【实训项目】

实训内容：在上次调查了某企业劳动关系管理的有关内容后，完成调查报告。

实训指导：

1. 要求每组学生整理出走访报告或小结。
2. 要求学生填写实训报告。包括时间项目、目的、内容等。
3. 教师评阅后写出评语，实践小组或全班交流。

【学中做　做中学】

为你的虚拟公司拟定一份劳动合同。要求：

《劳动合同法》第十七条规定，劳动合同应当具备以下条款：用人单位的名称、住所和法定代表人或者主要负责人；劳动者的姓名、住址和居民身份证或者其他有效身份证件号码；劳动合同期限；工作内容和工作地点；工作时间和休息休假；劳动报酬；社会保险；劳动保护、劳动条件和职业危害防护；法律、法规规定应当纳入劳动合同的其他事项。除这些必备条款外，还可约定试用期、培训、保守秘密、补充保险和福利待遇等其他事项。

◎ 思考题：

1. 什么是员工关系管理？企业在沟通管理中应注意哪些问题？
2. 劳动合同的原则有哪些？订立劳动合同时应注意哪些问题？
3. 处理劳动争议的方法和途径有哪些？

参考文献

参考书籍：

[1] [美] 加里·德斯勒．人力资源管理．刘昕，吴雯芳，等，译．北京：中国人民大学出版社，1999.

[2] [美] 斯科特·斯内尔，乔治·伯兰德．人力资源管理．张广宁，译．大连：东北财经大学出版社，2006.

[3] 边慧敏．大学生职业生涯规划，成都：西南财经大学出版社，2007.

[4] 陈维政，余凯成，成文文．人力资源管理．北京：高等教育出版社，2002.

[5] 陈远敦，陈全明．人力资源开发与管理．北京：中国统计出版社，2001.

[6] 程延园．员工关系管理．上海：复旦大学出版社，2008.

[7] 董克用．人力资源管理概论．北京：中国人民大学出版社，2007.

[8] 葛玉辉．人力资源管理．北京：经济管理出版社，2007.

[9] 关淑润，张炜，魏立群．人力资源管理．北京：对外经济贸易出版社，2001.

[10] 黄维德，等．人力资源管理初探．上海：上海社会科学院出版社，2006.

[11] 黄瑜．人力资源管理实务精要．北京：中华工商联合出版社，2007.

[12] 李贵卿，范仲文．人力资源管理的量化技术研究．成都：西南财经大学出版社，2007.

[13] 刘安鑫．人力资源管理实务．北京：北京理工大学出版社，2006.

[14] 刘冬蕾．人力资源管理概论．成都：西南财经大学出版社，2008.

[15] 刘希珍，王梅．人力资源开发与管理案例．天津：天津大学出版社，2008.

[16] 刘希珍，王梅．人力资源开发与管理．天津：天津大学出版社，2008.

[17] 刘晓红．人力资源管理创新与评价．成都：西南交通大学出版社，2006.

[18] 罗纲．人力资源管理实务教程．北京：机械工业出版社，2005.

[19] 孟庆伟．人力资源管理通用工具．北京：清华大学出版社，2007.

[20] 莫寰，张延平，王满四．人力资源管理：原理、技巧与应用．北京：清华大学出版社，2007.

[21] 彭剑锋．人力资源管理概论．上海：复旦大学出版社，2003.

[22] 秦志华．人力资源管理．北京：中国人民大学出版社，2005.

[23] 卿涛．人力资源管理案例集．成都：西南财经大学出版社，2006.

[24] 卿涛．人力资源管理概论．北京：清华大学出版社，2006.

[25] 人力资源管理．冯云霞，译．北京：中国人民大学出版社，2007.

[26] 唐东方，张建武．人力资源管理实用操作经典．北京：人民出版社，2006.

[27] 王勇，曹彦平．人力资源管理概论．武汉：武汉理工大学出版社，2006.
[28] 吴宝华．人力资源管理实用教程．北京：北京大学出版社，2007.
[29] 吴国存，李新建．人力资源开发与管理概论．天津：南开大学出版社，2001.
[30] 夏兆敢．人力资源管理习题集．上海：上海财经大学出版社，2006.
[31] 徐宏玲．人力资源管理．北京：中国物价出版社，2002.
[32] 杨顺勇，王学敏，查建华．人力资源管理．上海：复旦大学出版社，2007.
[33] 杨文健．人力资源管理．北京：科学出版社，2007.
[34] 姚裕群．人力资源管理．北京：中国人民大学出版社，2004.
[35] 于桂兰．人力资源管理．北京：清华大学出版社，2004.
[36] 张德．人力资源开发与管理．北京：清华大学出版社，2001.
[37] 张立富．人力资源管理．北京：首都经济贸易大学出版社，2006.
[38] 赵曼．人力资源开发与管理．北京：中国劳动社会保障出版社，2002.
[39] 赵永乐，王培君．人力资源管理概论．上海：上海交通大学出版社，2007.
[40] 郑晓明．现代企业人力资源管理导论．北京：清华大学出版社，2002.
[41] 周鸿勇，朱杏珍，畅铁民．人力资源管理理论与实务．北京：中国科学技术出版社，2007.
[42] 周三多．管理学原理．北京：高等教育出版社，2005.
[43] 祝庆绩．人力资源管理案例评析．北京：石油工业出版社，2006.

参考网站：

[1] http：//management. yidaba. com/
[2] http：//baike. baidu. com/view/58851. htm
[3] http：//www. chinahrd. net/case/info/57203
[4] http：//finance. sina. com. cn/roll/20071020/22581732877. shtml
[5] http：//info. china. alibaba. com/news/detail/v0-d1000765424. html
[6] http：//info. china. alibaba. com/news/detail/
[7] http：//zhidao. baidu. com/question/189444780. html
[8] http：//zhidao. baidu. com/question/130398496. html
[9] http：//bbs. 21manager. com/dispbbs-6901-1. html
[10] 西南财经大学人力资源管理精品课程申报网站
[11] 辽宁职业技术学院人力资源管理精品课程申报网站
[12] 华中师大人力资源管理精品课程申报网站
[13] 广东金融学院人力资源管理精品课程申报网站
[14] 天津商业大学人力资源管理精品课程申报网站